HR

TRANSCEND
HUMAN RESOURCE TRANSITION
AND BREAKTHROUGH OF THINKING FRAMEWORK

超越

人力资源转型与思维框架突破

张育新 / 著

企业管理出版社
ENTERPRISE MANAGEMENT PUBLISHING HOUSE

图书在版编目（CIP）数据

超越：人力资源转型与思维框架突破/张育新著. -- 北京：企业管理出版社，2018.12
ISBN 978-7-5164-1781-2

Ⅰ.①超… Ⅱ.①张… Ⅲ.①人力资源管理 Ⅳ.①F243

中国版本图书馆CIP数据核字(2018)第266397号

书　　名：	超越：人力资源转型与思维框架突破
作　　者：	张育新
选题策划：	周灵均
责任编辑：	周灵均
书　　号：	ISBN 978-7-5164-1781-2
出版发行：	企业管理出版社
地　　址：	北京市海淀区紫竹院南路17号　邮编：100048
网　　址：	http://www.emph.cn
电　　话：	编辑部（010）68456991　发行部（010）68701073
电子信箱：	emph003@sina.cn
印　　刷：	河北宝昌佳彩印刷有限公司
经　　销：	新华书店
规　　格：	170毫米×240毫米　16开本　17.25印张　226千字
版　　次：	2018年12月第1版　2018年12月第1次印刷
定　　价：	65.00元

版权所有　翻印必究　·　印装有误　负责调换

序
人力资源的转型与升级

广东省人力资源研究会张育新副会长邀请我为他所著的书写序,虽然近期很忙,但一想到这是一次难得的学习机会,就欣然应允。张老师的阅历异常丰富,高校、政府、甲方和第三方企业都待过,从这本书的内容我们可以很好地看出这一点,既有理论的高度,又有政策的水平,更有实践的经验,非常接地气。张老师在1986年就出版了《人事管理学》,是为数极少的我国人力资源管理研究的前辈,让我帮他作序,我顿感有点汗颜。

我想本书将书名叫作《超越——人力资源转型与思维框架突破》,名字起得太好了。我花了两三天时间仔细阅读本书,觉得本书内容在以下四个方面很好地体现了"超越"这个主题:

第一,提出管理特别是人力资源管理要价值回归,超越了传统教科书说的人力资源管理发展从人事管理到人力资源管理,再到战略人力资源管理的阶段论。张老师在此书中提到了目前人力资源管理当中所面临的一个棘手问题即"人事分离",而这也是导致人力资源管理低效的重要原因之一。因此,要从"人事分离"转到"人事合一"的理念上来,人力资源管理要回归初心,即服务组织、服务业务、创造价值。人力资源管理的好坏标准就是人力资源管理能否为组织创造价值以及贡献有多大。

第二,提出以"HR+三支柱"等纵向划分弥补传统按人力资源管理职能划分的局限,超越了传统的人力资源管理所谓的六大模块的思维和说法。因此,这里面也就涵盖了组织管理理念、组织架构、组织发展、三支柱以及组织文化等多个方面的内容，构建起了一个较为完整的人力资源管理转型升级模型。人力资源管理者必须不断寻求创新，赋能于人，激发员工潜力。1996年，人力资源管理大师戴维·尤里奇提出了HR三支柱模型，即COE（专家中心）、HRBP（人力资源业务伙伴）和SSC（共享服务中心）。HR三支柱模型是人力资源管理领域中的一项伟大创新，它突破了传统人力资源管理六大模块的架构，将人力资源管理与企业业务紧密结合在一起，有助于人力资源管理实现标准化、流程化，促进人力资源的有效匹配，提升企业人力资源规划的有效性和科学性，从而提高人力资源管理的整体效率。

第三，提出"中学为体，西学为用"在人力资源管理领域的具体运用。大家都知道，现代意义上的人力资源管理其实是西方的舶来品，人力资源管理的教科书讲述的几乎都是西方的理论和观点，比如，"HR+三支柱"、平衡记分卡、胜任力模型。但由于中西方在文化、价值观、语言、社会经济发展水平等存在的差异，西方的人力资源管理理论和观点在中国落地的时候可能经常遇到"水土不服"的情况。因此，就很有必要结合中国文化和国情加以改造调适，达到中西合璧的效果。比方说，中国人非常重视整体思维，而不是分析思维，因此建立整体的分析框架是很重要的。张老师在此书中说到："建立框架或跳出现有框架，找到新框架是为了'理解''把握''整理'面临的复杂、不断变化又充满混沌的事实"。思维框架是一个人对自己已有认知进行分类、梳理之后搭建起来的结构。思维框架能够帮助人们对于事实情况有更加清晰、系统的理解与思考，但是固化的思维架构也有可能导致思想禁锢。因此，在人力资源管理的转型与升级中，需要人力资源管理者学会跳出固有的思维框架，打破思维定势，构建起新的人力资源管理思维框架，这样才能更快地对更迭的环境做出反应，迅速适应环境，创新人力资源管理模式。

最后，提出人力资源管理者应该学习王阳明心学，进行自我人格修炼，这其实是对西方人力资源管理理论的超越。近年来，越来越多的企业管理者意识到中国传统文化能够为组织管理所用，其中孔孟儒学是受到企业管理者推崇最多的。此书所倡导的是王阳明心学。王阳明心学也是儒家一派，它继承了儒家修身的思想，并在此基础上，发展出"致良知""知行合一"等理论。王阳明心学是一种主观唯心主义，它所倡导的是人的内修。人力资源管理者，乃至企业管理者的自我人格修炼，首先是要成为一个心善之人。此书鼓励人力资源管理者学习王阳明心学，注重自我的内在修炼，意在引导管理者抛开个人的私欲，复良知，这样一来，管理者才能做到"心如明镜"，更能看清楚形势，做到用人唯才、敢于用人、善于用人。同样地，阿里巴巴政委体系也是中国土生土长的，区别于西方的人力资源业务合作伙伴（HRBP）。将来随着中国社会经济的日益发展，中国企业人力资源管理实践日新月异，根植于中国土壤的具有中国特色的人力资源管理理论、实践和方法将越来越多。只要善加总结和提炼，我相信在不久的将来，中国本土化人力资源管理理论体系大厦将很快建成，真的该是中国HR登场了。

本书提供的案例非常丰富，既有国内外知名企业（阿里巴巴、华为、腾讯、海尔、通用、日本航空、希尔顿酒店、麦肯锡等）的例子，也有许多不知名企业的例子（书中以"某"企业标识），案例也很真实，我想有些案例就是张老师自己曾经服务过的企业。本书的亮点还很多，我就不一一罗列了。总而言之，这是非常值得企业高级管理人员、人力资源管理者、高校教师和学生阅读的一本好书，建议大家抽空拜读。

广东省人力资源研究会副会长兼秘书长
广东外语外贸大学商学院教授
香港大学博士　陈国海
2018年12月1日

导 言

本书是为人事总监、人事经理和期待发展职业能力的人事工作者而写的。前段时间，笔者协助两家公司面试人事总监、人事经理两个职务，其应聘人选共二十多人。从中发现，这些人选先前都担任过人事总监或人事经理的职务，然而并没有解决好"人力资源转型"和"思维框架突破"的问题，原因是：其一，对于人力资源转型缺乏认识，仍处于人事工作与业务工作分离的状态，未能确立为组织的业绩增长创造价值的理念，未能扮演好人力资源新角色，未能形成HRBP的胜任力模型；其二，未能突破理解处理复杂人事工作的思维框架，仍停留在人力资源管理"六个模块"的框架上，未能随着所处环境的变化和企业发展的实际要求，突破原有的思维框架，构建更加系统化的思维框架。正是针对上述问题，笔者产生了对这一课题进行专题研究的动念，一方面对个人长期的实战经验进行自我总结、自我批判，一方面对学界业界的新理念、新方法加以吸收、消化和运用，从而形成了这本小册子。

撰写本书的目的在于帮助人事总监、人事经理和期待发展职业能力的人事工作者提升能力和地位。麦肯锡全球总裁鲍达民（Dominic Barton，任期2009—2018年）提醒CEO们务必提升人力资源的地位。他在与拉姆·查兰和光辉国际副董事长丹尼斯·凯里合著的新书《Talent Wins》（中文版还未发行，暂译书名《人才制胜》）中，提出了七步转型法以帮助企业打造人才为先的组织。其中第一步为"搭建G3黄金三角"。他说："CEO需要与CFO和CHRO搭建一个'黄金三角'（简称G3），成为新的核心领导团队，引领组织转型。这样做的目的是把人力资本放到跟财务资本同等重要的地位，确保人才配置与资金配置高度一致。当然，针对各个公司的情况，还可以灵活组成G4，或者G5（加入首席运营官、首席技术官等）。"他还提到："我很喜欢引用的一个例子是全球最大的资产管理公司贝莱德（Blackrock），在其纽约总部大楼的第七层，紧挨着CEO Larry Fink办公室的是CHRO Jeff Smith，然后是CFO。这其实是刻意为之的，让HR平起平坐，成为'黄金三角'的一个支柱；而通常HR不会与CEO在一个楼层办公。我希望未来有更多的CEO来自HR部门，业务部门领导能花更多的时间在HR身上。"

在中国的企业组织中，很多人事总监扮演着首席人力资源官的角色，人事经理和期待发展职业能力的人事工作者的职业发展目标也是首席人才官。为了实现职位上的超越，由基层人事工作者发展成为人事经理、人事总监、核心团队成员，走进"黄金三角"，首先必须实现能力上的超越。能力上超越的方式是实现人力资源转型，突破传统的思维框架，修炼自我的人格。

一个HR如何走到集团核心高级管理层？万科集团的首席人才官解冻是一个典型例子。解冻在万科从人力资源基层员工开始，逐步成长为人事经理、人事总监、主管人事工作的执行副总裁，现任万科党委书记兼监事会主席。解冻职位上的超越基于其能力及绩效上的超越。

在实现人力资源转型、为企业的业绩增长创造价值方面，解冻有强烈的意识。这与他在加入万科之前的经历有关系。选择到万科从事人力资源工作之前，他已是RGB（创维前身）的二把手（总经理助理）。1992年，解冻加入了万科，开始做的工作是给大家办边防证、调工调干，办理户口、暂住证、组织关系等。由于他不断地自我超越，很快成为部门的负责人。2000年，为了快速弥补工程质量方面的短板，他主导实施"海盗计划"，大规模地从中海挖骨干，一年时间挖了56个。那一年，解冻每天晚上都请这帮人在咖啡厅见面，去的最多的是绿茵阁。2001年，解冻为了优化绩效管理系统，决心引入平衡记分卡，当时的财务负责人和战略负责人都反对。财务负责人说："作为上市公司，最重要的是给股东回报。"解冻认为，股东要的回报是可持续的优质回报，不是一个短期的回报，而要可持续，光靠财务指标是不够的。在总经理的支持下，最终还是决定推动平衡计分卡项目。万科是国内第一家引入平衡计分卡的企业，当时对客户维度如何考量想不通，想了差不多一年，才想到可以做客户满意度调查。万科的客户满意度调查问卷由盖洛普和万科共同设计。

在突破传统的思维框架方面，解冻非常注重文化管理和战略管理。万科从1984年成立开始，一直秉持透明、开放、永远对人尊重的文化，对客户好，对员工好，对供应商好，这种文化通过日积月累的行为展现已深入人心。对于海盗计划，初时万科内部反应非常激烈，最高层都有了分歧。管理层沟通时，解冻说："我最看重的万科文化之一，就是开放。别人来，是认同我们，又能帮我们弥补短板，何乐而不为？"2000年，解冻提出人力资源部门的定位：第一，要成为管理层的战略合作伙伴；第二，要成为变革的推动者；第三，要成为方法论专家。2004年，王石说了一句"万科要国际化"，解冻就敏锐地意识到应该储备国际化人才。2011年，万科决定进入美国市场，海外业务老总没有找到合适的业务负责人，只好找已经不负责人事工作的解冻。他说："解冻，你一定有人。"解冻说："是有这么个人，我已经盯着这个人4年了。"这才帮助海外老总解决了国际化人才问题。

在自我人格修炼方面，解冻也是严格要求自己。实施海盗计划时，有两个人的事很有意思。一个是刘爱明，解冻跟他沟通了一年，终于把他请了过来。有人就跟他说："解冻，你是不是有毛病，一请请个副总经理，比你自己的职级还高。"解冻说："这有什么？重点是大家齐心把活干好，把公司管理做好，把事业做大，这才是最重要的。"另一个是张旭，当时是中海香港公司的一个老总，说是想回内地工作。解冻琢磨最差也得找个一线公司副总的位置给他才行，可当时没有合适的位置。张旭说："没事，我先进来，开始职位可以低一些。"于是安排他到武汉公司当工程总监，结果很快做到武汉公司副总、总经理，现在是集团的执行副总裁、首席运营官。

解冻凭借能力和绩效上的不断超越实现了职位上的超越，从而走进"黄金三角"，成为核心团队成员，为期待职业能力发展的人事工作者、人事经理、人事总监树立了标杆。

本书的创新特色主要在以下三个方面：

一是将"人事合一"理念和"人力资源转型"理念对接，对人力资源部门如何转型进行了系统化解读，提出了人力资源转型的"五个要点"：一是改变观念，由"人事分离"转变为"人事合一"，为组织的业绩增长创造价值；二是改变角色，由HR转变为HRBP，扮演好"四个角色"；三是改变组织结构，HR组织结构由职能模块划分转变为"三支柱"；四是改变胜任力模型，由HR胜任力模型转变为HRBP胜任力模型；五是改变责任承担方式，由自身承担首要责任转变为引导直线经理承担首要责任。

二是突破了人力资源管理"六个模块"的现有框架，按人力资源管理顶层设计的要求，构建了人力资源管理新的思维框架，提出了"四个方面、十个要点"：四个方面为组织管理、人员管理、文化管理与战略管理，十个要点为组织设计、流程设计、绩效设计、人才选用、人才培养、人才激励、文化塑造、文化变革、人才战略与人力资源规划。

三是提出了"自我人格修炼"的新课题。人事总监、人事经理和期待发展职业能力的人事工作者要成为公司领导和各部门负责人"可信赖的行动者"，成为"员工的支持者"，除了确立人力资源转型理念，突破原有思维框架，还必须下功夫进行自我人格修炼。在这一方面，学习王阳明心学是一个不错的选择。

本书的内容分为上、中、下三篇。上篇：人力资源转型：为组织的业绩增长创造价值。中篇：思维框架突破：在"四个方面、十个要点"的框架中进行思考和创新。下篇：自我人格修炼：在心上用功。

上篇的要点：

企业的人事总监、人事经理和期待发展职业能力的人事工作者要提升自己的能力和地位，首先得明确现阶段人力资源领域发展的主潮，并融入这一主潮。放眼业界，现阶段的主潮是人力资源转型的理论及实践。提出转型理论的代表人物是美国的人力资源大师戴维·尤里奇，最早实践这一理论的则是IBM公司。

《哈佛商业评论》总编托马斯·斯图沃特曾在所发表的文章中提出："炸掉你的人力资源部。"对此，尤里奇给予回应："如果有价值，当然就不能废除；如果没有价值，当然应该废除。"1997年，戴维·尤里奇出版《人力资源转型：为组织创造价值和达成成果》一书，明确提出人力资源转型的方向和目标是"为组织创造价值和达成成果"。

人力资源部门如何实现人力资源转型？笔者认为，转型的要点是做到"五个改变"：一是改变观念，二是改变角色，三是改变组织结构，四是改变胜任力模型，五是改变责任承担方式。对于这"五个改变"的理解和实际操作，书中分别做了比较具体的阐述。

中篇的要点：

美国波士顿咨询公司资深顾问吕克·德·布拉班迪尔和艾伦·因在《打破思维里的框》一书中提出："框架是一种思维模式，是一种完全内化于你心中的结构。根据既定目标，通过简化事实的手段实现有效理解的目的。""人们总是喜欢用一些思维模式和框架去把握他们面临的复杂、不断变化而又充满混沌的事实。""你可以把大脑想象成一个巨大的食品橱柜，有隔层，也有抽屉。这是一个可以整理现实的混沌，并把一切变得井井有条的方法。我们都按照自己的意愿整理橱柜，把同类东西放在一起。若是没有把实际发生的事情（我们思考和创新的原材料）做一个分类和排序，没有人可以应对如此纷繁复杂的人生。"为了便于理解，可以把这三段话简化为三句话：框架是一种思维模式，是一种心中的结构；建立框架的基本方法是把实际发生的事情（思考和创新的原材料）进行分类和排序；

建立框架或跳出现有框架，找到新框架的目的是"理解""把握""整理"面临的复杂、不断变化又充满混沌的事实。

在融入"人力资源转型"这个主潮的过程中，人事总监、人事经理和期待发展职业能力的人事工作者要有效履行自己的管理职能，必须形成自己的思维框架，并随着环境的变化和企业的发展跳出原有框架，建立更加系统化的框架，在这个新的框架中去进行人事工作的思考与创新。

新思维框架的要点有以下几个方面：

组织管理方面的要点：一是组织设计（从金字塔、科层制到网络型、生态圈），二是流程设计（从业务流程到控制程序），三是绩效设计（从"平衡记分卡"到"卓越绩效评价准则"）。

人员管理方面的要点：一是人才选用（从人才招聘"为我所有"到外脑引进"为我所用"），二是人才培养（从知识、技能培训到胜任力、创新力提升），三是人才激励（从物质、精神奖励到"授权赋能""激活个体"）

文化管理方面的要点：一是文化塑造（从企业家的战略思考到员工的知行合一），二是文化变革（从战略转型到文化变革）。

战略管理方面的要点：一是人才战略（人才管理的目标与目标实现方式），二是人力资源规划（人才需求的总量与结构）。

在上列四个方面中，组织管理、人员管理是基本的管理，是企业处于初创、成长、发展、持续发展等不同阶段都需要关注的。文化管理、战略管理一般是到了企业持续发展的阶段才给予重点关注。因为企业要持续发展，要做百年老店，所以需要有使命感，有愿景，有价值观体系；因为企业有远景目标，也有近期三年、五年的发展规划，所以要有人才战略、人力资源规划与之匹配。在企业的初创、成长、发展阶段，一般关注的是产品、营销、品牌，尚未形成使命感和愿景，因而实施文化管理的条件尚不成熟；在前面这几个阶段，企业一般还没有明确的远景规划和三年、五年的战略规划，因而实施战略管理的条件也不成熟。

人事总监、人事经理和期待发展职业能力的人事工作者在企业发展的每一阶段，都要认真地想一想，公司的业务发展和经营状况对人事工作提出了哪些方面的需求？主要是组织管理方面的需求，还是人员管理、文化管理、战略管理等其他方面的需求？要认真地想一想，人事工作如何满足业务发展和经营状况提出来的这些需求？是从组织设计的切入口去解决问题，还是从人才选用、文化塑造、人才战略等其他切入口去解决问题？

在这样的框架中进行思考和创新，可以使自己始终处于一种积极主动为组织创造价值的状态，而不是陷于一种领导说啥就干啥的被动状态。俗话说，有为才有位，有了积极有效的作为，自然就有你的位置。万科原人力资源总监解冻就因为在这方面做得特别好，所以得到公司主要领导的赏识，在职业发展的道路上能够华丽转身，成为中国最大地产集团的副总裁。有心者可以关注一下他在这方面的体会，我有幸在网络上看到他这方面的体会文章。

下篇的要点：

人事总监、人事经理和期待发展职业能力的人事工作者要成为公司领导和各部门负责人"可信赖的行动者"，成为"员工的支持者"，必须下功夫进行自我人格修炼。在这一方面，学习王阳明心学是一个不错的选择。其要点为：立志真切，见善则迁，有过则改；在心上用功，修炼"静坐"的功夫、"省察克治"的功夫、"慎独"的功夫、"诚意"的功夫；知学，知得专在学循良知。

心学是一套人格修炼的学问和功夫。王阳明认为，修身、齐家、治国、平天下的根在于"心"，在于"心之良知"的发见、存养和实用。心学的精髓是教人"在心上用功"，"在良知上实用为善去恶的功夫"。在与黄修易的谈话中，王阳明指出："人之根在心之良知。""良知即是天植灵根，自生生不息。但着了私累，把此根戕贼蔽塞，不得发生耳。"（《王阳明集》卷四《黄修易录》）日本的冈田武彦（《王阳明大传》的作者）把王阳明的心学称为"培根之学"。

心学是一门学问，有它的渊源，有一个学术思想的发展过程，还形成了一个学术思想的体系。从渊源看，它继承了儒家修身、齐家、治国、平天下和正心、诚意、致知、格物的思想；从王阳明个人学术思想的发展看，大体可分为"心即理""知行合一""致良知"三个阶段；从学术体系看，集中体现在"致良知"的"四句教"。

心学也是一套功夫。王阳明的学说，强调修身的根本是"在心上用功"，为此，他为学者提供了一套功夫（实做方法）。王阳明说，"四句教"是"话头"（学问要点），也是彻上彻下的"功夫"（实做方法）。要领悟心学的学问要点，就得修炼功夫。所以，我们在领会"无善无恶是心之体"的学问时，要修炼"静坐"的功夫；在领会"有善有恶是意之动"的学问时，要修炼"省察克治"的功夫；在领会"知善知恶是良知"的学问时，要修炼"慎独"的功夫；在领会"为善去恶是格物"的学问时，要修炼"诚意"的功夫。

张育新

2018 年 11 月

·目 录·
CONTENTS

序……001
导　言……005

上篇：人力资源转型：为组织的业绩增长创造价值……001

第一章　改变观念：由"人事分离"转变为
　　　　　　"人事合一"，"创造价值"……003
　　第一节　"人事分离"的种种表现……004
　　第二节　确立"人事合一"理念，为企业"创造价值"……008

第二章　改变角色：由 HR 转变为 HRBP，扮演
　　　　　　"四个角色"……013
　　第一节　扮演好"四个角色"……014
　　第二节　推动企业转型为"敏捷组织"……022

第三章 改变组织结构：由职能模块划分转变为"三支柱"……025

第一节 三支柱的运行模式……026

第二节 三支柱与职能模块划分的关系……034

第四章 改变胜任力模型：由HR胜任力模型转变为HRBP胜任力模型……037

第一节 HR的胜任力模型……038

第二节 HRBP的胜任力模型……041

第五章 改变责任承担方式：由自身承担转变为"引导直线经理承担"……047

第一节 CEO和直线经理应承担首要责任……048

第二节 人力资源部门要发挥专业引导作用……049

中篇：思维框架突破：在"四个方面、十个要点"的框架中进行思考和创新……061

第六章 组织管理……065

第一节 组织设计：从金字塔、科层制到网络型、生态圈……066

第二节 流程设计：从业务流程到控制程序……084

第三节 绩效设计：从"平衡记分卡"到"卓越绩效评价准则"……097

第七章 人员管理……109

第一节 人才选用：从人才招聘"为我所有"到外脑引进"为我所用"……110

第二节 人才培养：从知识、技能培训到胜任力、创新力提升……120

第三节 人才激励：从物质、精神奖励到"授权赋能""激活个体"……146

第八章　文化管理……167
第一节　文化塑造：从企业家的战略思考到员工的知行合一……169
第二节　文化变革：从战略转型到文化变革……181

第九章　战略管理……191
第一节　人才战略：人才管理的目标与目标实现方式……192
第二节　人力资源规划：人才需求的总量与结构……198

下篇：自我人格修炼：在心上用功……219

第十章　立志真切……227
第一节　立志为善：积善之家，必有余庆……228
第二节　立志真切：见善则迁，有过则改……230

第十一章　在心上用功……233
第一节　"静坐"：息思虑，悬空静守……234
第二节　"省察克治"：防于未萌之先，克于方萌之际……236
第三节　"慎独"：独知之地用力，端木澄源……240
第四节　"诚意"：致其良知，诚其意念……244

第十二章　知学……247
第一节　"知学"："只是知得专在学循良知"……248
第二节　破心中之贼：克其私，去其蔽……250

后　记……255

上 篇
人力资源转型：
为组织的业绩增长创造价值

人事总监、人事经理和期待发展职业能力的人事工作者要想成为有效的管理者，首先得明确现阶段人力资源领域发展的主潮，并融入这一主潮。放眼业界，现阶段的主潮是人力资源转型的理论及实践。提出转型理论的代表人物是美国的人力资源大师戴维·尤里奇，最早实践这一理论的则是IBM公司。

《哈佛商业评论》总编托马斯·斯图沃特曾在其发表的文章中提出："炸掉你的人力资源部。"对此，尤里奇给予回应："如果有价值，当然就不能废除；如果没有价值，当然应该废除。"1997年，戴维·尤里奇出版《人力资源转型：为组织创造价值和达成成果》一书，明确提出，人力资源转型的方向和目标是"为组织创造价值和达成成果"。

如何实现人力资源转型？笔者的理解是要做到"五个改变"：改变观念、改变角色、改变组织结构、改变胜任力模型、改变责任承担方式。

第一章
改变观念：由"人事分离"转变为
"人事合一"，"创造价值"

第一节 "人事分离"的种种表现

不少人事工作者，包括人事总监和人事经理，在实际工作中存在"人事分离"的通病，他们认为，我是做人的工作的，创造价值是业务部门的事，因而关注点在人不在事，对于公司所做的事，各个部门所做的事，各个员工所做的事，只有模糊的认识，因而导致"人的工作"与"业务工作"相分离，不能为组织的业绩增长创造价值。

"人事分离"有种种表现：

一、招聘工作与业务工作相分离

我在所接触的公司了解到一件事。这家公司的基础研究中心面临一个问题——焦材料的改进。为了解决这个问题，部门经理填写了招聘申请单，要求招聘一位熟悉焦材料的化工人才。人事部门的招聘经理根据这张申请单的要求及推荐的一些人选到煤系化工的一些高校和研究机构选聘人才。当他们经过考核面试，提出初步人选报测试应用中心的总监时，却遭到中心总监的否定。总监提出，根据中心正在开展的焦材料改进的要求，要招的是油系化工人才，而不是煤系化工人才，因而重新修改了招聘要求。这件事虽然不能全怪人事部门的招聘经理，但也说明我们的招聘经理对招聘岗位所做的事及所需具备的关键胜任力要素了解不深，标准模糊，才导致了这个错误的出现。

还有一个例子。这家企业选用一位营销总监，只从有关资料中了解企业的营销总监是做什么事的，需具备什么条件，而没有对本企业的营销总监这个特定的岗位要做的特定的事进行深入的了解和分析，因而招来的人匹配不精准。这家企业为提升营销水平，从外部空降一位营销总监。就营销业务的管理能力而言，这位总监是具备的。然而，就营销团队的管理能力而言，这位总监又显得力不从心，只好提出辞职。究其原因，行业不同、企业的发展阶段不同，营销总监面临的挑战和要解决的问题也不同，因而对同一岗位的人才要求就有所不同，根据这家企业的实际情况，要提升营销水平，除了要优化客户开发模式，改单兵作战为团队作战之外，更重要的是要解决营销队伍的管理问题。也就是说，任职者需要同时具备管事的能力和管人的能力，二者缺一不可。

二、培训工作与业务工作相分离

有这么一家企业，为提高中、高层管理能力，与中山大学管理学院联合举办 MBA 课程班，开设 10 门课程，每人学费约为 5 万元，60 多人参加，总费用 300 多万元。最终实际效果如何？能对企业发展带来多少价值？很值得怀疑。我们可以想象一下，这 60 多个人，由于岗位的层级不一样，类别也不一样，他们所做的事是不一样的。从胜任力考核和资格认证的结果看，他们的胜任力不足也是不一样的。两个"不一样"的人去学一样的课程，效果会好吗？

还有一个事例。这家企业听说一些企业组织游学，效果不错，因此也组织了一次游学，带着公司的班子成员和各中心的总监，到杭州听了某校一名教授的一堂课，参观了两家企业，一家国内的企业，一家韩国的企业。他们回来后，我问了几个人，"到底效果如何？"一位说："听了课，接受了一些新理念。"我问"能否运用到本公司的实际工作中来？"他说："还没考虑过。"带队的人说，这次游学，加强了高级管理人员的情感联络，也接触了一些新的观念。比如说，课堂上的老师对木桶理论做了新解，提出在管理上不要去强化"短板"，而是要强化"长板中的短板"。学员们对此还热议了一番。我进一步问，"就本公司的实际情况而言，哪些方面是属于'长板中的短板'？"这时，她回答不上来了。其实，长板和短板都是相对而言，"长板中的短板"也是短板，只不过变换个说法而已。要区分出哪些是长板，哪些是短板，还是比较容易的，而要区分出哪些是"长板中的短板"还真不容易。因为，对于这种"长板中的短板"，你可以说它是"长板"，也可以说它是"短板"。至于高级管理人员之间的情感联络，通过游学的方式也可以得到加强，不通过游学的方式也可以得到加强。因此，从实际成效来说，这次游学并没有为解决公司面临的某一个或某一些实际问题带来价值，也不能说是一次成功的游学。

三、绩效管理与业务工作相分离

有这么一家公司，为明确管理团队各成员的职责及绩效要求，强化对各成员的绩效考核，要求公司的人力资源中心参照公司已有的《"四定"工作手册》，明确界定各成员的岗位职责，并优化各成员的绩效责任书。然而，由于负责这一工作的只是人力资源中心的一位主管，他只了解各成员分管或主管的领域，对于他们在各个领域所具体承担的事则模糊不清，因此，他把各成员所分管的部门的主要工作相加，作为某成员的工作职责，并以此为基础确定其绩效考核的项目和指标。这显然是不妥的。其实，某成员在他所分管的领域中，他承担的并不是包揽这些领域的所有工作，这些工作是该系统的成员共同负担的，他作为分管领导所承担的，只是这个领域工作的规划、组织、指导、监督、评价等领导工作。例如，作为一个营销副总，其工作职责并不是市场部、销售部、商务部三个部门工作的累加，而是负责构建高效的营销管理体系；制订公司营销系统的战略实施计划；设立与分解公司年度销售目标，并制定具体的执行计划；处理、解决公司营销工作中的重大问题；带领营销系统的员工共同完成公司营销系统的各项绩效指标；制定公司品牌建设的目标、策略及行动方案，并监督实施；完成董事长、总经理交办的其他工作。只有明确这个岗位所做的事，才能界定这位营销副总的绩效项目及绩效指标。人事部门这位主管之所以出现上述错误，主要是因为他还没有达到这一级别，不知道这一级岗位主要做什么，他也未曾向这级岗位的人做深入了解，因此出现失误。可见，界定岗位职责及绩效项目、绩效指标，必须对各岗位所做的事有较深入的了解，否则就会出错。

四、薪酬管理与业务工作相分离

在定薪的过程中,人事部门的薪酬管理人员对各职能管理部门的人员所做的"事"和所创造的"价值"相对比较清楚,而对研发部门和营销部门人员所做的"事"和所创造的"价值"却不是那么清楚,或者说是只有大概的了解,对具体情况则不了解。因而他们在确定这些人员的工资或奖金时,就可能出现"人与事分离",即给他们确定的工资或奖金脱离了他们所做的事及所带来的价值。例如,某公司的薪酬体系分为六类:管理类人员薪酬体系、营销类人员薪酬体系、专业类人员薪酬体系、技术类人员薪酬体系、技能类人员薪酬体系与事务类人员薪酬体系。其中,研发技术类人员一年的奖金有几百万元,销售类人员一年的提成也有几百万元,这些都是由公司的相关部门提出来,经公司领导审批后实施的。从实施后的反应来看,研发、营销部门的人员认为自己拿少了,因为他们通过外比,发现有不少公司的同类人员比自己拿得多;而公司内其他部门的人员则认为他们拿多了,公司的分配不公平,因为他们通过内比,发现这两个部门的人员比其他部门的同级人员的年收入超出一倍以上。这两个部门的人员,他们的薪酬究竟是多了还是少了?人事部门也说不清楚。原因是对他们所做的"事"了解不深,对他们所创造的"价值"也缺乏评估的标准和方法。

有一个汽车配件制造企业,在新能源汽车呈井喷式发展的2015年,创造了极佳业绩,利润一下子从原来的七八百万元上升为6000多万元。因而上级控股集团在下达2016年绩效指标时,给他们下达的利润指标是1亿多元,而2016年因为政策的变动和部分汽车企业的骗补事件,整个行业的趋势不是继续向上,而是呈下跌趋势。结果,这家企业尽管年终结算还有5000万元的利润,但距下达的指标有比较大的差距,绩效考核只有73分。按集团相关规定,2015年每个员工有相当于两个月工资的奖金,而2016年则一分钱年终奖也拿不到。对此，相当多的员工心里不服，因为虽未能完成绩效指标，毕竟为集团创造了几千万的利润，而且是在行业趋势发生重大变化的情况下。这件事提出了一个问题：员工的年终奖是发还是不发，发多还是发少，依据的是他们创造的价值还是公司的一个分数？年终奖毕竟也是员工薪酬的一部分。笔者认为，在奖金的问题上，重分数而轻价值是不合理的。我们想象有两家企业，一家指标定1亿多元，结果虽然创造了5000万元的利润却因得低分而未能获得奖金，一家指标只定500万元，结果完成了指标，获得高分，而每个员工多发相当于两个月工资的奖金。这样的结果合理吗？

第二节　确立"人事合一"理念，为企业"创造价值"

转型首先要"转变观念"，要由"人事分离""创造价值是业务部门的事"转变为"人事合一"，为组织的业绩增长"创造价值"。

一、确立"人事合一"理念

所谓"人事合一"，"人"指的是人的工作，包括人的组织、人的管理、人心的凝聚等；"事"指的是公司的业务、各部门的业务、各个员工的业务等；而"合一"则是要求人的工作与业务工作相融合，为组织的业绩增长创造价值。

笔者曾在《"人事合一"与"胜任力管理"》一书中针对"人事分离"的通病，提出"人事合一"的理念。该理念与尤里奇的转型理论是相通的，共同点是两者都强调人事工作与业务工作的融合；不同点在于，尤里奇的目标是直指"为组织创造价值和达成成果"，而倡导"人事合一"的目标是"提升人力资源管理效能"。一种是西方的表达方式，比较清晰；一种是东方的表达方式，没有那么清晰。原中国人事科学研究院院长王通讯对"人事合一"理念给予充分肯定。他在为《"人事合一"与"胜任力管理"》一书撰写的"序言"中提到："在阅读本书的过程中，特别引起我注意的是第一章，人事管理从'人事分离'走向'人事合一'。文中提到的'人事分离'的问题在相当多的人事管理者的实际工作中是存在的。其中一个重要原因，是我们在引进西方管理理论和管理方法时，也引进了西方的思维工具和思维方式，对任何事物的研究，比较注重'细分'，而不太注重'统合'，而一分再分的结果，就使得我们的一些人事工作者，只看到职责范围内的管人工作，而没有看清楚所管的人'正在做'或'将要做'的事，因而在某种程度上出现人事分离，影响了人事管理的效能。正是针对这种问题，本书作者从王阳明的'知行合一'理念得到启示，提出了'人事合一'的理念，这是值得特别肯定的。"

"人事合一"理念符合德鲁克关于管理的基本定义。德鲁克说："管理就是界定企业的使命，并激励和组织人力资源去实现这个使命。界定使命是企业家的任务，而激励与组织人力资源是领导力的范畴，二者的结合就是管理。"陈春花认为管理的要义有两点：一是"让一些人共同做一件事"，二是使这些人在做事的过程中"能够创造价值并获得意义"。陈春花对管理的定义是从德鲁克的定义演变而来的，她表述得更为通俗一些。她说的"一件事"，就是德鲁克说的"使命"，她说的使这些人在做事的过程中能够"创造价值和获得意义"就是德鲁克说的"激励和组织人力资源"。我们不妨这样理解："激励和组织人力资源"去实现"企业的使命"，就是"人事合一"。

二、为组织的业绩增长创造价值

"为组织的业绩增长创造价值"是尤里奇所说的"为组织创造价值和达成成果"的一种更为直接、更加通俗的表述。尤里奇特别指出："人力资源部到底如何创造价值？""人力资源部不应该关注做了什么，而应该关注产出是什么。""HR部门应当像企业一样运营。"尤里奇要求人力资源工作者要找到自己的客户，并知晓客户的需求，在这个基础上，提供相应的产品和服务，满足客户的需求，从而为组织创造价值和达成成果。

人力资源工作者的客户是谁？所在公司是客户，公司内各个部门是客户，公司内的员工也是客户。如何知晓客户的需求，并提供相应的产品和服务，满足客户的需求？这就需要我们去感知，去诊断，去制订方案，去推进落实。

某汽车配件企业试行人力资源转型，要求人力资源部的人员当好HRBP，但由于多数人并未具备HRBP的胜任力要求，因而未能执行到位，局限于了解各部门的事务性的需求，并提供事务性的服务。经过反思后，该公司提出：在现有的基础上向前推进一步，按照"感知""诊断""制订方案""推进落实"的基本方法去操作。

一是感知。他们通过对公司各个业务部门的深入访谈，感知公司当年的业务经营情况及人才管理的情况。当年公司经营目标主要是确保利润，而现实情况是经营上尚处于亏损状态，人才管理未能有效支撑业绩指标的达成。

二是诊断。诊断业务工作和人才管理的问题及需求。当时，营销部门遇到的主要问题是应收款问题，研发部门遇到的主要问题是样机的研发流程、速度及研发质量保证问题，采购部门遇到的主要问题是材料的交期及成本问题，制造部门遇到的主要问题是产品的质量及交期问题；而人才管理上的问题则涉及组织设计、人才招聘、人才培养、人才激励等方面。因而需要人力资源部门制订相关的方案帮助解决这些问题。例如，针对销售部的应收款问题，制定专门的奖惩办法；针对采购部门的材料交期与成本问题在组织管理上进一步理顺深圳、遵义两地采购部门的关系；针对产品质量问题对电机部、电控部、品管部人员进行培训。

三是制订方案。根据诊断的结果及各部门对人力资源管理提出的需求，提供相应的"产品"及"服务"，为公司确保利润创造价值。例如，在激励政策方面，制定应收款催收奖惩办法；在组织管理方面进一步理顺深圳采购部与遵义采购部的关系；在人才培训方面，组织开展专题培训活动，提高品质管理部门人员的质量意识及管控能力。

四是推进落实。组织力量，全力推进已经制定的方案，为各部门的业务工作提供服务，为公司业绩增长创造价值。

第二章
改变角色：由 HR 转变为 HRBP，扮演"四个角色"

第一节　扮演好"四个角色"

人力资源部到底该如何创造价值？尤里奇发展出 HR 角色与贡献四象限模型，被几乎所有优秀企业采用，对人力资源实践产生了深远的影响。尤里奇后来位居《财富》杂志 2001 年度管理大师之首，其四象限模型为人们津津乐道。

在对传统人力资源管理部门局限分析的基础上，尤里奇提出了"人力资源业务合作伙伴"的概念，并界定了人力资源部门的四种角色，如图 2-1 所示。

```
                    面向未来/战略
         成果：战略执行      │  成果：成功的转型与变革
         角色：策略伙伴      │  角色：变革助推器
关注流程 ───────────────────┼─────────────────────── 关注人
         成果：高效的HR流程  │  成果：敬业的员工队伍
         角色：行政专家      │  角色：员工支持者
                    面向日常/操作
```

图 2-1　尤里奇对人力资源管理四种角色的界定

尤里奇提出，人力资源部门转变为 HRBP，要扮演好"四个角色"，即战略合作伙伴（策略伙伴）、行政专家（职能专家）、员工支持者（员工政委）与变革推动者（变革助推器）。

人力资源部门为组织的业绩增长创造价值并不是直接去创造利润，或直接参与创造利润的经营活动。人力资源部门为业绩增长创造价值是间接的，因而也被列为间接增值部门。人力资源部门为组织的业绩增长创造价值是通过扮演好"四个角色"实现的。

一、人力资源部门要当好战略合作伙伴

尤里奇说："我并不认为人力资源部应该制定战略。制定战略是公司

高层管理团队的责任，而人力资源主管只是这个团队的一员。然而，要想成为高级管理层的合格战略伙伴，人力资源主管应该推动和引导一些认真的讨论，大家共同研究公司应该采取什么样的组织形式来执行战略。"值得注意的是，尤里奇在这里所说的"组织形式"，并不是我们日常说的组织架构，而是指组织能力关键要素的框架，指组织在运作过程中重点关注的要素；而这里所说的战略则是指企业希望实现的目标及目标实现方式。成功企业为实现"战略一致性"（目标、战略、组织能力同步）往往思考以下两个问题：战略（实现方式）能否有效地支持公司目标的实现？组织能力（各种要素）能否有效地支持公司战略的执行？

HR作为战略伙伴，要为上述问题的讨论创造条件，可采取以下四个步骤：

第一步：人力资源部应负责制定企业组织运作的框架。

换句话说，它应该确定企业的基本运作模式。在这个过程中，有好几个成熟的框架都可以采用。例如，杰伊加尔布雷思（Jay Galbraith）的星形模型，它定义了5个关键的组织要素：战略、结构、奖励、流程与人。麦肯锡公司著名的7S框架则列出了公司架构的7个要素：战略、结构、制度、人员、风格、技能和共同的价值观。如图2-2所示

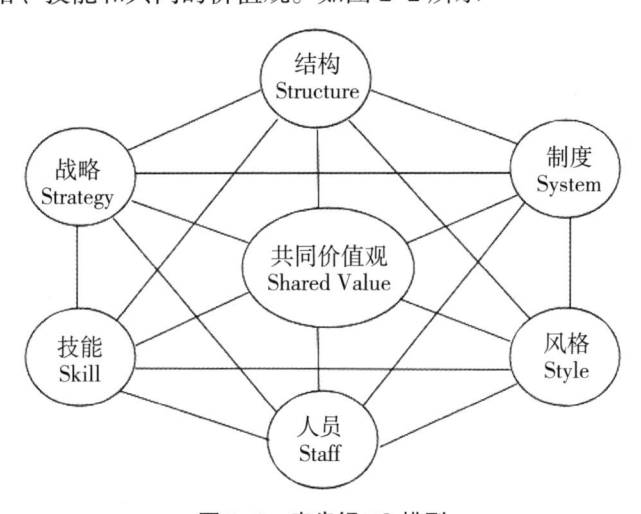

图2-2 麦肯锡7S模型

只要合理，人力资源部采用何种框架来定义公司运作框架相对来说并不重要，重要的是企业必须清楚地阐明自己的框架。如果缺乏这种明确性，经理们就可能无法看透公司的运作方式，从而也不能深刻地认识到哪些因素有助于推动战略的执行，哪些因素会起阻碍作用。他们可能会忽视制度和技能，而认为组织结构是行动与决策的唯一推动力。他们也可能主要从价值观的角度去理解公司，而忽视了制度对工作完成的方式——也就是战略执行的方式——的影响。

高级管理层应该要求人力资源部扮演一个建筑师的角色。HR作为"建筑师"，要进行测量，计算面积，标明门窗和楼梯，并检查管道与供暖设备。最后提交一份全面而详细的建筑结构图，其中包含了这幢建筑的所有部分，并显示它们是如何搭配组合、共同发挥作用的。

第二步：人力资源部必须承担组织审查的职责。

建筑结构图可显示一幢楼房内需要立刻改进的地方，组织运作框架图也有类似的用途，它可帮助经理们确定公司哪些地方需要改变，以促进战略的执行。正如上面所提到过的，人力资源部的职责就是引导大家就公司的组织运作框架进行对话。

假定一家公司的人力资源部从文化、能力、薪酬、治理、工作流程和领导力这几个方面来定义组织运作框架，人力资源部的员工就可以用这一模型来引导管理层展开关于"匹配"问题的热烈讨论——公司的文化与战略目标相匹配吗？诸如此类。假如答案是否定的，那么人力资源部就应该带领大家讨论如何来弥补缺陷。

第三步：人力资源部要为组织运作框架亟须变革之处提供方法。

换句话说，人力资源经理的任务是带领大家提议、创造和议论一些最佳实践，比如文化变革项目或者评估与奖励体系中的最佳实践。倘若战略的执行要求公司采取一种基于团队的组织结构，那么人力资源部就必须承担起责任，为高级管理层找出创造这种组织结构的最佳途径。

第四步：人力资源部必须把自己手头的各项工作都清楚地序列出来。

这是最后一点，人力资源部不仅要把各项工作都清楚地罗列出来，还要按照"轻重缓急"排定次序。在任何时候，人力资源部或许都有一大堆事情等待处理，比如要实行绩效工资，跨国团队合作，或者"边干边学"的员工发展项目。但要想同经营业绩真正联系起来，人力资源部就需要与各部门的经理共同合作，一起对每项任务的重要性和影响力进行系统性的评估。哪些任务是执行战略所必需的？哪些任务是刻不容缓的，而哪些任务可以暂搁一旁？简而言之，哪些任务是与经营业绩真正密切相关的？

对人力资源部而言，成为战略伙伴是一个全新的角色，因此它可能需要具备新的能力和技巧。例如，人力资源部员工可能需要更多培训，才能在组织审查工作中做出深入的分析。最终，这些新知识将帮助人力资源部满怀信心地为管理层创造更多价值；而在不远的将来，把人力资源部当作战略伙伴的这一新理念必然会带来实际的商业利益。

二、人力资源部门要当好行政专家

多年来，人力资源部的职员总是被看作行政人员。然而，作为行政专家（administrative expert）这个新角色，他们需要摆脱传统意义上制定规则和维护制度的"警察"形象，同时又要确保公司的各项日常工作都能顺利进行。为了从"行政人员"变身为"行政专家"，人力资源部必须提高自身和整个组织的工作效率。

在人力资源里，有很多流程可以更好、更快、更省钱地完成。担当起新角色的人力资源部，它的工作之一就是发现并改进这些流程。一部分企业已经承担起这些任务并收到了喜人的效果。例如，有一家公司设计了一套全自动的、灵活的福利管理系统，从而省却了员工的文书工作；另一家公司通过新的技术手段筛选简历，缩短了人员招聘的周期；还有一家公司则设立了电子公告牌，员工通过它可以和高级管理者直接交流。在这三个案例中，人力资源部通过精简流程和采用新技术，既提高了工作质量又降低了工作成本。

然而，成本的降低并非人力资源部变为行政专家的唯一好处。效率的提高提升了人力资源部的声誉，从而又为人力资源部成为战略执行伙伴打开了一扇门。

人力资源部门要当好行政专家，在人才选用、人才培养、人才激励等各种管理流程的设计上，可借助互联网、数字化等先进技术，不断地优化流程，提升效率。笔者最近参加了广东省人力资源研究会主办的一个研讨会，主题是"电子劳动合同的推广应用"，目的就是提高人事工作的效率。然而，就我国目前相关的法律制度而言，还有一定的法律障碍。劳动合同条例明确采用"书面劳动合同"，"电子劳动合同"与"书面劳动合同"不能划等号。法律专家认为，劳动关系有特殊性，劳动关系双方的隶属性包括人身关系和财产关系，而相关的法律规定中有一条，"涉及婚姻、收养、继承等人身关系的"不能用电子签名。

三、人力资源部门要当好员工支持者

如今对工作的要求比以往任何时候都要高，公司总是要求员工以更少的资源做更多的事情。传统的雇佣合同通常会以工作保障和升职计划的内容为主，但随着公司逐渐放弃旧式合同，取而代之以对信任的苍白承诺，员工对公司也就同样报以不信任的态度了。雇员与企业的关系变得更像一种交易。他们付出的只是时间，除此之外别无其他。

除非员工完全投入，否则企业无法发展壮大。具有投入精神的员工，或者说，相信自己得到重视的员工，他们会分享自己的想法，会在工作上超额付出，会跟客户努力搞好关系，这些仅仅是随意列出的三个好处。

在新角色中，人力资源部有责任确保员工对公司的积极投入——让他们对组织有一种难以割舍的情结，愿意为之贡献全部力量。过去，人力资源部通过满足员工的社交需求来制造这种情结，例如组织野餐、聚会、联合募捐活动等。这些活动还得继续组织，但是人力资源部的新纲领意味着它有更多的活动要组织。现在，人力资源部必须负责培训和指导直线经理，

使他们明白保持员工的高昂士气是多么重要，以及如何做到这一点。

人力资源部在指导和培训直线经理、让其明白如何激发员工高昂士气的过程中，可以采用一些工具，包括研习班、书面报告或员工调查。它们能够帮助经理们了解组织内部士气低下的原因——这种认识不仅停留在具体个案上，而且要上升到概念层面。例如，人力资源部告知直线经理，大约82%的雇员因最近一次裁员而感到沮丧。这一消息很有用，但除此之外，人力资源部还应该使直线经理认识到士气低下的根由。比如，组织行为学家通常认为，当人们觉得外界对自身的要求超过了自己手中用来满足需求的资源时，员工士气就会下降。同样地，如果目标不清楚，任务不分轻重缓急，或绩效评估模棱两可，也会令士气下降。人力资源的重要作用就是在高级经理面前竖起一面镜子。

在提供建议改善员工士气方面，人力资源部能发挥关键作用。这些建议可能非常简单，例如要求雇用更多支持人员；也可能非常复杂，例如建议对某些项目进行流程再造等。人力资源部的新角色可能意味着它会提出更多的建议，比如建议对某些项目更多地采取团队形式，或者建议让员工对自己的工作计划拥有更多的控制权。这些建议意味着人力资源部在提醒直线经理：要注意有些员工可能在从事枯燥的、重复性的工作。譬如，百特医疗用品有限公司（Baxter Healthcare）的人力资源部就认识到，枯燥的工作是个问题，并为此重新设计工作流程，使员工同客户的联系更加直接，从而帮助解决了这一问题。

此外，人力资源部应该向员工提供个人与职业发展机会，并提供各种资源以帮助员工达到公司对他们的要求。

在教育各部门经理要关注员工士气、提供职业发展机会的同时，人力资源部还要充当员工的代言人，在管理层面前它必须要代表员工利益，在管理层讨论中它必须要替员工说话。当公司做出关系员工的决策时（例如关闭一家工厂），员工应当对人力资源部有充分的信心，相信后者充分参与了决策过程，明确反映了员工意见，并完全支持员工权益。类似这样的支持不能是隐形的，而必须是公开的。员工在和人力资源经理沟通意见之前，就必须知道人力资源部是自己的喉舌。

人力资源部门要当好员工支持者，要通过指导和培训各部门的经理实施有效激励，确保员工积极投入公司事业，并提供给员工职业发展的机会，还要充当员工的代言人，维护员工的合法权益。在这里，对员工的支持是多方面的：其一是通过公司及各部门的经理给予员工物质上、精神上的支持，从而提升员工的投入度；其二是给予员工职业发展的支持，如职业培训、团队学习、职称评定、职务晋升等，从而提升员工的胜任力、创造力；其三是给予员工维护合法权益的支持，在处理劳资纠纷时合法合规，能够兼顾双方的权益，既是资方的代言人，也是员工的代言人。上述可见，作为员工的支持者，要能够融合公司和员工的目标，平衡公司和员工的权益，实现组织和员工的双赢。京瓷公司在这方面就做得很好。京瓷确立了谋求员工物质上、精神上幸福的经营理念，通过建立部门核算制度，培养部门负责人的经营者意识，维护员工的参与权、知情权。在这个过程中，融合了公司和员工的目标，平衡了公司和员工的权益，使公司不断发展壮大，成为世界500强之一。

四、人力资源部门要当好变革推动者

借用一句话：变化无所不在。由于全球化、技术创新以及信息的自由流动，如今的变化速度更加让人头晕目眩。商界中赢家与输家的区别就在于他们能否跟上这种变化速度。胜者能够很快地自我调整，加紧学习并迅速采取行动，而败者却试图掌控变化，结果浪费了宝贵的时间。

正如前文所述，新的人力资源部的第四个职责就是帮助组织形成应对变革和利用变革的能力。变革项目可能包括建立高效能的团队，缩短创新周期，或者应用新技术，人力资源部要确保这些项目及时得到界定、开发和实施。

变化往往令人心生畏惧，使人瞻前顾后，不敢行动。作为变革推动者，人力资源部需要以坚定的决心来消除人们对变革的抵制，以结果来代替规划，以对机会的欢呼驱走对变革的畏惧。如何做到这一点？答案在于创建和运用变革模型，例如通用电气公司发明并广泛使用的变革模型（见表2-1）。人力资源部必须向自己的组织介绍类似的模型，并指导高级管理团队熟悉它，即通过组织一些对话与讨论，找出模型中那一长串问题的答案。简而言之，这一模型必须成为人力资源部所提倡使用的管理工具。它能帮助组织确定变革的成功要素，并就每一要素来评估组织的强项和弱项。整个过程可能会充满艰辛，但这正是人力资源部最能发挥价值的地方之一。作为变革推动者，人力资源专员自己不必实施变革，但是要确保变革在公司上下得到执行。

表2-1 通用电气变革模型

以提问开始的变革	变革的成功要素	问题：用来评估成功要素，并实现这些要素
谁（Who）？ 为何（Why）？ 什么（What）？ 如何（How）？ 通用电气的人力资源部运用这个变革模型来指导公司的转变	领导变革 （谁负责）	我们是否有这样一位领导者—— 他是变革的主导者和支持者 他公开承诺变革一定会发生 他将争取必要的资源使变革得以持续 他为了落实变革计划而投入个人时间和精力
	创造共同需求 （为什么要变）	员工是否—— 明白变革的原因 理解变革的重要性 明白变革将在短期和长期内给员工和公司带来何种帮助
	塑造愿景 （我们完成变革后会是怎样的）	员工是否—— 明白变革对人行为的影响（即变革后他们的行为会有哪些不同） 为变革完成后的结果感到激动 明白变革将给客户和其他相关者带来什么利益
	调动积极性 （还有谁需要参与变革）	变革推动者是否—— 认识到还有哪些人需要参与进来，以促进变革的实现 懂得如何建立同盟，为变革提供支持 有能力争取公司关键人物的支持 有能力建立一个责任矩阵，以促使变革如期实现

续表

以提问开始的变革	变革的成功要素	问题：用来评估成功要素，并实现这些要素
谁（Who）？ 为何（Why）？ 什么（What）？ 如何（How）？ 通用电气的人力资源部运用这个变革模型来指导公司的转变	监控时间进度 （如何衡量变革的实施情况）	变革推动者是否—— 有办法衡量变革的成败 计划把变革的进度与变革的最终结果和实施流程进行对照比较
	持之以恒 （如何开始变革，又如何坚持下去）	变革推动者是否—— 认识到启动变革最初的几个步骤 制订了短期和长期计划，从而把注意力集中于变革 为今后及时调整变革制订了计划

新的人力资源部还要确保公司的愿景宣言（比如，我们要成为我们这一行的全球领先者）能够转化为具体行动，它必须帮助员工搞清楚，为了实现长远目标，他们可以停止、开始，或继续从事哪些工作。在惠普公司（Hewlett—Packard），人力资源部确保公司的价值观——信任员工、尊重员工——转化为具体实践，比如让员工更灵活地控制自己的工作时间和工作地点。

总之，人力资源部门要当好组织变革推动者，要作为公司各种变革的推动力量，帮助公司排除变革过程中遇到的各种阻力，确保变革的成功实施；要确保公司的使命、愿景、价值观能够凝聚人心，并成为员工的行为准则。

第二节　推动企业转型为"敏捷组织"

当今的时代是一个快速变化、充满不确定性的时代，这个时代的企业组织对外部世界的变化要敏捷反应，否则难以生存、发展，因此，当今的组织应当是一个"敏捷组织"。

拉姆·查兰在2018年举办的一个高峰论坛上提到，首先要对"敏捷"有一个认识和剖析。在他看来，"敏捷"有两个维度：一是战略维度，二是运营维度。组织中的各个职能、各个层级都要关注外部变化。有些变化源于技术，有些源于客户，有些源于对手，有些源于那些今天还看不见的对手。因此，HR要帮助组织树立主动意识，积极密切关注外部变化，去了解这些变化对企业未来发展在战略上、运营上的挑战。

查兰认为，HR要推动组织真正做到敏捷，应该做好以下五件事：

第一，必须帮助组织的核心高层深刻认识到，在这样一个复杂多变的时代、充满不确定性的时代，组织的敏捷能力、快速决策的能力非常关键。

第二，帮助组织引进转型过程中必需的关键性人才。例如，每个企业都需要数字化技术推动组织转型，有没有合适的数字化人才是关键，尤其是数字化工作的负责人，必须能够与业务部门合作，具备用户意识，真正从终端消费者出发。

第三，帮助组织找出转型的中坚力量。推动一个组织转型不是容易的事，要有抓手。任何组织不管多大，真正影响命运的总是一小部分人，要将这一小部分人找出来，放在合适的岗位上。在选拔这些人的时候，不能论资排辈，而是看是不是具备推动转型的理念和能力。

第四，对人才实时追踪。作为HR，要能借助数字化的方法，实时了解每个人的工作目标、进展情况、行为动态，了解每位员工的才华特点，真正做到人岗匹配，尤其是要识别那些未来能够为组织做出巨大贡献的人。

第五，对新的项目进行试点。HR要有迭代的理念，我们都在探索未知，在不确定的情况下，可以尝试选择一个项目、一个业务做试点，或者组建一个团队，实现新的运营及决策机制。

他还认为，在这样一个快速变化的时代，组织敏捷不是一种选择，而是一种必须。如果真正做到敏捷，将成为组织的核心竞争优势。对于HR来说，推动组织转型、打造敏捷能力，是这个时代的召唤，也是组织赋予的使命。

某汽车配件企业为了推动企业变革，使公司向敏捷组织转型，建立了每季度一次的市场形势分析会制度。参会人员为班子成员和相关部门总监。

会议内容包括交流信息（政策变化情况、客户变化情况、供应商变化情况、竞争对手变化情况、其他相关方变化情况）和商讨应对变化的办法。会议组织方法是，会前指定各相关部门收集相关情况，以便在会上交流分析。政策变化情况、客户变化情况、竞争对手变化情况由销售中心和营销中心负责收集，供应商变化情况由采购中心收集，其他相关方变化情况由董事会秘书办公室负责收集。会议结果是会后整理纪要发给参会人员。另外，还把"班子微信群"变成一个"信息共享平台"，原微信群主要是一个汇报和指示的平台，后将这个平台扩展为一个信息共享平台，在这个平台上可交流信息、提出问题、批评或建议、介绍经验或体会等。

第三章
改变组织结构：由职能模块划分转变为
"三支柱"

第一节 三支柱的运行模式

关于人力资源部门的组织结构，传统的设计大多按职能模块划分。例如，大的企业集团设立一个人力资源中心，内部划分为招聘部、培训部、绩效部、薪酬部等；小型企业则设立一个人力资源部，内部划分为招聘岗、培训岗、绩效岗、薪酬岗等。

尤里奇提出，HR部门应当像企业一样运营。在这个"企业"中，有人负责客户管理，有人负责专业技术，有人负责服务交付。在《人力资源最佳实务》中，尤里奇最先提出了HR部门的组织结构再设计框架，几经完善，变成今天大型企业中流行的三角模型。如图3-1所示。

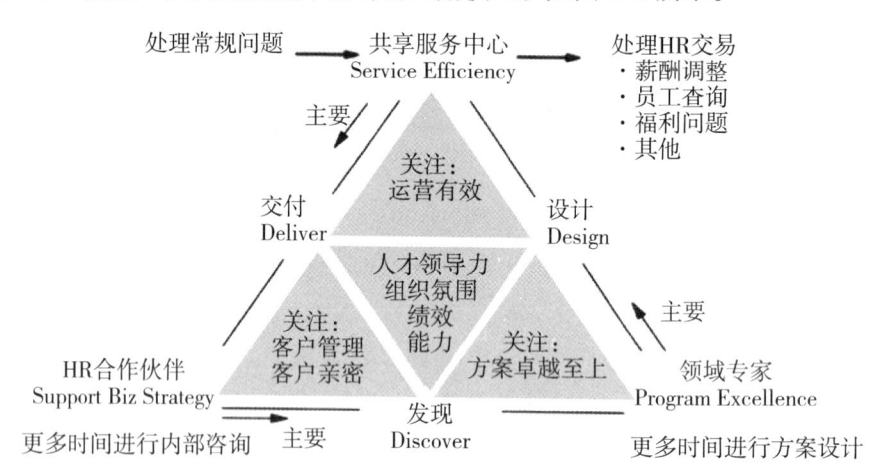

图 3-1 三支柱模型（COE/SSC/HRBP）

资料来源：IBM HR 研究成果。

（一）三支柱模型

三支柱模型的组成包括以下三个部分：

COE(人力资源专业知识中心或人力资源领域专家)、SSC(共享服务中心)、HRBP(人力资源业务合作伙伴)。

HR组织重新设计，简单来讲就是将HR的角色一分为三。实践证明，这种业务模式的变化更有助于提升HR的效率和效能，这就是在领先公司中常见的HR三支柱模型。如图3-2所示。

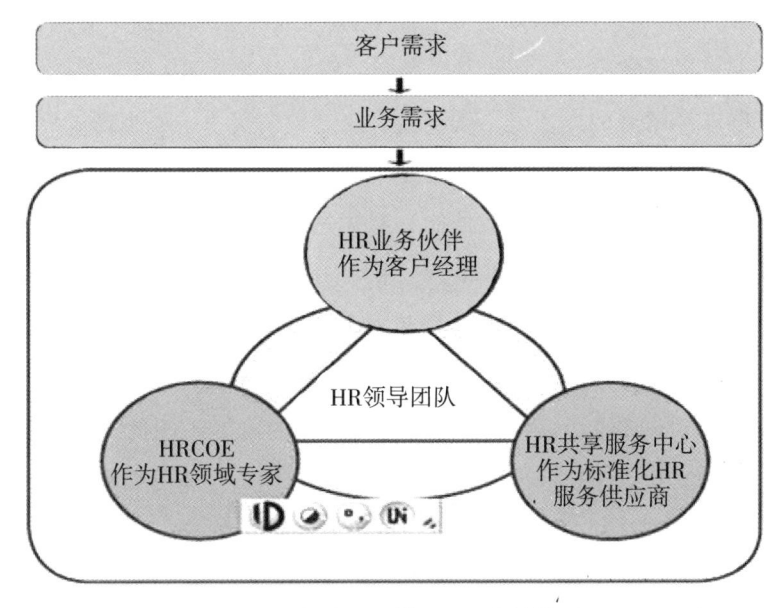

图3-2 领先公司的HR三支柱模型

人力资源部门要像业务部门一样经营，首先要回答的是：自己的客户是谁，他们的需求是什么？从上图顶部来看，人力资源部门通过满足业务需求，从而间接推动客户需求的满足。

借用营销的客户细分理论，HR可以把自己的目标客户分成三类：①高层管理人员。他们的需求主要围绕在战略执行所需的组织、人才、文化、制度及变革管理等方面的支持。②中层管理人员。他们的需求主要围绕在人员管理方面的咨询、辅导和工具。③员工。他们的需求主要围绕在解答政策方面的疑问，并提供便捷的服务支持，例如劳动合同、入职手续、薪资发放等。其中，第一类客户的需求高度定制化，第三类客户的需求相对标准化，第二类客户介于二者之间。

HR 的运作模式要服务于客户需求的满足。同服务外部客户一样，最难满足的是定制化需求，为此 HRBP 角色应运而生，以扮演顾问和 HR 客户经理的角色。他们主要的时间用于挖掘内部客户需求，提供咨询服务和解决方案。他们是确保 HR 贴近业务需求，从职能导向转向业务导向的关键。

但是，提供解决方案意味着需要同时精通业务及 HR 各个领域的知识。寻找一群样样精通的人才是不现实的，在这种情况下，就出现了专业细分的需要，这就是 HRCOE。HRCOE 的角色是领域专家，类似于 HR 的技术专家，借助本领域精深的专业技能和对领先实践的掌握，负责设计业务导向，创新 HR 的政策、流程和方案，并为 HRBP 提供技术支持。

如果希望 HRBP 和 HRCOE 聚焦在战略、咨询性的工作，他们就必须从事务性的工作中解脱出来。同时，HR 的第三类客户——员工，其需求往往是相对同质的，存在标准化、规模化的可能。因此，这就出现了 HRSSC。HRSSC 是 HR 标准服务的提供者，他们负责解答管理者和员工的问询，帮助 HRBP 和 HRCOE 从事务性工作中解脱出来，并对服务的满意度和卓越运营负责。

HR 的角色一分为三还有其他的好处，即同时实现业务导向和公司整体一致性。很多公司的人力资源总监面临的困境是，满足了某个业务部门的需要，就会影响整个公司的一致性，如果不满足，业务部门又会抱怨 HR 不解决问题。角色一分为三后，HRBP 的使命是确保 HR 实现业务导向，贴近业务，解决问题；HRCOE 的使命是确保全公司政策、流程和方案框架设计的一致性，并基于 HRBP 反馈的业务需求，在整体一致的框架下保留适度灵活性；而 HRSSC 的使命是确保全公司服务交付的一致性。这 3 个支柱共同作用，从而实现矛盾的平衡。

（二）HRBP：HR 业务伙伴，确保业务导向

1.HRBP 承担的职责

HRBP 通常承担以下职责，如图 3-3 所示。

> **HRBP 伙伴的角色和职责**
>
> ● 负责当好所在业务部门/区域/业务单元/国家的战略合作伙伴
>
> ● 通过提供咨询和支持帮助执行业务战略
>
> ● 对专业领域如人才管理、人力规划、变革管理等提供支持
>
> ● 使用业务知识在业务单元层面推广人力资源制度、流程、方案
>
> ● 在业务规划中代表人力资源部门，并向人力资源部提供业务需求

图 3-3　HRBP 的角色和职责

HRBP 往往贴近内部客户配置人员，通常来说，对于较高层级的组织，围绕管理架构，根据解决方案的复杂度配置 HRBP 人员；对于较低层级的组织，根据 BP/全职员工服务率配置 BP，以支持日常人员管理。

2. 在中国实施 HRBP 的关键成功因素

HRBP 的关键成功因素有以下几点：

（1）发展 HRBP 的技能。如前所说，提供业务所需的解决方案需要 HRBP 既具备业务知识，又要全方位掌握人力资源技能。在中国企业，很多 HR 是业务出身，这群人如果转型为 HRBP 虽具备了解业务的先天优势，但是仅仅有业务背景是不够的，尤其是中国的管理者，由于普遍比较年轻，往往难以清晰地表达自己对于人力资源的需求到底是什么，这就需要系统地提升 HRBP 的咨询技能、沟通和人际关系技能以及广泛的 HR 知识，以准确挖掘内部客户的需求，并转化为 HR 的需求。在转型到 HRBP 岗位之前，需要精心地选拔候选人并做好充分的准备。

（2）做好帮助业务主管的准备。HRBP 推行不成功的第二个原因是业务主管不知道 HRBP 到底应该干什么，因此还是回到老路上来要求 HRBP。在推行之前，应该与业务主管清晰地沟通 HRBP 的角色，会做什么，不会做什么，做好期望管理。很多企业因为 HRBP 到底应该向谁汇报而困惑，

在开始推行 HRBP 时，有人建议 HRBP 向业务汇报，这样可以确保业务主管将 HRBP 当成是自己人。

（3）帮助 HRBP 从事务性工作中解脱出来。HRBP 推行不成功的第三个原因是共享服务中心的建立往往需要 3~5 年的时间，在过渡期 HRBP 有大量的事务性工作还要自己承担，导致 HRBP 产生挫败感。解决这个问题的办法是，在 BP 团队中设立一些承担事务性工作的初级角色，帮助有经验的 BP 去分担事务性角色，让他们聚焦在高端工作上，而在共享服务中心充分建立后，这些角色将逐步转移到共享服务中心。

（三）HRCOE：HR 专家，确保设计一致性

1.HRCOE 承担的职责

HRCOE 通常承担以下职责，如图 3-4 所示。

HRCOE的角色和职责
◉ 制定和设计制度、流程、方案，提供全球方案标准并在恰当的时候管理全球方案
◉ 开发新方案推广计划并与人力资源业务伙伴一起实施
◉ 在专业领域对业务单元和地区管理团队提供咨询
◉ 界定监控全球/区域职能流程
◉ 利用最佳实践

图 3-4　HRCOE 的角色和职责

对于全球性/集团型的大型公司来说，由于地域/业务线的复杂性，HRCOE 需要为不同的地域/业务线配置专属资源，以确保设计贴近业务需求。其中，总部 COE 负责设计全球/全集团统一的战略、政策、流程和方案的指导原则，而地域/业务线 COE 则负责结合地域/业务线的特点进行定制化，这样的 COE 设置可以在满足框架一致性的同时，允许业务所需的灵活性。

2. 在中国实施HRCOE的关键成功因素

HRCOE的关键成功因素有以下几点：

（1）HRCOE和BP的充分沟通。HR政策对公司的影响是敏感、广泛和深远的。如果HRCOE和HRBP的沟通不畅，则无法确保HR政策支持业务发展。这就需要二者把沟通变成习惯，并将几个关键沟通节点流程化：①制订年度计划时，邀请HRBP共同规划；②设计时，将HRBP提出的需求作为重要的输入；③实施时，指导HRBP进行推广；④运作一段时间后，寻求HRBP的反馈，从而作为改进的重要输入。

（2）HRCOE专业技能的提升。成功的设计需要对业务需求的充分理解，更需要具有本领域精深的专业技能、解决涉及领域较为宽泛的一般问题的深厚的专业经验以及对领先实践的掌握。对中国企业来说，HR团队通才居多，专才不足，部分专业技能的缺失意味着无法在内部培养人才。为了快速提升COE团队的整体素质，要从业界招募有丰富经验的高级COE作为内部培养的补充，并要求这些专家扮演导师的角色，带领整个团队的进步。

（3）HRCOE资源的共享。专家资源往往是有限的，每个业务单元/部门都配备专职COE，意味着巨大的人才数量需求。在这种情况下，人才质量往往难以保证，政策的制定是高度割裂的，难以实现一致性，这就意味着需要实现COE资源的共享。和HRBP不同（几百名员工可以配备1名HRBP），往往是几千名员工才能配备1名COE的，这就意味着每层组织都配备专职COE团队是不现实的。据2009年全球调研数据，77%的全球的公司仅在全球或下一级组织（如事业部/区域）设置COE，而不会在更低层级的组织设置COE。资源共享的最大障碍是汇报关系，中国企业往往在不同层级的组织都配备HR，且向业务汇报；实现资源共享，需要决心和行动对COE资源进行整合，更加注重质量而非数量。

（四）HRSSC：标准服务提供者，确保服务交付的一致性

1.HRSSC 承担的职责

HRSSC 通常承担以下职责，如图 3-5 所示。

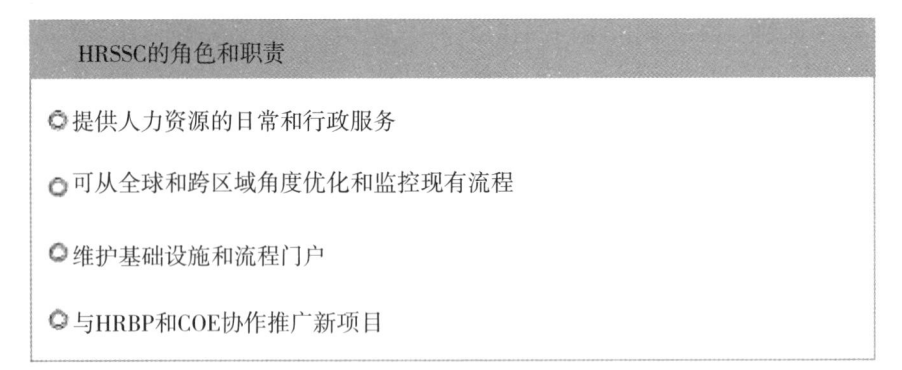

HRSSC的角色和职责
◎ 提供人力资源的日常和行政服务
◎ 可从全球和跨区域角度优化和监控现有流程
◎ 维护基础设施和流程门户
◎ 与HRBP和COE协作推广新项目

图 3-5　HRSSC 的角色和职责

HRSSC 的使命是为 HR 服务目标群体提供高效、高质量和成本最佳的 HR 共享服务。为了达成这样的使命，HRSSC 通常需要一个分层的服务模式来使工作效率最大化。如图 3-6 所示。

第0层 网络自助服务 66% ｜ 第1层 HRSSC服务代表 28% 通过电话、对话和邮件提供支持 ｜ 第2层 HRSSC专员 5% ｜ 第3层 <1% HRCOE

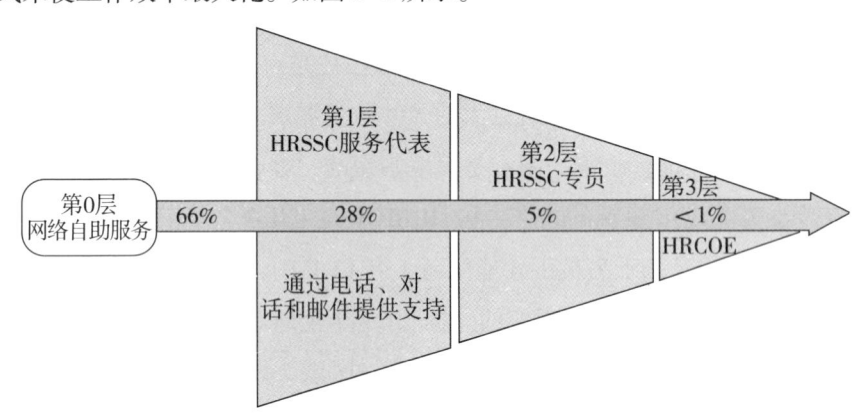

图 3-6　HRSSC 分层服务模式

第 0 层：网络自助服务。在这一层，管理者和员工通过网页自助服务解答 HR 问题，完成 HR 事务处理；基于领先实践，在这一层通常可以处理 66% 的问题。

第1层：HRSSC 服务代表。在这一层，接受过综合培训的 HRSSC 代表将通过电话、对话和邮件提供支持；在这一层通常可以处理 28% 的问题。

第2层：HRSSC 专员。在这一层，升级到第2层的查询将由在特定 HR 领域掌握专业技能的 HR 专员负责处理，本地 HR/HRBP 可能根据具体的查询内容选择介入；在这一层通常可以处理 5% 的问题。

第3层：HRCOE。升级到第3层的复杂查询，由 COE 或职能专家负责处理。在这一层需要处理的工作量不应该超过 1%。

2. 在中国实施 HRSSC 的关键成功因素

HRSSC 的关键成功因素有以下几点：

（1）逐步转移，使风险最小化。如前文所说，HRSSC 无法一夜建成，在过渡期，很多企业的 HRCOE 和 HRBP 仍要承担事务性工作，导致 HR 业务模式的转变遭到很多质疑。解决这个问题的方法是在 HRCOE 和 HRBP 中设立过渡性的岗位，他们专职承担事务性工作，并根据 HRSSC 建立的进程，初步转移过去。

（2）提升网络自助服务功能。中国的员工更加习惯于"面对面"而非"自助式"的服务，主要原因是 IT 技术没有得到充分运用。为了达到领先公司的效率水平，中国企业需要提升网络自助服务功能，并实施有效的变革管理，改变现有的以面对面为主的服务习惯。

（3）正确选择 SSC 服务范围。并不是所有的事务性工作都适合纳入 HRSSC（这也意味着并非建立了 SSC 后，COE 和 BP 仍会有少量的事务性工作）。未来适合纳入 HRSSC 的工作往往具备量大、事务性、容易标准化/集中化、能够清晰定义并文档化、要求高合规性、可自动化处理、能量化等特性，而不具备这些特征的工作就不适合放到 HRSSC 中运作。

（4）选址。成功的选址事半功倍。在进行选址决策时，中国企业应该重点关注以下4个因素：①规模效益。集中运作的 HRSSC 可发挥规模优势，降低运营成本以及管理难度。②人才。需要重点考虑可供选择人才的数量和质量、语言能力（全球运作公司尤为重要）、离职率和工资成本等。③基础设施。包括电信质量、电力质量和稳定性、房产等。④业务展望。业务开展难易度、政治和自然灾害、税收、7×24小时运营、数据/IP保护、供应商成熟度、公司的市场拓展计划等。

　　IBM自20世纪90年代初开始一直在探索实践尤里奇的理论，经过近17年的探索，他们对人力资源部门的组织架构进行重构，将人力资源部门分为三个部分——专家中心、共享服务中心与人力资源业务合作伙伴，并于2007年提出了HR"三支柱模式"。在国内，率先导入尤里奇转型思想和IBM转型经验的是华为、腾讯、阿里巴巴等一批大型企业。

　　总之，三支柱的基本运行模式是，HRBP（人力资源业务合作伙伴）直接进入各级业务部门的管理团队，一级部门有一级部门的HRBP，二级部门有二级部门的HRBP，三级部门有三级部门的HRBP，各级部门的HRBP形成一个HRBP体系。HRBP除了负责所在部门日常的人力资源管理工作外，主要责任是"发现"人事工作中一些带有普遍性的问题，并把这些问题提交给专家中心；专家中心的主要责任是针对这些普遍性问题"设计"相关的政策或方案，并将设计的政策或方案提供给共享服务中心；共享服务中心负责将专家中心设计的政策方案"交付"HRBP，同时为员工提供一些公共服务，如薪酬调整、福利问题的查询等。

第二节　三支柱与职能模块划分的关系

　　"三支柱"与传统的职能划分不是排斥的关系，而是相互包容的关系。传统的职能划分是一种横向的划分，把人力资源管理分为选聘、培养、绩效、薪酬等模块。三支柱的划分是一种纵向的划分。大体而言，专家中心为整个公司提供服务，HRBP为所在的部门提供服务，共享中心为员工提供服务。三支柱作为人力资源部门的三个部分，都要承担传统的各项职能工作，包括人才选用、人才培养、绩效管理、薪酬管理等，只是工作的侧重点不同而已。HRBP侧重于发现所在业务部门对人事工作的各种需求，提供一站式服务，并将自身解决不了的一些涉及公司整体性管理的问题提交专家中心；专家中心侧重于设计各种整体性的政策、流程、方案等，并提供给共享服务中心；共享服务中心侧重于将专家中心提供的各种政策、方案等交付给HRBP，同时提供员工需求的一些公共产品、公共服务，如合同、保险等。上述可见，传统的各项人力资源职能，人力资源系统的三个部分（三个支柱）都要承担，只是工作的层面有所不同，有的主要在发现问题的层面，有的主要在设计政策、方案的层面，有的主要在交付产品的层面。

华为"HR三支柱"的运行，如果单从三支柱结构图来看，确实看不出有什么不一样的地方。华为的人力资源管理系统，由上而下的设置是：HR总裁——全球HR运营负责人——全球COE负责人、全球SSC负责人、全球HRBP负责人。华为HR三支柱的亮点是，始终以客户为中心，以需求为牵引的战略导向。强调的是对客户需求和业务需求的关注，通过HRBP对业务需求的承接，有效整合并实施人力资源解决方案。COE的功能更多地在于提供专业化的支撑，而SSC则是以服务为导向，致力于卓越运营的HR服务交付。

中小企业如何根据自己的实际情况灵活运用三支柱模型，则是一个值得探讨的问题。有人提出，可以把一、二、三级企业的人力资源部门打通，一级企业的人力资源部门侧重于专家中心的工作，二、三级企业的人力资源部门则侧重于共享服务中心和HRBP的工作；也有人提出，可由一级企业的人力资源部门担负专家中心和共享服务中心的工作，二、三级企业的人力资源部门担负HRBP的工作。所有这些，都可以大胆地进行尝试。

第四章
改变胜任力模型：由 HR 胜任力模型转变为 HRBP 胜任力模型

第一节　HR 的胜任力模型

"什么样的专业技能能让已经很成功的人力资源管理者们表现得更好",这是国内外人力资源管理者共同关心的一个课题。美国密歇根大学的商业管理教授 Dave Ultich 教授和他的助手们从 1988 年开始研究这个课题,并与世界各地的有关机构进行合作,合作机构包括美国人力资源管理协会以及欧洲、中国、澳大利亚等地的研究机构。为了达到准确的研究结果,他们对 400 余家企业进行了深入的调查研究。美国人力资源管理协会的总裁兼 CEO、高级人力资源管理师 Susan R.Meisinger 女士评价说:"这项研究充分表明了人力资源管理这个领域不断发展的性质。研究结果同样也昭示出,现在正是涉足这个行业的黄金时刻。我们依然能够为企业创造价值。"

曾参与过此项研究的可口可乐高级副总裁 Cynthia Mc Cague 先生说:"人力资源胜任力研究是人力资源领域内一项非常重要的基础性研究。它创造并不断强调了一个框架,让我们思考 HR 是如何驱动公司业绩的。"

该项研究在 2002 年的研究报告中提出了五项胜任力,在 2007 年的研究报告中提出了六项胜任力。在新型胜任力中进一步突出了 HR 在文化管理方面的作用,并强调了 HR 所承载的使命,要求 HR 要真正成为一个"可信赖的行动家",不仅"能从专业角度给出建议",还要"对事物拥有自己的态度"。

一、2007 年提出的新型胜任力

2007 年提出的新型胜任力包括六项要素:可信赖的活动家、文化干事、人才管理/组织设计者、战略策划师、商业同盟、执行操作者。

1. 可信赖的行动家

指受到服务对象(特别是 CEO)的尊重、信任,能用心倾听服务对象的需求并从专业角度给出建议，对事物的处理能表明自己的立场，拥有自己的态度。

2. 文化干事

指承担企业文化总结提升、阐释宣讲和推进成型的具体工作。为什么叫"干事"，就是因为HR承担的是文化建设的具体工作。企业文化源于企业家的价值追求和战略思考，其创意往往由企业家提出来。

3. 人才管理与组织设计者

指负责人才管理和组织设计方面的策划与执行。人才管理包括人力资源的规划和员工的入职、升迁、调动或离职等事务。组织设计则是依据公司的运作模式，设计公司的组织结构、领导隶属关系及权限划分等。

4. 战略策划师

指的是能够敏锐地感知到公司商业战略的变化趋势及其对人力资源管理提出的要求，能够发觉公司人力资源方面潜在的障碍，从而制定出适应公司商业战略变化的人力资源战略，为公司商业战略的实施做出贡献。

5. 商业同盟

指能够了解所在公司的商业运作，服务于公司的价值链，为公司的商业成功做出贡献。当好商业同盟的前提是了解商业的运作，因此，要像一名"商业学者"那样，用心去了解公司的战略思想和经营模式，包括客户是谁，他们为什么购买公司的产品和服务，等等。

6. 执行操作者

指的是负责管理公司内部日常"与人相关"的工作，包括招聘配置、培训开发、绩效管理、薪酬管理、员工关系管理等。

二、2015年提出的新型胜任力

戴维·尤里奇在2015年第二届中欧人力资源高峰论坛上提出，经过新一轮的调查分析，HR人才的胜任力要素从原有的六项增加为九项。

1. 战略定位者

了解外部环境，了解客户期待，了解内部运营，制定人力资源应对策略，帮助组织成功。

2. 可信赖的行动者

自我提高，赢得信任，影响他人，帮助员工找到其工作与企业发展的相关性。

3. 文化和变革的倡导者

定义文化，塑造文化，发动人力资源管理变革，管理变革过程。

4. 人力资本管理者

通过人才规划、人才开发、绩效管理，确保组织的人力资本。

5. 薪酬福利管理者

理解员工工作动机，提供物质激励创新方案，找到非物质激励方式。

6. 矛盾疏导者

能从不同角度看问题，兼顾矛盾各方的共同诉求与分歧意见，通过疏导缓解紧张关系，使组织能更好地抓住机会。

7. 技术与媒体的整合者

能将科学技术应用于HR工作中，如建立人力资源信息系统；能利用各种媒体去吸引、招募、发展、保留人力资本。

8. 数据的收集与解读者

能获取有效数据支持HR决策，能解读商业数据，对业务决策提出有益见解，习惯用数据说话。

9. 合规管控者

能正确理解政府相关法律法规，通过引导使管理者的行为符合法律准则，明确并维护员工合法权益。

三、两轮胜任力调查结果的比较

戴维·尤里奇在2015年第二届中欧人力资源高峰论坛上发布的"九

项胜任力"是第七轮全球人力资源胜任力调研的结果。把第七轮发布的"九项胜任力"与第五轮（2007年）、第六轮（2012年）发布的"六项胜任力"加以比较，发现有以下几点不同：

（1）把第五轮调研提出的"商业同盟"和"战略策划师"合并为"战略定位者"。

（2）把第五轮调研提出的"人才管理与组织设计者"一分为二，变为"人力资本管理者"和"薪酬福利管理者"两项胜任力。

（3）第五轮调研提出的"操作执行者"一分为二，变为"数据的收集与解读者"和"技术与媒体的整合者"两项胜任力。

（4）增加两项新的胜任力：一是"合规管控者"，二是"矛盾疏导者"。

第二节　HRBP的胜任力模型

随着人力资源转型，HRBP作为人力资源与业务部门的桥梁，在工作实践中面临诸多挑战。

美国密歇根大学罗斯商学院的教授戴维·尤里奇在其1996年出版的《人力资源最佳实务》一书中提到四次转型浪潮，其中第四次转型浪潮的出发点就是HRBP，强调HR要作为业务伙伴，支持业务增长。这也是学界第一次提出HRBP的概念。国内外学者目前对HRBP还没有一个统一的定义，但在实践操作上是指企业派驻到各个业务部门的人力资源管理者，主要工作是协助各业务部门经理解决与业务工作相关的人力资源问题。国内外很多企业都在尝试设立HRBP管理模式。微软亚太研发集团（ATC）为解决业务部门特殊化需求，最先将人力资源管理者下放到业务部门开展工作。国内很多企业也根据自身特点尝试设立并推行这一模式。阿里巴巴公司就在其内部设立了"政委体系"，以此保证企业价值观的一致。政委既需懂得业务，又要懂得公司政策，负担价值观的宣传指导工作。

HRBP胜任力是指HRBP取得高绩效所必需具备的胜任特征。研究HRBP胜任力模型有助于为选拔、奖惩和培训人力资源从业者提供一个整合和持续改进的框架，也有助于在人力资源战略与业务绩效之间建立一种新的机制。尤里奇最早提出人力资源从业人员应扮演战略伙伴、变革推动者、行政专家和员工支持者这四种角色。这种对人力资源业务伙伴的角色划分受到了很多美国和英国人力资源从业者的认可。

国内学者以国内存在的HRBP为研究对象，运用严谨的研究方法，以可靠的调查数据为依据，通过实证分析方法得出结论，阐述了国内HRBP应该具备的素质。国内学者研究发现，HRBP除需具备人力资源管理者基本素质之外，还需着重体现作为业务伙伴的价值。

首先，作为一名优秀的HRBP，良好的人力资源专业素养和人际沟通能力是其顺利开展工作的初步保障。过硬的专业素养是HRBP产生专业影响力、体现职位价值的基础。除了专业知识技能，HR的专业性还体现在团队建设中，需要能够快速融入团队并保持与团队的和谐共事，与团队成员共同促进工作的迅速、顺利开展。与此同时，由于HRBP与业务部门的联系更加密切，他们的人际沟通能力也显得尤为重要。亲和力、人际理解力等人际沟通能力有助于与对方迅速建立信任关系，达成一致意见，进而促进目标工作的及时完成。

此外，HRBP作为业务伙伴还需具备商业服务意识和业务敏锐度。商业服务意识从态度上要求相关人员具备商业思维能力，特别是对目标客户的服务意识。HRBP不是业务的决策者，他们的角色是根据业务的策略或需求，提供专业的支持，帮助业务部门实现战略目标，因此HRBP在想问题、做事情时要树立"客户导向"的观念，从有助于业务部门提高效能的角度出发。HRBP从业者还要对业务发展有足够的敏锐度和前瞻性。要想在组织中有所作为，必须具备商业知识，懂得并熟悉其所在公司的业务内容，能够准确地理解业务战略和需求。

国内学者研究的结果，将HRBP的胜任力构成分为4个维度，分别是：

商业服务意识、专业性、人际沟通和业务敏锐度。

1. 商业服务意识胜任力

HRBP 要为业务部门服务，要保证业务战略的实施，要有营销管理和服务的概念，能够帮助客户即业务部门梳理需求，判断分析需求的合理性，并提供相应的帮助和支持；最后还要有创新思维，能够突破 HR 的常规思维方式思考并解决问题。商业思维要求 HRBP 不能局限于执行者的层面，像传统 HR 一样专注于事务性的工作，而是要像一个创造者一样独立思考问题，站在主动出击的角度为企业创造价值。

2. 专业性胜任力

HR 专业性是 HRBP 的前提条件，如果没有 HR 专业性，HRBP 的价值就无从谈起。HRBP 要承担运营经理的角色，需要从 HR 视角出发参与并帮助业务部门管理日常工作，这就要求 HRBP 必须具备传统 HR 各个模块的专业知识和技能，这是 HRBP 从业者的基本能力。

3. 人际沟通胜任力

人力资源管理工作归根结底就是做人的工作，人际沟通就是一门必修课程。HRBP 作为人力资源管理工作的一分子，无一例外。有效的人际沟通能够使沟通双方迅速建立信任，而且容易达成一致，有助于目标工作的达成。HRBP 应该能够用清晰、明确的方式，直接了当地陈述或写出自己的观点，在做出反应之前，努力理解他人观点，通过积极、有效的交流，促成相互理解，获得支持与配合。HRBP 作为人力资源部门和业务部门之间的沟通桥梁，人际沟通的重要性不言而喻。

4. 业务敏锐度胜任力

HRBP 的本质就是要了解业务发展方向和重点，能够站在 HR 的角度上为业务部门解决问题，因此 HRBP 一定要有业务敏锐度。HRBP 作为战略伙伴，更要有前瞻性，要在认知和判断的基础上，及时发现新的业务战略机遇并通过人力资源方案提供战略支持，这才真正达到企业设立 HRBP 职位的最终目的。HR 部门不仅要更高效地为业务部门提供帮助，甚至要超前地为业务部门提供战略性的规划和支持，这样才能真正地实现现代企业的人力资源管理转型。

国内学者采用实证研究的方法探索了我国 HRBP 的胜任力模型，最终得出上述四大维度，细分为十一项胜任力要素。十一项胜任力要素包括：客户服务导向、需求管理、资源整合能力、团队融入能力、HR 专业知识和技能、行业业务知识、亲和力、人际理解力、与人连接性、业务洞察力、业务前瞻性。以下是对各种要素的行为描述。

1. 客户服务导向

时刻关注和挖掘目标客户的需求变化，尽力满足客户需求，有为客户创造价值的愿望和态度。

2. 需求管理

能够帮助业务部门梳理需求，判断分析需求的合理性，区别对待合理和不合理需求，并提供相应的帮助和支持。

3. 资源整合能力

为保证业务战略的实施，需要整合人力、财力、物力、文化等各种企业资源，并在整合过程中调整相关角色。

4. 团队融入能力

真诚地配合部门的工作，能够快速融入部门，反对单独行动或排斥式的工作。

5. HR 专业知识和技能

具备基本通用的各个专业模块的专业知识和操作技能。

6. 行业业务知识

具备行业业务知识体系，包括了解行业特点、业务周期、业务运作模式等。

7. 亲和力

言谈举止给人一种易于接近并愿意接近的感觉。

8. 人际理解力

能够洞悉并理解包容他人的观点和意见，尽力使双方的观点和意见保持一致。

9. 与人连接性

愿意与人建立联系，并能自如有效地进行人际交往，进行全方位的沟通对话。

10. 业务洞察力

对业务有深刻的理解，要有自己的判断。

11. 业务前瞻性

在认知和判断的基础上，及时发现新的业务战略机遇，并通过人力资源方案提供战略支持。

HRBP 在工作中应注意下列事项：一是确立业务导向。HRBP 必须从职能导向转向业务导向，成为业务的驱动力。二是掌握 HR 知识和业务知识。HRBP 岗位要求任职者具备复合型人才的特质，不仅要有人力资源管理相关知识，还要对所处业务部门的发展规划和业务内容有深刻的理解，这样才能对业务工作起到支撑作用。三是要把握好感知、诊断、方案、推动等几个环节。感知指的是对所在公司所在部门的业务经营情况及人才管理情况的感知。诊断指的是对所在公司所在部门在业务经营和人才管理中遇到的问题及服务需求的诊断。方案指的是针对公司及各部门的需求制订解决方案。推动指的是全力推动方案的实施及结果的评估等。

第五章
改变责任承担方式:由自身承担转变为"引导直线经理承担"

第一节　CEO 和直线经理应承担首要责任

为了推动成功转型，人力资源部门要从"负首要责任"转变为"引导直线经理负首要责任"。在实际工作中，很多企业的管理者认为，人力资源部门负人事工作的首要责任，因为他们是专门吃这碗饭的。因此，一旦人力资源工作出了问题，首先怪罪的是人力资源部门。实际上，由于所处地位及权力的限制，人力资源部是负不了首要责任的。

为什么直线经理要负人事工作的首要责任？理由有三：一是他们要对经营结果负责，就必然要对人事工作负责，不对人事工作负责就不可能达成成果。在这个意义上讲，管事和管人是一致的。二是他们拥有人事工作的决策权，决策的人应负首要责任，这才符合"权责一致"的原则。三是他们最了解业务经营的状况及问题，最了解业务发展对人事工作的需求，因而对于各个阶段该抓什么，不该抓什么，最有发言权。

尤里奇明确提出，在人力资源管理中，负首要责任的是 CEO 和每位直线经理——所有必须实现业务目标的管理者。尤里奇经常问学生一个问题：谁应该为公司里的人力资源活动负责？可选择的答案如下：A. 各部门管理者；B. 人力资源人士；C. 各部门管理者和人力资源人士合作；D. 咨询专家；E. 没有人，自生自灭。

尤里奇告诉学生，正确答案是 A。这是因为，"从根本上讲，各部门管理者对公司的产出和流程负有最大的责任。他们负责为股东提供经济利益，为顾客提供产品和服务，为员工提供工作的价值。为了达成这些产出，各部门管理者必须承担起人员管理的责任"。"真正的人力资源转型，将会进一步强化直线经理在打造组织能力和人才队伍方面的责任"。

事实证明，在人力资源转型的过程中，如果 CEO 和直线经理不负起首要责任，或虽负起责任却不具备相应的领导力，转型是无法达成的。有这么一家企业，"一把手"也希望管理上能够转型，因而请了权威的阿米巴咨询机构，请了精益管理的专家，还请了胜任力管理的顾问，然而，由于人性的弱点，以及长期以来形成的思维方式和决策方式，他对这些专业性比自己强的人没有给予应有的尊重。无论这些咨询机构和专家顾问提出什么样的想法、建议、方案，只要和他自己的想法不同，他基本上不予理会或加以排斥。他始终认为，自己的想法才是对的，别人的不同想法是错的。因此，他总是按照自己的想法，想怎么做就怎么做，其结果，这些建议、方案没有一个能真正落地。相关的咨询机构和专家顾问也相继选择退出。这样的结局应该由谁负首要责任呢？当然应该由这个企业的"一把手"负首要责任。

这个"一把手"对外没有尊重专业性比自己强的人，对内同样没有尊重专业性比自己强的人，什么事都是自己一个人说了算，导致组织未能被激活，个体也未能被激活，经营上陷入困境。在中国，由于几千年传统观念的影响，很多领导者都把自己当成"小皇帝"，在经营团队中，缺乏伙伴意识。因此，一个管理团队中只有一个人的脑袋在发挥作用，其他人只是一种陪衬，这是很危险的。在管理团队中能否确立伙伴意识，发挥各人专长，汇集集体智慧，是中国很多企业的领导者面临的挑战。

第二节　人力资源部门要发挥专业引导作用

在企业的各级组织中，能够负人事工作首要责任的是直线经理，包括CEO。可惜的是，有些直线经理或是没有意识到自己应该负这个首要责任，或是虽意识到自己应该负这个责任，却不具备相应的能力，因而需要人力资源部门进行专业的引导。

如何引导直线经理负人事工作首要责任？一是要引导他们扮演领导者新角色；二是要引导他们建立一个以直线经理为主的人才管理决策机构，

并真正发挥这个决策机构的作用；三是要引导他们营造一个授权赋能的工作环境，使员工的智慧能够得到充分发挥，能量能够充分释放出来。

一、引导他们扮演领导者新角色

关于"领导者的新角色"，陈春花在亚布力高峰论坛上说了这么一段话："我们参加亚布力会议的各位，基本上都是领导者。我们如果想激活一个组织，你首先要把你的角色变了，变成三种角色：一是布道者。你要给大家明确的价值观，明确的选择，明确的指引，把价值观讲清楚，让大家清楚地知道什么是对，什么是错。二是设计者。你要会嵌入梦想。你的产品要嵌入梦想，你的组织也要嵌入梦想。你如果不能把梦想嵌入产品，你就没有办法跟年轻人在一起，如果你的组织设计里没有梦想，不提供共同成长的事业平台，你也找不到优秀的人。三是你得学会当伙伴，不能当领导者。当伙伴的意思是，你要尊重专业性比你强的人，你要学会做被管理者。这是我们对领导者角色的要求，如果这三点转不过去，在今天想激活一个组织将非常困难。"

《原则》一书的作者瑞·达利欧2018年2月26日在北京发表"我的生活和工作"的主旨演讲。他提到，自己在经历了个人决策的失败后，学会了当伙伴，依靠团队的智慧集体决策，取得了巨大的成功。他总结了追求进化和成功的五个步骤：第一步是你要去追求目标。在实现目标的过程中，必然会遇到各种各样的问题。第二步是直面问题，解决问题。第三步是诊断问题。看看它的根源是什么，可能是你个人的弱点或者是其他人的一些弱点最终导致了这样的问题。第四步是做出方案。根据诊断做出改变，设计新的方案来适应变化。第五步是践行你的计划。

在追求进化和成功的过程中，瑞·达利欧从自己的失败中学习，悟出失败的根本原因是人性的弱点："人的想法是错的，而自己不会意识到。"因而做出一个关键性的改变：决策方式的改变。他选择了老板拍板和绝对民主之外的第三条道路"创意择优"。这个改变是他从自己的失败经历中学来的。这个改变是桥水公司成功的关键的一点。

"创意择优"的三个要素：第一，你必须要让大家的真实想法都能够提出来，放在桌面上，大家一起来讨论。第二，要有一个深思熟虑的过程探索这种差异，要去思考，为什么别人会有不同的想法，然后从别人那里去学习，而且还要有学习的技巧。这些都不是相互对立的。第三，要有办法超越这些分歧。知道自己的弱点和优点，了解对方的长处和短处，就可以汇集大家的智慧，形成最优方案。

瑞·达利欧还指出，要在决策方式上做出这种改变，很多人难以做到。为什么？因为人在做决策时，对于不同的意见，往往会情绪化地加以排斥，而不会理性化地进行分析思考。达利欧说："在你的头脑中有两个你：一个是深思熟虑、有逻辑的你，一个是情绪化的你。两者都在争夺对你的控制权。"实际上，人的行为更多的是受到情绪化的驱动。怎么办呢？达利欧认为："通过极度求真和极度透明，你就可以让理性的你占上风。通过不断训练，就可以适应这套机制。"

作为领导者，不仅要管好自己的决策行为，也要管好下属的决策行为，这就涉及个人行为整合机制和组织沟通的问题。陈春花在《我读管理经典》中提到，西蒙的《管理行为》一书给了她极大的启示。西蒙认为，决策行为是管理的核心。西蒙通过对管理行为的细致观察，主张"组织里的行为是有限理性的"。因为个人是"有限理性的"，个人目标可能不完全与组织目标一致。为什么呢？因为个人是有理性的，所以会理智地提出个人目标，追求个人目标，而个人的理性是有限的，他的情感会蒙蔽他的判断力，使他只关注短期目标。这就导致了个人目标与组织目标不完全一致。

为了实现组织的目标，管理者需要管理每个人的行为，使其个人的目标与组织的目标保持一致。因此，应该特别关注个人行为的整合机制。西蒙在书中告诉我们，对个人行为的整合包括三个步骤：第一步，管理者或组织进行决策，决策范围包括组织活动所要实现的价值，实现这个价值所采用的一般方法、特定政策，以及执行政策所需的知识、技能和信息。第二步，设计并确立注意力导向机制以及信息与知识的沟通机制，采用的方式要保证个人的日常决策与实现组织的规划相一致。第三步，个人在日常决策和日常活动中执行组织的计划。陈春花指出：在上述三个步骤中，决策信息的沟通最不受重视，执行效果最差。最常见的情况是，让组织的计划"强制生效"，不考虑组织计划对群体各个成员的影响方式，没有有效的沟通，没有让每个成员完整地了解组织计划与其本人的关系，没有让成员清楚地知道自己的任务。发布程序手册之后，不去了解个人是否将手册内容作为个人决策的指南，不去关注反馈，不关注每个成员决策行为是否符合标准。虽然编写了书面的组织计划，但组织成员对此计划茫然不知，很多时候计划成为文档资料，搁置在电脑里或者文件夹中，成员仍然以惯性或经验去做决策，而决策的结果与组织的计划缺乏一致性。陈春花特别提醒，如果我们忘记了个人行为是实现组织目标的根本要素，组织沟通就会失败。

读了陈春花这段话后，笔者有很深的感触。以前在集团任人事总监时，协助集团领导制订了一些公司内外都评价不错的价值体系、实施计划、管理办法，如"价值观体系""三力系统操作指南""标杆管理办法"等，虽说有一定的成效，但总感到收效未能达到预期的目标。问题出在哪里呢？读了这段话一下子就明白了，问题就出在组织沟通这一步未能做到位，未能让相关机构相关人员充分地了解集团的计划与其本人的关系，也未能充分地了解相关机构相关人员执行集团计划的实际情况，其结果，相关机构相关人员仍然以惯性或经验去做决策，其决策的结果与集团的计划缺乏一致性。我到下属一家公司担任顾问时，看到的情况更突出，该司曾花费100多万元请了一家咨询公司，梳理制定了一整套的管理制度、管理流程，但不是搁置在电脑里，就是放在文件夹中，组织成员的日常决策、日常活动还是按自己的思维习惯和经验去做，可见，那支付给咨询公司的100多万元是白花了。

二、引导他们建立一个以直线经理为主的人才管理决策机构，并真正发挥作用

国内不少企业建立了人才战略委员会一类机构，但往往只是一个摆设，并没有发挥其在人事工作中的主导作用。为改变这种状况，有必要引导他们学习标杆企业的最佳实践。

《哈佛商业评论》中文版2014年1月第一期刊登了贝莱德公司的案例，题目为《贝莱德的卓越人才战略》。文中提到：贝莱德在当今动荡年代能屹立不倒，风生水起，秘诀何在？最关键的是，拥有卓越的人才战略。它通过明确直线领导者对人才管理负有重大责任，帮助公司构建"领导者培养领导者"的文化。

贝莱德公司的人才管理政策与实践均由该司的全球人力资本委员会（HCC）负责。HCC包括35位来自不同业务单位和重要分支机构的资深直线领导者，其中只有全球人力资源总监杰夫·史密斯来自人力资源部门。史密斯和副总裁肯·威尔逊共同领导HCC。HCC的设置不仅表明公司将人才视为稀缺战略资产，更明确直线领导者对人才管理负有重大责任。

HCC承担的人才管理责任如下：在人力资源规划与招聘方面，参与雇主品牌建设，展开校园招聘宣传；在培养高绩效文化方面，研究如何提高员工考核标准，改善优秀员工评估和晋升机制；在培养领导力方面，评估领导者不能只看业绩能力，也要看其是否践行公司基本原则；在员工发展方面，健全员工的职业发展体系，学会成为员工的导师；在人才评估与继任计划方面，建立人才评价标准和选拔机制；在内部交流与合作方面，利用聊天室和合作平台加强内部沟通，以促进创新。

某汽车配件公司为了使原有的人才管理决策机构能真正发挥应有的作用，特别发出了一份《关于完善人才战略委员会职能的通知》（以下简称《通知》）。《通知》中指出，随着技术的发展和市场竞争的加剧，企业面临很多不确定性，要在这样的环境中求得生存和发展，靠的是人才和创新。

为此，公司决定在原有的基础上完善人才战略委员会的职能，进一步明确人才战略委员会运行的方式，充分发挥人才战略委员会的作用，推动公司的业绩增长。

《通知》明确了人才战略委员会的主要职能，有以下几个方面：

一是制定公司人才战略。根据公司的使命、愿景制定相应的人才战略。公司的愿景是成为新能源汽车驱动系统领域国内领先企业，实现这个愿景必须有相应的人才支撑。公司凭什么去吸引人才？到哪里去寻找人才？如何激活人才？人才战略委员会将对这些重要问题进行研究、决策，形成公司的人才战略。

二是主导公司人力资源规划的制订。在公司制订三年、五年经营发展规划之后，指导公司人力资源部门制订相应的人力资源规划，在人才类型、人才总量和人才结构上满足经营发展规划的要求。

三是对人力资源转型提供指导性意见。人力资源部门要转型，要为公司业务工作服务，为公司的业绩增长创造价值，必须依靠人才战略委员会的指导和支持，只有人才战略委员会最清楚公司的经营发展情况以及对人才管理方面的需求。

四是对人才管理重要项目进行审议。例如，对高端技术人才的招聘计划或外脑引进计划的审议，对蓝色驱动计划及其后续方案的审议，对职称评定办法的审议，对特殊人才采取特岗特薪办法的审议，等等。

五是对某些人才管理项目的结果进行审批。例如，对专业技术人员职称评定结果的审批，对管理人员任职资格认证结果的审批。

《通知》明确人才战略委员会的运行方式：一是召开人才战略委员会。研究或讨论的具体项目由人才战略委员会主任和副主任商议提出，人才战略委员会秘书负责会议的通知、记录以及会议纪要的整理、传递、保存。二是在网络上进行沟通或会签。沟通或会签的具体项目由主任和副主任商议提出，人才战略委员会秘书负责具体操作，并把结果整理成书面材料，向主任和副主任报告。

《通知》还明确了人才战略委员会与人力资源部门的关系。人才战略委员会是公司人才战略的决策机构，是公司人才管理的指导机构、审议机构，对公司的人力资源工作负首要责任。人力资源部门在人才战略委员会的指导下，根据公司业务工作和战略发展的要求，积极开展各项人力资源工作，为公司的业绩增长创造价值，对公司的人力资源工作负重大责任。其他部门及公司的员工对公司的人才战略或人才管理有任何建议或意见，可提供给人力资源部或人才战略委员会秘书，经其审核后，重要的可提供人才战略委员会研究、决定。

三、引导他们营造一个授权赋能的工作环境，使员工的智慧能够得到充分发挥

阿里巴巴执行副总裁曾鸣在《重新定义公司》一书的序言中提出："未来组织最重要的职能是赋能，而不再是管理或激励。"陈春花在《什么决定未来企业的生命力》一文中指出："在今天的职场，最重要的应该是赋能的场景，不应该是一个管控的场景。如果是一个赋能的场景，就应该有智慧、有知识、有信息、有彼此的交互，即智慧激荡……。今天无论你是多么强大的个体，都必须在一个能够集合智慧的平台上，你的价值才会被放大。"

通用电气的韦尔奇就特别注重营造一个能让大家各抒己见、能汇集众人智慧的企业环境。

韦尔奇在其自传中写道："我思考的一个焦点问题是，如何让30万人的智慧火花在每个人的头脑里闪耀。这就像与8位聪明的客人共进晚餐一样，每一个客人都知道一些不同的东西。试想，如果有一种方法能够把他们头脑中最好的想法传递给在座的所有客人，那么每人因此而得到的收获该有多大！这正是我一直苦苦追寻的。"韦尔奇在巴巴多斯度假过圣诞节时，看到圣诞老人从水里冒出来，站在水面上，发现了"无边界"三个字，因而在公司里大力倡导"无边界"理念，并提出，要凭这一理念将通用带

到世界企业的前列。结果表明，他真的做到了。

对于授权赋能的问题，某公司的董事长有这么一种说法。他说："对下属我也曾经授权，例如，对于某总经理、某副总经理我都授过权，后来我发现对方没能做好，我就把授出去的权又收回来。"问题在于，你授权时，有没有明确行使权力过程中应遵循的规则、程序和限制，当发现对方没能做好时，你有没有给予适当的指导。

前面阐述了人力资源转型必须实现的"五个改变"，可见"转型"不是一件容易的事情，也不是短时间内能完成的事情。在这个过程中会遇到很多问题，需要我们想办法去解决这些问题。

（1）人力资源转型的目的是为组织的业绩增长创造价值，而我们的一些企业缺乏明确的战略规划和经营计划，在这种情况下人力资源部门如何为业务工作提供服务，为业绩增长创造价值。彭剑峰在一篇题为《HR三支柱模型，适合什么样的企业？》的文章中提到，IBM是全球最早实施三支柱模型的公司，IBM的人力资源管理始终在通过人力资源的变革去支撑企业的战略转型和系统的变革，换句话说，人力资源一直是跟着战略和业务走的。每一次人力资源的变革都是基于客户价值，随需而变。我们很多企业难以做到这一点。

（2）缺乏专家中心和HRBP的人才。比如说海尔，为什么推行三支柱模型后来又推回去？因为要推行三支柱模型，首先要成立COE（专家中心），要有一批像华为、腾讯这种企业的人力资源的专业管理人员，要真正做到像他们那样专业；而海尔当时没有那么多专家，人才短缺，因而是不可行的。在三支柱模型中，每家企业的HR负责人必须身先士卒，成为合格的HRBP，只有这样三支柱模型才能推动起来。实际上，不管在华为还是阿里巴巴，或者是腾讯，对HRBP的定位都非常高。三支柱的团队形成需要一个长期的过程。

（3）缺乏一个信息化的共享服务平台。共享服务的前提是什么呢？就是你的人力资源平台的信息化、公开化、模块化、标准化水平，以及大数据的人力资源标准化产品的提供，这一点，中国的很多企业很难真正实现所谓的信息化、集约化、模块化、标准化。什么叫共享？必须由总部平台中心通过模块化、集约化、标准化管理来给你提供信息。像谷歌为什么可以成立共享中心？就是基于大数据的管理。基于大数据能够开发出模块化、标准化的产品，通过 HRBP 能够实现个性化的服务。

（4）疲于应付事务性工作。有人说，在企业里完成事务性工作，这本身没有什么问题。但是如果 HR 有 80% 的时间都在应付例行的事务性工作，那么对于企业而言，HR 的定位和角色就是"丫鬟"，而不是三支柱所提出来的"战略伙伴""变革推动者"的角色，这样又何谈三支柱？

尽管"转型"不容易，但中国一些大型的领先企业已取得了成功经验。华为、腾讯、阿里巴巴等就是榜样。

案例一：腾讯的 HR 三支柱

腾讯的 HR 三支柱模型，如图 5-1 所示。

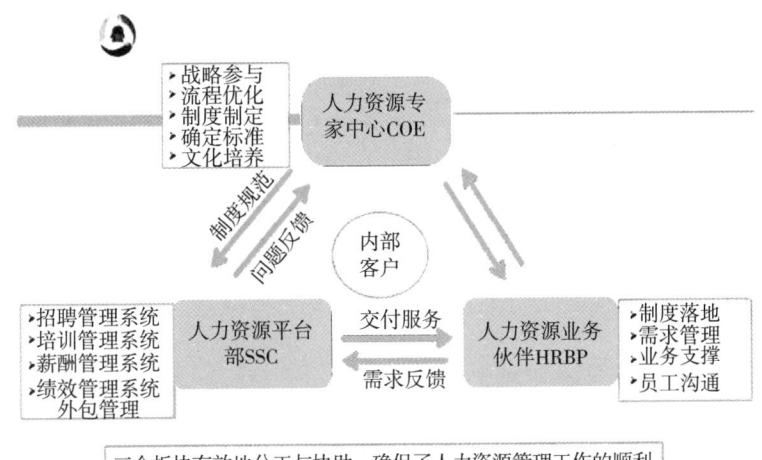

图 5-1　腾讯的 HR 三支柱模型

腾讯的三支柱模型思路非常清楚，定位非常清楚。当然实际运用过程中相信一定也会遇到很多内部的障碍，关键是怎么去突破。突破了，人力资源的专业以及协同价值就体现出来了。

案例二：阿里巴巴的政委体系

在中国企业中，政委体系是阿里巴巴特有的一套人力资源管理体系。阿里政委是阿里巴巴的人力资源业务伙伴（HRBP），他们是阿里巴巴派到各业务线上的人力资源管理者和价值观管理者，负责与业务经理一起做好所在团队的组织管理、员工发展、人才培养等方面的工作。

阿里巴巴的"政委"与军队中的政委只抓思想政治工作不同，阿里巴巴的"政委"大多数都是具有丰富的一线实战经验、精通业务的人。这些"政委"虽然名义上是各个团队的二把手，但在文化和团队建设上却具有很大的话语权和决策权，其对团队的影响很多时候并不在一把手之下。准确地说，阿里巴巴各个业务团队的运作，基本上都是由各自部门的一把手与"政委"一起决定的。"政委"是业务团队的合作伙伴，主要任务就是保证团队的道德大方向、传承价值观以及搭建好所匹配的团队。

关于阿里巴巴的"政委"与业务经理的关系有两个说法：一是不能一团和气，他们之间是一种作用力与反作用力的关系，政委要站在相对独立的立场上关注团队的长期目标、文化传承和干部培养，业务经理则单纯以业绩为导向，关注的是短期业绩的实现。另一个是监督和制衡，也就是说，阿里政委在用人和组织文化上拥有一票否决的权力，对于业务经理的决策还有监督和引导的义务。

彭蕾是阿里巴巴政委体系最早的创立者，对阿里巴巴政委体系，她有一段很精彩的描述："阿里巴巴'政委'的任务是负责观察业务之外的情况，看'士兵'的状态是否好，以及'司令'对'团长''连长'的沟通是否到位。我们是希望通过这样一个体系来保证判断是公平客观的。"

阿里巴巴的政委体系，按照组织结构分为三层：最大的"政委"是集团副总这一层级，与集团经理搭档；中间一层是大区"政委"，与大区总经理搭档；最小的"政委"设在了部门层级，分布在具体的城市区域，与区域经理搭档。在阿里巴巴政委体系的末端，是大量独具特色的敏捷团队，而将这个体系综合起来，整个阿里巴巴大团队的优势就凸显了出来。事实上，正是凭借着强大的政委体系，阿里巴巴这个体量庞大的独角兽企业才能始终保持高水平的发展速度。

从阿里巴巴的人力资源实践中，我们不难发现，政委体系不仅适用于政治和军事，同样也适用于人力资源管理。当然，在企业中搭建政委体系并非易事，否则，也不会就只有一个阿里巴巴做成了，但这至少为人力资源管理提供了一个新的模式，给为团队建设烦恼的管理者提供了可以借鉴的对象，因此，还是很值得学习的。

对于中小企业而言，人力资源的转型主要体现在观念和工作思路上的转变。某汽车配件企业在这方面做了有益的尝试。为了知晓公司及各部门对人才管理的需求，他们组织了一次比较广泛的访谈，访谈对象包括班子成员和各部门的负责人，访谈的内容围绕以下几个问题：一是所在公司或所在部门的业绩指标完成情况及运行中遇到的主要问题；二是所在公司或所在部门人才队伍的建设情况及遇到的问题；三是所公司或所在部门对人才管理的需求，包括人才选聘、人才培养、人才激励等方面的需求。人力资源部门在深入了解公司及各部门对人才管理的需求后，制订相应的解决方案，并推动方案的实施，从而为组织的业绩增长创造价值。

中 篇
思维框架突破：
在"四个方面、十个要点"的框架中进行思考和创新

在企业的整体运行中，经营第一，管理第二。经营是对外部的价值服务而言，比如说，为某些特定的客户提供某些特定的产品和服务。管理则是对内部的各种经营活动及其他相关活动的管理而言，比如说，制造型企业的经营活动包括营销、研发、采购、生产等，这些经营活动都需要管理，因而也就有了营销管理、研发管理、采购管理和生产管理；此外，经营过程中需要各种资源，如人、财、物、信息等，这些资源的获取和利用也需要管理，因而也就有了人事管理、财务管理、资产管理、信息管理等；还有，经营过程中还需要各种后勤服务，如厂区的安全、保洁，员工的膳食，等等，这些也需要管理，因而也就有了安全管理、清洁管理、膳食管理等。然而，所有的管理，不论是业务管理、资源管理，还是事务管理，都是服从服务于公司的经营，其共同的目标只有一个，就是使公司能够更好更快地为客户创造价值，同时也创造自身的价值。

在上述经营管理体系中，人力资源是第一资源，人事管理是资源管理中最重要的分支，人事总监、人事经理和期待发展职业能力的人事工作者的作用是为企业的各种经营管理活动和战略发展提供人才支持。在融入"转型"这个主潮的过程中，上述人员要有效履行自己的管理职能，必须形成自己的思维框架，并随着环境的变化和企业的发展找到新的框架。

什么是框架？美国波士顿咨询公司资深顾问吕克·德·布拉班迪尔和艾伦·因在《打破思维里的框》一书中提出："框架是一种思维模式，是一种完全内化于你心中的结构。根据既定目标，通过简化事实的手段实现有效理解的目的。""人们总是喜欢用一些思维模式和框架去把握他们面临的复杂、不断变化而又充满混沌的事实。""你可以把大脑想象成一个巨大的食品橱柜，有隔层，也有抽屉。

这是一个可以整理现实的混沌,并把一切变得井井有条的方法。我们都按照自己的意愿整理橱柜,把同类东西放在一起。若是没有把实际发生的事情(我们思考和创新的原材料)做一个分类和排序,没有人可以应对如此纷繁复杂的人生。"为了便于理解,可以把这三段话简化为三句话:框架是一种思维模式,是一种心中的结构;建立框架的基本方法是把实际发生的事情(我们思考和创新的原材料)做一个分类和排序;建立框架或跳出现有框架,找到新框架的目的是"理解""把握""整理"面临的复杂的、不断变化又充满混沌的事实。

相当多的人事总监、人事经理和人事工作者现实形成的思维框架是人力资源管理领域的"六个模块"(规划、招聘、培养、绩效、薪酬、员工关系)。从招聘人事总监、人事经理的过程中可以看出,他们在日常工作中的思考,大都是在这个框架中进行的。

如何跳出现有框架,找到新框架?笔者认为,随着环境的变化和企业的发展,按照人力资源管理顶层设计的要求,新的思维框架应该包括"四个方面、十个要点"。四个方面包括组织管理、人员管理、文化管理和战略管理;十个要点包括组织设计、流程设计、绩效设计、人才选用、人才培养、人才激励、文化塑造、文化变革、人才战略和人力资源规划。人事总监、人事经理和期待发展职业能力的人事工作者可以在这个新的思维框架中进行人事工作的思考和创新。

在上列四个方面中,组织管理、人员管理是基本的管理,是企业处于初创、成长、发展、持续发展等不同阶段都需要关注的;而文化管理、战略管理一般是到了企业持续发展的阶段才给予重点关注。因为企业要持续发展,要做百年老店,所以需要有使命感,有愿景，有价值观体系；因为企业有远景目标，也有近期三年、五年的发展规划，所以要有人才战略、人力资源规划与之匹配。在企业的初创、成长、发展阶段，一般关注的是产品、营销、品牌，尚未形成使命感和愿景，因而实施文化管理的条件尚不成熟；在前面这几个阶段，企业一般还没有明确的远景计划以及三年、五年战略规划，因而实施战略管理的条件也不成熟。

以下对人事工作新框架的"四个方面、十个要点"分别加以阐述。

第六章
组织管理

为什么要有组织管理？企业不是一个人单打独斗，而是一群人共同做一件事，这就需要组织管理。

陈春花 2017 年 11 月 5 日在《哈佛商业评论》举办的年会上发表演讲时提出，"生意"就是"生活的意义"。"人不是消费者，而是生活者。因为有生活的无限，才会有商业的无限"。陈春花在 2018 年 1 月接受《哈佛商业评论》中文版采访，回答了对管理本源的五个追问。对于"管理是什么"这个问题，陈春花有如下一段论述："我认为管理解决两个问题：一是让一些人在一起共同去做一件事情；二是怎么让大家在做这件事情的时候，都能够发辉作用，并且拥有价值的创造。"陈春花的论述是对德鲁克提出的管理定义的通俗化解读。德鲁克曾提出，企业的管理就是"激励和组织人力资源"去实现"企业的使命"。

如何进行组织管理？为了使一群人共同做好一件事，首先必须明确组织内的机构设置及各个机构的责权划分，这就需要进行组织设计；其次，在做一件事的过程中，为了协同组织内各个机构的活动，就需要流程设计；最后，为了测量、分析、改进组织内各个机构的业绩，就需要有组织绩效设计。组织管理的要点是组织设计、流程设计和组织绩效设计。

第一节　组织设计：从金字塔、科层制到网络型、生态圈

传统的组织设计，设计的思路是从明确企业作为一个整体在经营上应具备的功能开始的，是一种功能型的组织设计，设计的结果一般呈现为金字塔的形态，其上下层的关系是一种科层制的关系。新型的组织设计，设计的思路是从明确企业的业务流程开始的，是一种流程型的组织设计，设计的结果呈现为网络的形态，其相互的关系是一种生态圈的关系。

一、金字塔、科层制的组织设计

传统企业的组织设计，多数采用的都是金字塔、科层制的组织设计。设计出来的组织结构图像一个金字塔，最顶端的机构是公司管理层，中间的机构是各个中心或各个部门，底端的机构是各个部门或各个项目组。在公司的整体组织中，各级机构的关系是科层制的关系，即由上而下是一级指挥一级，由下而上是一级对一级负责。

案例一：某能源材料公司的组织设计

某能源材料公司的组织设计采用的就是传统的组织设计方法，其输出的成果包括组织结构图、各部门职能划分表和权限管理手册。

（一）组织结构图

某能源材料公司的组织结构图与营销中心的组织结构图，如图6-1、图6-2所示。

（二）各部门职能划分表

以市场部为例，其基本职能及主要工作，如表6-1所示。

市场部岗位、职责、编制及人员，如表6-2所示。

（三）权限管理手册

权限管理手册中明确规定各部门在履行职能的过程中相关部门或相关人员的权限，这些权限可划分为提议权、审核权、审定权、批准权、知会权。各种权限的定义如下：

提议权，即提出或编制方案（制度）的权力，对方案（制度）的规范性与完整性负责。

审核权，即对方案（制度）的结构、内容、数据以及真实性、科学性、可行性进行审议、修订或否定的权力。

审定权，即最后确定方案（制度）的完整无误，表示同意或反对该方案（制度）的权力。

批准权，即对方案（制度）实施的方向、范围、可行性等进行审查与批示，批准管理方案（制度）付之实施的权力。

知会权，即对管理方案（制度）相关信息必须知情的权力，方案（制度）审批结束后，必须流转到"提议部门"和"知会部门"方可实施。

某公司人事行政中心在履行职能过程中的权限划分，如表6-3所示。

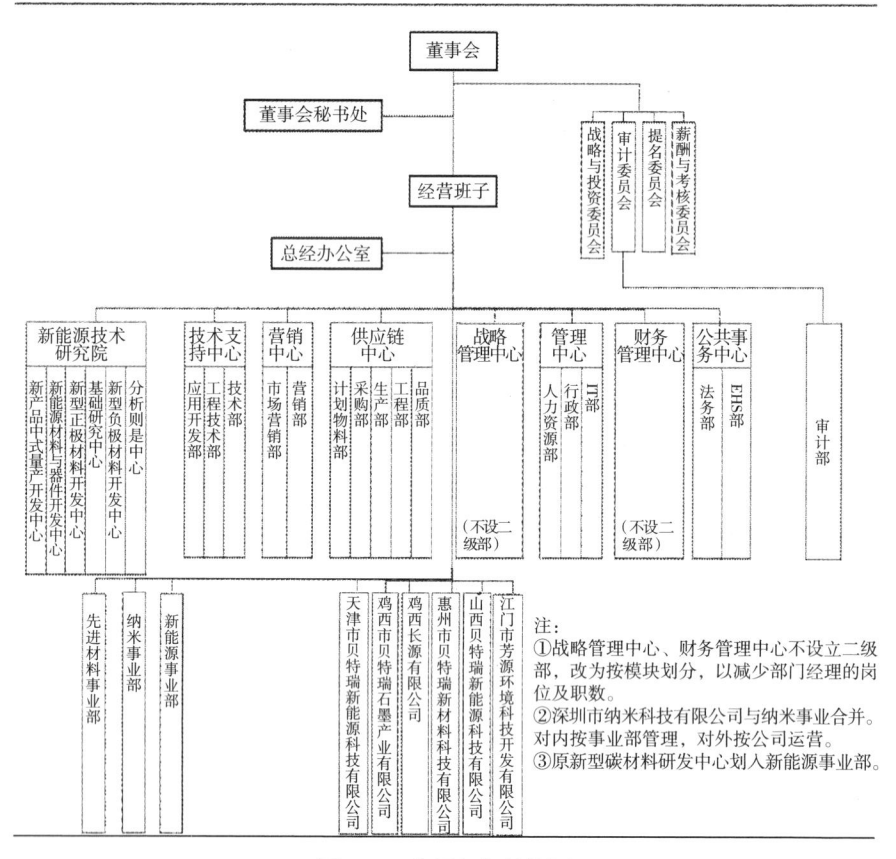

图6-1 公司组织结构图

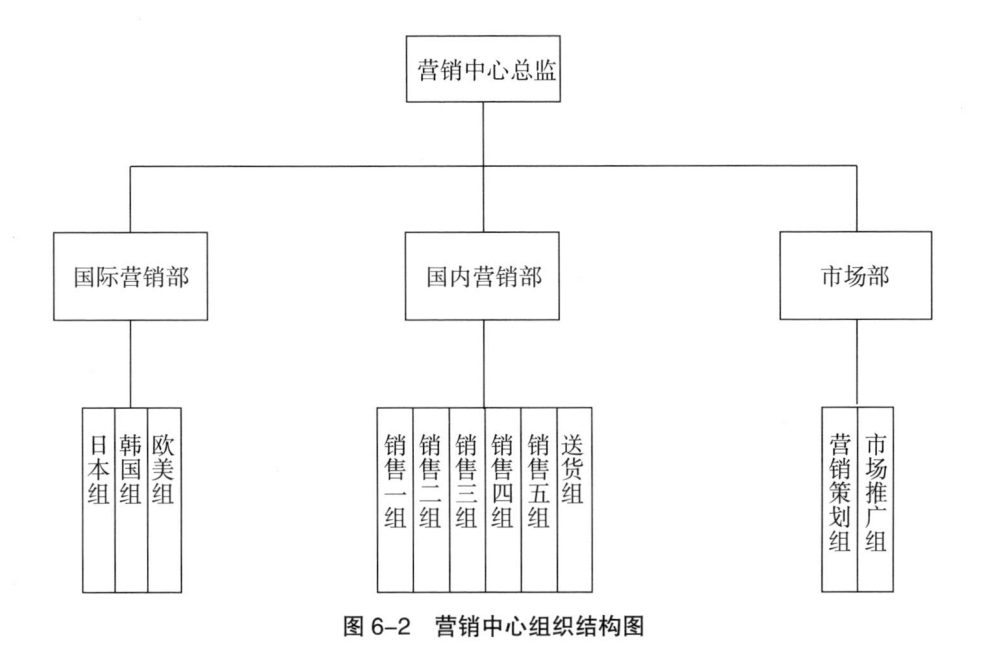

```
                    ┌─────────────┐
                    │ 营销中心总监 │
                    └──────┬──────┘
        ┌──────────────────┼──────────────────┐
   ┌────┴─────┐      ┌─────┴─────┐      ┌────┴────┐
   │ 国际营销部 │      │ 国内营销部 │      │  市场部  │
   └────┬─────┘      └─────┬─────┘      └────┬────┘
   ┌────┼────┐    ┌────┬───┼───┬────┐      ┌─┴──┐
  日  韩  欧   销  销  销  销  送    营   市
  本  国  美   售  售  售  售  货    销   场
  组  组  组   一  二  三  四  组    策   推
              组  组  组  组          划   广
                                      组   组
```

图 6-2 营销中心组织结构图

表 6-1 市场部基本职能及主要工作

基本职能	在公司业务流程中承担市场调研、营销策划、品牌管理、市场推广等工作
主要工作	①负责组织调研，为市场开发提供支持，制定公司市场战略（针对不同产品，锁定客户群，确定细分市场） ②根据市场预测，组织制订年度营销计划（包括市场分析、目标设定、营销策略及推广方式等） ③组织制定公司各项销售制度，并监督实施 ④组织制定品牌战略规划，设计并实施品牌推广方案 ⑤负责各类宣传资料的策划、设计、制作、管理等工作 ⑥组织各类展览会的总体策划、布展设计、装修制作等工作

表6-2 市场部岗位、职责、编制及人员

岗位	职责	合理编制	现有人员配置	备注
经理	①负责组织调研，为市场开发提供支持，制定公司市场战略（针对不同产品，锁定客户群，确定细分市场） ②根据市场预测，组织制订年度营销计划（包括市场分析、目标设定、营销策略及推广方式等） ③组织制定公司各项销售制度，并监督实施 ④组织制定品牌战略规划，设计并实施品牌推广方案 ⑤负责各类宣传资料的策划、设计、制作、管理等工作 ⑥组织各类展览会的总体策划、布展设计、装修制作等工作	1	—	缺1
主管	协助经理、副经理分管部门的部分管理工作	0		0
市场工程师（策划）	①开展市场调研，协助经理提出公司市场战略（针对不同产品，锁定客户群，确定细分市场） ②根据市场预测，协助经理制订年度营销计划（包括市场分析、目标设定、营销策略及推广方式等）	1（兼）	—	建议先由经理或副经理兼任
市场工程师（推广）	①协助经理制定品牌战略规划，设计并实施品牌推广方案 ②根据不同产品的特定客户群和特定细分市场，做好广告设计、媒体选择、品牌宣传及相关活动的组织工作 ③负责各类广告、宣传资料的策划、设计、制作、管理等工作 ④组织各类展览会的总体策划、布展设计、装修制作等工作	2	推广设计师	—
合计		3	2	缺1

表 6-3 人事行政中心权限划分

管理模块及管理要项			审批权限划分				运行方式		
管理领域	管理模块	管理要项	提议	审核	审定	批准	知会	OA	书面	其他
人事行政管理	组织设计	组织设计	人力资源部门	人力分管副总/人事行政总监	总经理	董事会	—	√	√	
^	流程设计	流程设计	人力资源部/体系管理部门	分管副总	总经理	董事长	—	√	√	
^	人力规划	人力资源规划	人力资源部门	人力分管副总/人事行政总监	人才战略委员会	董事长	—	√	√	
^	人员招聘	人才招聘计划	各中心负责人	人事行政总监	人力分管副总	总经理	董事长	√		
^	^	经理级及以上人员	用人部门	人力资源部/人事行政总监	人力分管副总	总经理	董事长	√		
^	^	高级工程师级及以上人员	^	^	^	^	^	√		
^	^	主管级人员	^	^	^	^	^	√		
^	^	普通员工	用人部门	招聘主管	—	人力资源部经理	—	√		
^	^	校园招聘	^	^	^	^	^	√		
^	干部选任	干部选任计划	人力资源部门	人事行政总监/人力分管副总	总经理	董事长	—	√		
^	^	中心总监部门经理	人力资源总监	人力分管副总	总经理	董事长	—	√		
^	^	主管	各部门负责人	人事行政总监	人力分管副总	总经理	董事长	√		
^	^	^	^	人力资源部门	^	^	^	^		
^	员工培训	年度培训计划	人力资源部门	人事行政总监	人力分管副总	总经理	董事长	√		

续表

管理模块及管理要项		审批权限划分				运行方式		
管理领域	管理模块	管理要项	提议	审核	审定	批准	知会	OA	书面	其他
人事行政管理	员工绩效管理	绩效考核	各部门负责人	绩效考核小组	绩效管理委员会	总经理	董事长	√	√	
^	薪酬管理	年度薪酬预算	人力资源部门	财务部人力副总	总经理	董事长	—	√	√	
^	^	年度员工薪酬调整方案	人力资源部门	人力行政总监/人事分管副总	总经理	董事长	—	√	√	
^	^	员工年度绩效奖金方案	人力资源部门	人力行政总监/人事分管副总	总经理	董事长	—	√	√	
^	^	下属公司薪酬预算	下属公司	人力分管副总	总经理	董事长	—	√		
^	^	下属公司班子薪酬方案	下属公司	人力分管副总	总经理	董事长	—	√		
^	员工关系	辞退员工及补偿	各部门负责人	人力资源部门	分管副总	总经理	董事长	√	√	
^	^	辞职	员工	用人部门 人力资源部门	人力分管副总	总经理	董事长	√	√	
^	行政管理制度	公司行政管理制度	行政部	人事行政总监/分管副总	总经理	董事长	—	√		
^	公文管理	上报集团或政府部相关文件	行政部	人事行政总监/分管副总	总经理	董事长	—	√	√	
^	^	对内公文发布	发文部门	人事行政总监/分管副总	总经理	董事长	—	√		
^	品牌管理制度	品牌管理制度	行政部	人事行政总监/分管副总	总经理	董事长	—	√		
^	品牌推广方案	品牌推广方案	行政部	人事行政总监/分管副总	总经理	董事长	—	√		

续表

管理模块及管理要项			审批权限划分					运行方式		
管理领域	管理模块	管理要项	提议	审核	审定	批准	知会	OA	书面	其他
人事行政管理	员工文化活动方案的制定	员工文化活动方案的制定	行政部	—	人事行政总监	分管副总	—	√		
	信息系统建设方案	信息系统建设方案	IT部	人事行政总监/分管副总	总经理	董事长	—	√		

某能源材料公司进行组织设计的主要目的，在于明确公司根据整体经营的要求应该设立的机构以及这些机构的隶属关系，明确各个机构的职能划分和各个岗位的职责划分，明确各个机构及相关人员在履行职能职责过程中的权限划分，从而保证公司健康有序运行，不至于陷入混乱无序之中。

某能源材料公司组织设计的基本步骤：一是明确公司作为整体在经营中必备的功能（经营功能和管理功能，并加以细分），二是明确这些必备的功能分别由哪些机构（部门）来负责，三是明确各个机构（部门）需要承担的职能职责，四是明确各个机构的隶属关系，五是设计组织结构图、各部门职能划分表和权限管理手册。

这种传统的组织形式，在实际运行中会出现一些问题。因为它是一种金字塔的组织结构，实行的是科层制，是上一级命令控制下一级，下一级向上一级请示汇报，所以在各级权限不够明确，或上层管理者习惯于一竿子插到底的情况下，容易形成"领导说了算""上级说了算""个人说了算"的局面。在这种情形下，除了最高领导拥有决定权之外，其他人员几乎都没有决定权。因而，他们的积极性、创造性会受到极大的压抑。

彭剑峰在《中国人力资源管理十大问题》的文章中指出，目前中国绝大多数企业的组织模式与人才机制还是以金字塔式科层官僚组织模式为主，人在组织中不是价值创造主体，而是工具。组织与人才机制面临的问题与变革需求主要体现在六个方面：

一是组织运行为行政权力导向，非客户导向。导致员工"脑袋"对着领导，"屁股"对着客户，天天围着领导转，而不是围绕市场和客户转。这是新时代组织变革与人才机制创新所要解决的首要问题。

二是组织离客户太远，决策重心过高，层序多，审批环节过多，信息不畅，行动缓慢，对外部反应迟钝。打造贴近客户的敏捷性组织，是品质发展时代组织变革的核心需求。.

三是组织人浮于事，许多人很忙、很累，但不创造价值，不能成为价值创造者。企业如何通过组织变革来减人增效，提升人力效率，真正让每个人成为价值创造者，是现在组织所面临的一个难题。

四是组织内部等级森严，部门之间不配合、不协同，各自为政。要打破部门边界，建立"平台＋项目化＋生态组织"模式。

五是组织封闭、不开放，组织气氛沉闷，员工被动工作，活力不足。如何激发活力，使大企业组织走向微化，具有小企业的活力，围绕市场，让员工自主管理，通过机制创新激活组织，也是企业所面临的重要问题。

六是组织形成"雇佣军"文化，单一利益驱动，缺乏共同事业目标；价值观不统一，凝聚力差。"空降部队"与"地面部队"文化难以融合，员工缺乏持续奋斗的动力与激情。因此，如何通过文化理念整合、打造基于价值观的各层级团队，也是组织变革与人才机制创新所面临的核心问题。

二、金字塔、科层制组织设计的变革

由于金字塔、科层制组织形态存在上述问题，很多企业家也一直在探索变革之路，日本京瓷集团的稻盛和夫就是一个成功的探索者，其创立的阿米巴经营成为不少企业效仿的模式。

案例二：京瓷"阿米巴经营"的组织设计

京瓷集团创立阿米巴经营方式，其目的是通过建立与市场连接的部门独立核算制度，培养各部门负责人的经营者意识，实现全体员工参与经营。基本步骤是首先导入经营哲学，再构建阿米巴组织结构，在这个基础上建立部门独立核算制度。

"阿米巴"这个名字，是从单细胞原生物阿米巴那里得来的。单细胞原生物阿米巴，能够根据环境的变化改变自己的姿态和形状，并进行细胞分裂，巧妙地适应周围的生存环境。它们的样子与京瓷集团的经营手法非常相似，因此京瓷集团将经营手法冠名为"阿米巴经营"。

阿米巴组织结构的设计，基本上还是属于金字塔式的设计。其设计有以下几个步骤：首先是明确公司作为整体在经营中必备的功能，如销售、制造、技术、研发、管理等功能；其次是明确各项功能分别由哪些部门承担，如销售功能由营销中心负责，制造功能由制造中心负责，技术功能由技术中心负责，管理功能由人事、财务等管理部门负责；最后是明确各个部门应履行的职能、职责，如销售中心的职能是接受客户订单、出货、录入销售额并回收应收款，职责是通过实现以上职能，确保和增加部门的利润。将组织内的机构按一定的隶属关系连接起来，就形成了公司的组织结构图。在这个基础上，将组织中的一级部门、二级部门、三级部门区分为两类：一类为核算部门（PC），追求"收入最大"和"费用最小"；一类为间接部门（NPC），追求"费用最小"。这样就形成了阿米巴的组织结构图，如图6-3所示。

阿米巴组织运行的基本方式是根据产品市场价格的变化，将外部市场的压力层层传递给企业内部的各个部门。在企业内各部门之间、工序之间实现买卖关系，按照市场价格倒推的方式进行各部门的交易定价，让各部门间形成买卖关系（内部市场价值链），每个核算部门都是一个独立的利润中心。

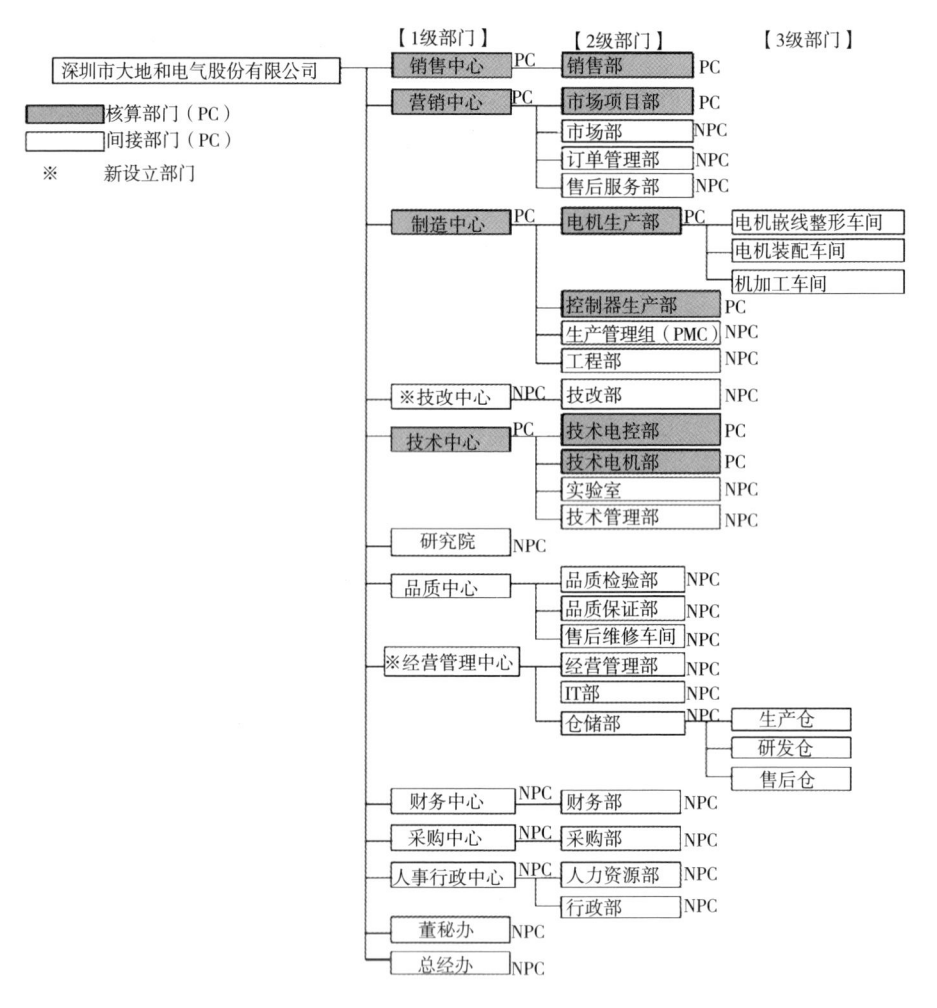

图 6-3 阿米巴组织结构图

注：此组织图根据大地和公司提供的资料编制而成。

阿米巴贯彻"销售最大化、费用最小化"的经营原则。阿米巴经营的核算采用的是"单位时间核算表"，不同部门的单位时间核算表列出的核算项目有所不同。销售部门的核算项目主要是订单额、销售额、收入(佣金)、费用、收益、总时间、单位时间附加值、人均销售额；制造部门的核算项目主要是生产额、费用、收益，总时间、单位时间附加值、单位时间产值；

间接部门的核算项目主要是费用和时间，间接部门的费用和时间将按照"谁受益谁分担"的原则分摊到各个相关部门。

阿米巴经营的最大特点是，作为结算单位的组织都是由5~10人组成的小团体（阿米巴），而且每个小团体都像一家小公司一样进行独立核算并运营。每个阿米巴的营业额、利润、经费等收支，在每个月末被迅速结算出来，并对公司所有的员工公开。这样，经营者对每个部门的经营业绩一目了然，员工对自己的贡献也了如指掌。每个员工都拥有很强的利润意识，并自然而然地为实现利润最大化而努力。

每个阿米巴都有一个领导者，他一边集结所有成员的智慧，一边像经营者一样成为阿米巴的掌舵手，运用"将营业额最大化，将费用最小化"这句箴言带领成员共同完成阿米巴的经营目标。这就是阿米巴经营所要实现的全员参与经营的理想状态。

领导者为了经营自己的阿米巴，必须通过数字信息来把握自己的阿米巴的经营情况，但如果这些信息让领导者自己来收集和整理，那必定是非常烦琐的事。所以，在导入阿米巴经营时，必须有一个专门收集并加工这些信息，让领导者们在需要时就能马上使用这些信息的部门（经营管理部门）。所要收集的信息，包括当月销售额、生产进度、原材料价格、产品订单内容、每月的租金和折旧费、光热费用、员工的出勤状况（劳动时间），以及从销售额中减去经费所剩下的利润额等。每一条信息，都需要在信息系统的支持下随时把握，要做到即便没有经营会议，也能让每一个阿米巴领导者在第一时间获得第一手资料。

三、网络型、生态圈的组织设计

在互联网时代，市场和技术的变化加快，各种不确定的因素增多，企业组织为了适应外部的这种快速变化，必须努力使自己转型为敏捷组织。因而一些新型的企业多采用网络型的组织形态，一方面对外部的客户和相关方的需求反应得更快，另一方面也加速了内部的协同。

案例三：海尔"人单合一"模式的组织设计

2018年3月13日《人民日报》以《中企管理模式案例走进哈佛课堂》为题介绍了海尔集团的"人单合一"模式。

什么是"人单合一"模式？"人单合一"的字面释义："人"，指员工；"单"，指用户价值；"合一"，指员工的价值实现与所创造的用户价值合一。"人单合一"的基本含义是，每个员工都应直接面对用户，创造用户价值，并在为用户创造价值中实现自己的价值分享。

在海尔集团的实践探索中，"人"和"单"的含义有了进一步的延伸。"人"的含义：首先"人"是开放的，不局限于企业内部，任何人都可以凭借有竞争力的预案竞争上岗；其次，员工作为创业者和动态合伙人，不再是被动执行者，而是拥有"三权"（现场决策权、用人权和分配权）的人。"单"的含义：首先，"单"是抢来的，而不是上级分配的；其次，"单"是引领的，是能够创造用户需求的，而不是狭义的订单。

在全球化品牌战略阶段，自主经营体是海尔"人单合一"模式创新探索的落地和实践载体。

自主经营体（简称自经体）指承接企业战略目标，有着明确客户价值主张，可以端到端全流程满足用户需求，并可以独立核算共赢共享的经营团队。自经体是"人单合一"双赢模式下企业的基本创新单元，分为三类三级。

"三类"是从横向分类，主要有研发类、用户类、制造类。研发类自经体的任务主要是创造一流的产品资源，用户类自经体的主要任务是创造用户资源，制造类自经体的主要任务是模块化供货。三类自经体之间以用户需求为驱动横向协同。

"三级"是从纵向分级，具体为一级自经体、二级自经体、三级自经体。一级自经体直接面对市场为用户创造价值，二级自经体为一级自经体提供资源和流程，三级自经体对内负责机制驱动经营体协同优化，对外负责战略性机会的发现和创造。

企业原来的职能部门(FU)，包括战略(CS)、财务(FIN)、人力(HR)、流程系统创新(PSI)、法务(LEG)等部门，在传统正三角的组织结构颠覆为倒三角的组织结构后也发生了改变，从原来职能管理的角色转变为融入三类三级经营体的一部分，融入自经体后，这些职能部门融合为一个有机体，和自经体同一目标。

海尔的组织结构，是基于自主经营体的倒三角组织，它由传统科层组织颠覆为三类三级自主经营体构成的倒三角组织。传统的正三角组织，以企业和权力为中心，逐级指挥，逐级汇报；而倒三角组织以用户为中心，一级自经体听用户的，二、三级自经体听一级自经体的。如图6-4所示。

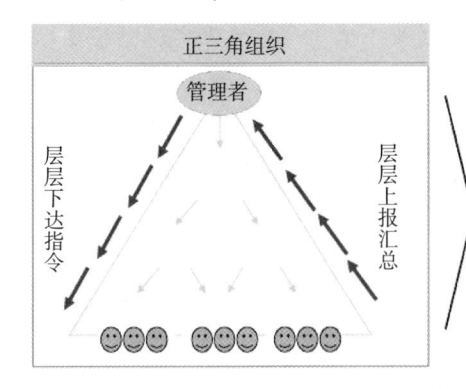

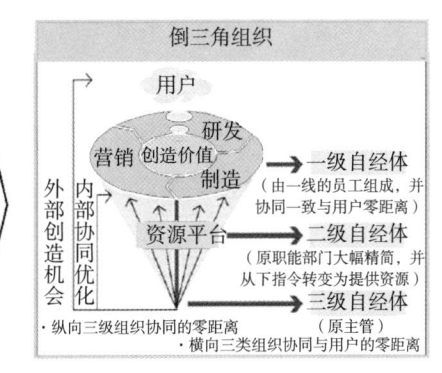

图6-4 海尔组织结构图

海尔倒三角组织本质上倒过来的不是组织，而是传统的科层组织下的思想观念和思维方式；每级每类自经体都是正式的组织单元，海尔倒三角组织的形成是由经营体构建方式倒逼的结果。

自主经营体让每个员工自主经营而不是被经营，员工可以自创新、自驱动、自运转，在复杂多变的市场竞争中，以变制变，变中求胜。企业的组织结构由过去一个整体结构、等级结构变成了一张网，每一个自主经营体都是网上的一个结点，这个结点的上下左右都是网，可以最大程度地创造用户资源，从而改变了传统经济下对市场反应迟缓的弊端。外部环境在不断变化，企业也必须是动态的。

海尔内部形成了一个共识理念，叫"我的用户我创造，我的增值我分享"。这不是简单的一句口号，从原先的用户需求是由整个集团负责到现在把目标分割，让每个人都有自己的目标。

在网络化阶段，海尔进一步推进"人单合一"模式创新，以"人单合一"模式创新实现由传统的封闭的科层体制转型成为开放的创业平台，成为网状平台。海尔平台上已没有科层，只有三类人，即平台主、小微主和创客。三类人没有职位高低之分，只是所掌握的、创造的用户资源不同。

平台主不是一个官员和领导，而是一个服务员，负责给生态圈"浇水施肥"，其任务是以行业引领为目标，搭建开放的人力资源体系，创新用户驱动机制，布局创业小微架构，驱动创业小微，动态优化实现引领目标。

小微主的任务是对内创建运营生态圈，对外创建社群用户体验圈，两个圈融合成共创共赢生态圈，创造用户最佳体验。

创客是小微企业里的创业者，创客和用户连在一起，吸引一流资源和利益攸关方以对赌的方式融入进来，形成一个个社群，构成创业的基本单元，也就是小微生态圈。

海尔平台上的三类人齐心协力，共同创造用户全流程最佳体验。

"人单合一"模式本身就是对经营管理的颠覆。这种颠覆有两个突破口：一个是组织，一个是薪酬。

就组织突破而言，海尔把科层制颠覆为网络化组织，领导人必须下放决策权、用人权、薪酬权，让员工自创业、自组织、自驱动。这是推行"人单合一"模式中最难的一步，但也是适应物联网时代管理创新的必由之路。

2018年9月20日在青岛国际会议中心召开的第二届"人单合一模式"国际论坛上，张瑞敏发表了"首创三生体系，率先引爆物联网范式"的主旨演讲。"三生体系"以"人单合一"模式为基础，是"人单合一"模式的演进，是"人单合一"模式的升级版。张瑞敏认为，物联网时代的企业形态是生态组织，而企业的核心竞争力就是企业创造用户价值的能力，因而，企业应该成为创造用户体验迭代的生态系统。

在这个被物联网重新定义的时代里，生态圈、生态收入、生态品牌——"三生"体系将成为海尔引爆物联网的手段。

生态圈，是对传统交易平台的突破。传统企业和电商都是交易平台，而海尔是一个生态圈，是由一个个多方资源与用户零距离交互的社群构成的。

生态收入，意味着生态圈内各方的收入不仅包括产品收入，还包括在生态圈内以产品为载体产生的服务收入。

生态品牌，是对传统品牌形成模式的颠覆。传统意义上的品牌，无论是产品品牌还是平台品牌都是以单一企业为中心而产生的，是零和博弈。海尔要打造的是共创共生、共同进化的品牌。

三生体系内是如何实现共创共享、互惠互生的呢？张瑞敏认为，三者之间存在递进优化的逻辑。生态圈不同于产业链，生态圈作为基础，其中心是用户，承载获取用户需求与创新用户体验的任务，生态圈与生态收入创造出的生态价值，将以一种持续性、规模化的状态，形成用户信赖的生态品牌。不断迭代、持续增值是三生体系的本质，而其最终的目标就是围绕用户这颗"恒星"打造无边界、无限增值的"星际生态"。

案例四：华为"一片森林"的组织设计

任正非在2017年8月召开的人力资源管理纲要2.0沟通会上提出："公司未来的价值创造要以客户为中心，聚焦在万物互联的优势领域（ICT基础设施和智能终端），汇聚内、外优秀价值链资源，成为智能社会的使能者和推动者。"未来的价值创造来源"以客户需求和技术创新双轮驱动"。

在激烈竞争的市场环境下，如何做才能取胜呢？任正非认为："只要不断地形成方向大致正确、充满活力的组织，就能胜出。"在知识爆炸、行业快速变化的今天，充满活力的组织要让领导听得见来自各个层级的声音，吸收全组织的精华，以保证维持大致正确的方向。

对于公司的组织设计，任正非提出："未来的运作模式是在共同价值守护、共同平台支撑下的各业务/区域差异化运作，是从'一棵大树'到'一片森林'的改变。""一片森林"顶着公司共同的价值观；下面是共同的平台支撑，就像一片土地种着各种庄稼；中间是差异化业务系统。共同的价值观，是共同发展的基础；共同的平台支撑，是我们在差异化的业务管理下，守护共同价值观的保障。"天"和"地"是守护共同价值的统治，中间业务的差异化是促进业务有效增长的分治。

共同平台有中央平台、前方平台。中央平台要简化，担负着服务与监督的统治责任，虽不参与一线的具体作业决策，但对整体作业质量要负起监督责任。授权不是分权，授出去的是决策权，保留下来的是监督权。中央平台还要担当全球战略性决策的职能，负责战略洞察、整体战略制定以及支持关键重大战役；同时担当集团能力中心，集中、吸收最好的一线经验，孵化能力，并为一线广泛赋能。

前方平台要根据不同国家、不同条件以及业务的差异化、区域的差异化而构建。差异化平台所承载的功能，由服务对象牵引平台功能的构建。前方平台有分治的权力，可以在内外合规的条件下，作战方式更加灵活机动。一线的部分数据可以不再上传，但不上传不等于中央平台不能管控，数据要透明。权力是由中央平台授予的，中央平台要对授予的权力展开有效监督。

除了中央平台和前方平台外，华为还有作为作战单位的作战平台。任正非指出："我们有100多个代表处，100多个作战平台，消费者业务和网络业务的运作方式也相差很大……，业务差异化、区域差异化是必然存在的，我们允许目标的差异化、考核的差异化，运作方式的差异化，但经营数据的规则不能差异化。目标的差异化、考核的差异化、运作的差异化，是让作战组织能够在实战中迅速决策，抓住机会。经营数据的规则不能差异化，否则我们就无法看到每个业务单元的真实经营情况。因此，差异化只能在共同的'天'和'地'中间产生，必须是'顶天立地'，中间放开，这样就可以在我们共同价值的基础上，激活各模块的创造合力。"

华为组织结构，如图 6-5 所示。

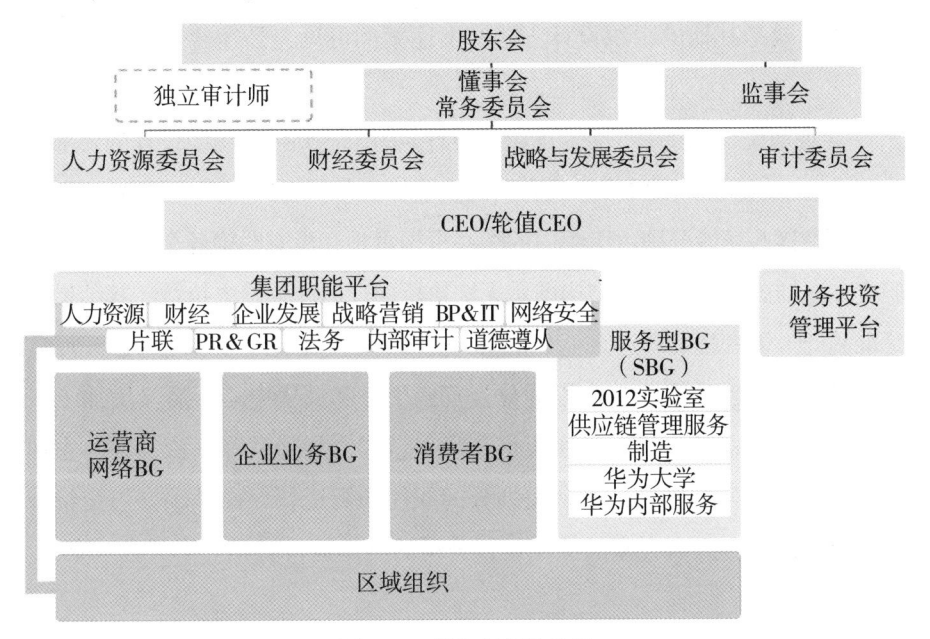

图 6-5 华为组织结构图

海尔的组织设计和华为的组织设计都提到了"生态圈"。可以说，这是个新词，也是个热词。笔者认为，海尔的组织设计和华为的组织设计为我们理解生态圈提供了有益的启示。的确，在一个万物互联的时代，万物都生长在大大小小的生态圈里。万物犹如一棵棵的树，生态圈犹如大大小小的森林。在大大小小的生态圈里，树与树之间的关系是一种共创共享的关系，大家共同创造价值，共同分享成果。树与树之间，也是一种共生共荣的关系，每棵树都找到自己生存发展的空间，每棵树都享有森林的繁荣。儒家倡导天地万物一体之仁，"天地万物一体"就是一个生态圈。习近平提出"人类命运共同体"也是一个生态圈。

值得思考的问题是，你所在的公司属于哪一类企业，处于什么样的发展阶段，采用什么样的经营策略或方式，适用什么样的组织设计方式？是适用传统的组织设计方式，或是京瓷"阿米巴经营"的组织设计方式，或是海尔的网络化、平台化组织设计方式，或是华为"一片森林"的组织设计方式，或是其他的组织设计方式？上述案例可见，是经营方式决定了组织形式，这一点必须牢牢记住。

客观地说，现在一些企业的组织设计，尚未达到传统组织设计的要求。这些企业在组织设计之初，并没有明确企业作为整体在经营上应具备的功能，没有明确这些功能分别由组织内的哪些机构承担，没有明确各个机构的职能职责，这样画出来的组织结构图是无法执行的，即使强硬去执行，其结果也是混乱的。笔者就发现这么一个企业，机构的设立不是从整体上考虑，而是因人设机构，硬是把营销中心拆分为营销中心和销售中心，后又增加了一个国际销售部；各个机构的层级也是想提就提，想降就降，依领导的主观随意性而定；各个机构也不是按划分的职能职责运行，而是领导想交给谁做就交给谁做。因而大家的感觉是，公司的整体运行就是一个"乱"字。

第二节　流程设计：从业务流程到控制程序

什么是流程？完成任何一件事，都需要有一系列的动作（也可称为行动、活动），这一系列活动的连接就形成一个流程。如冲茶这么一件小事，要洗杯、烧水、冲泡、滤出，这就形成一个流程。

什么是流程设计？对完成一件事的系列活动进行科学合理的连接，使这件事完成得又好又快，这就需要流程设计。仍以冲茶这件小事为例，先烧水，再洗杯，再后冲泡、滤出的流程就比先洗杯，再烧水，再后冲泡、滤出的流程效率要高，因为利用烧水的时间洗杯，自然节约了洗杯的时间。

什么是企业的流程设计？在企业里，很多事情并不是靠一个人或一个部门就能够完成的，而是要靠一些人或一些机构的协同才能完成，因而，企业的流程设计必须明确四个问题：一是完成某一件事必须开展哪些活动？二是这些活动如何科学合理地进行连接与协同，才能形成一个高效的流程？三是流程中的各个环节分别由哪些角色（机构或人员）承担？四是这些角色在相关的环节中应该履行什么样的职能职责，如何相互配合？职能指其要做的事情，职责指其要达成的成效。

以上四个问题明确了，就可以设计完成某一件事的流程图，并列出流程图说明。公司的业务流程和各部门的管理流程基本上都是按照这个方法进行设计。

值得注意的是，无论是公司的业务流程，还是各个部门的管理流程，其中所连接的活动都是跨部门的，都需要相关部门相关人员的协同。

流程设计与组织设计相互影响、相互渗透。如若组织采用的是从明确组织的功能入手的组织设计，是一种功能型的组织设计，其流程的设计与执行遇到的问题会多一些。如若组织采用的是从流程入手的组织设计，是一种流程型的组织设计，其流程的设计与执行遇到的问题会少一些。

一、功能型的组织设计带来的流程管理问题

功能型的组织设计带来的流程管理问题，有设计上的问题，有认知上的问题，也有执行上的问题。我们不妨看一个真实的案例。

案例五：某汽车配件公司的流程管理问题

某汽车配件公司的组织设计，采用的是功能型的组织设计。该企业本部在深圳，子公司设在遵义。本部主要承担的是营销、研发和采购功能，遵义主要承担的是生产功能。然而在组织结构的设置上，两边出现了机构重叠的情况。在深圳本部有品质管理机构和采购机构，在遵义子公司也有品质管理机构和采购机构，双方职责界定不清晰，出了问题相互推诿。问题发现后，公司想到的是解决流程管理问题，专门组织了一个小组重新进行流程梳理。流程梳理小组在工作中遇到的一个障碍是组织结构的问题，组织结构不单两地各有一套，相互重叠，而且两地都有两套组织结构，一套是按传统的经营管理设计的，一套是按阿米巴经营设计的。两地相加，

相当于四套组织机构。面对这四套机构，业务流程和管理流程如何设计，设计人员犯愁了。有人提出最好是同时调整组织结构，而公司领导人为了使流程梳理计划能如期完成，坚持修修补补往前赶，其结果可想而知。

正是由于组织设计和流程设计上存在的问题，管理上出现了混乱的现象，直接影响了产品的交期和质量。从调研的情况看，不论是交期还是质量问题，都是流程中的相关部门协同不好导致的。

交期问题表现在遵义公司（生产基地）交货不及时，根本原因是业务流程中各个环节的协同出了问题。在整个业务流程中，深圳公司的营销部门、技术部门、品质部门、采购部门与遵义公司的生产部门、品质部门、采购部门没有协同好，在各个相关环节中存在这样那样的问题。

（1）营销环节。目前负责营销工作的是深圳公司的营销中心和销售中心，营销部门在交货日期的确定上，未充分考虑生产周期的实际情况及相关规定（成熟产品15~20天，延伸产品28天，新产品30天）。如江铃E500（全新产品），5月4日下指令，5月16追货，协调后限期5月20号交货。

（2）研发环节。目前负责研发工作的是深圳公司的研究院和技术中心，市场项目部下生产指令时，技术中心的研发任务有时尚未完成。研发过程包括出图纸、研发样机、开模、工程样机、小批量生产，然后再交遵义公司大批量生产。现在出现下生产指令时，或是没有图纸，或是模具未开，或是样机未出就直接要求上量生产，导致生产中出现很多技术问题，延误了交货时间。如三月份，金龙B20：下单时未开模（反复争论后改用机加件）；奇瑞A24：下单时未开模（后用开模件，占用时间长）；力帆B30：原计划三月份完成开模，结果没有完成，没有样机小试即组织量产，由供应商直接供货，出现物料批量不良，因而延误了交期。

（3）采购环节。目前的采购工作由深圳公司和遵义公司的采购部门共同负责。大致分工如下：前端工作由深圳公司采购中心负责（供应商管理、定价），后端工作（跟单、对账）分为两部分，电子料由深圳公司采购中心负责，物件料由遵义采购部负责。深圳公司采购中心存在的问题是，深圳公司给遵义公司下单时，深圳采购中心还没确认物料的供应商，价格也没确认，因而延误了遵义采购部的采购工作；深圳公司下单时，留给遵义公司的物料采购周期不足，遵义采购部将意见反馈给深圳，深圳营销部门不同意改变，遵义公司订单员夹在中间调停协商，问题仍得不到解决，还需报上级领导裁判；深圳采购中心负责采购电子料，因不了解一线生产的迫切性，未能及时交货，延误了采购和生产。例如，电子料采购周期需提前一年下单，遵义方在2017年已提出，但深圳方一直没有下单，现只能买现货，价格高了很多。遵义公司采购部存在的问题是，买料控制不严谨，1000台电机的材料一次性下单，未制订分批采购计划；产品市场发生变化，采购订单没有相应变化；"三相线束"欠料一直未能解决。

（4）生产环节。批量生产由遵义公司负责，存在的问题是：手工操作，效率低；"泥脚子"上岗，培训不够，能力水平不高，还不愿意加班。

质量问题表面上也出在生产基地遵义公司，背后的原因同样是业务流程中的相关部门没有协同好。业务流程中的各个相关部门，包括深圳公司的技术部门、采购部门、品质部门和遵义公司的生产部门、采购部门、品质部门。正是因为这些相关部门没有协同好而影响了产品的质量。

深圳公司技术部门存在的问题是：没有产品质量先期计划，没有明确客户特殊需求，没有列出特殊特性清单，没有进行产品试验，没考虑批量生产中可能出现的问题；没有做好研发过程的质量管理，没有做好立项至转量产阶段的质量管控，没有让后工序的人参与前工序；研发队伍不稳定，人才流失，导致总体性能虽然不错，而软件的稳定性欠佳。

遵义公司质量管控存在的问题是：电机部制造过程的品质管控有漏洞，如减速箱安装孔位出错，加工时把孔距搞错了，下一工序也没有发现，导致两个批量返工；电控部生产过程中品质管控存在问题，如假焊、空焊、虚焊、偏位问题始终解决不了；电片、螺钉掉到机箱里；不良品的测试每天有七八台；钢网没有清洗；原本规定老化时间为8小时，被改为7小时；

品质部一部分人员质量管控意识及能力偏弱。品质管理部门90多人中，有25人为初、高中毕业。

二、业务流程的设计

企业业务流程设计采用的是系统思考的方法。美国学者彼得·圣吉在其名著《第五项修炼》一书中所说的"第五项修炼"就是"系统思考"。企业学会整体运作的思考方式，才能提升组织整体运作的质量。系统思考方法以整个流程为对象，强调的是企业为完成预定目标而整体运作的成功，局部的价值完全由它们对整体成功所做的贡献而定。换句话说，企业运作一体化关注的是整体最优，而不是局部最优。

业务流程的设计不仅是跨部门的，而且是多层级的。企业作为一个整体，要完成一项经营项目，必须有相关业务部门的协同，因而其流程必然是跨部门的。企业的业务流程作为经营项目的运行过程，在这个过程中要完成一系列的流程任务，开展一系列的经营活动，如营销、研发、采购、制造等，这就需要设计一级业务流程；而每项流程任务的完成，同样要开展一系列的活动，如营销这项流程任务的完成，要开展市场调研、营销策划、广告推广、客户销售等活动，这就需要设计二级流程。随着流程任务的逐级分解，必然要设计三级、四级，甚至更多层级的流程。以某能源材料公司为例，其设计的业务流程有三级：一级流程为"业务流程"，二级流程为各主要环节的"控制程序"，三级流程为某些环节的"作业指导书"。

案例六：某能源材料公司的流程设计

某能源材料公司在业务流程设计中，包括了三级流程。

一级流程：业务流程

业务流程以客户为中心，流程的起点是客户需求的调研，流程的终点是客户需求的满足。

某能源材料公司的业务流程图与业务流程图说明如图6-6、表6-4所示。

中篇　思维框架突破：在"四个方面、十个要点"的框架中进行思考和创新

执行角色	活动名称、活动内容
信息资源部 市场部	001 市场调研
国际营销部 国内销售部	002 客户开发　004 合同拟订　007 下达订单　014 发货收款
相关技术部门 （研究院技术 支持中心）	003 参数确认
财务部 法务部	005 合同审核
生产部	008 生产组织
采购部	009 采购材料
计划物料部	010 物料保管　013 入库
工程部	011 设备维护
品质部	012 品质检测
技术支持中心	015 售后服务
分管领导 总经理	006 合同审批
文档中心	016 资料归档

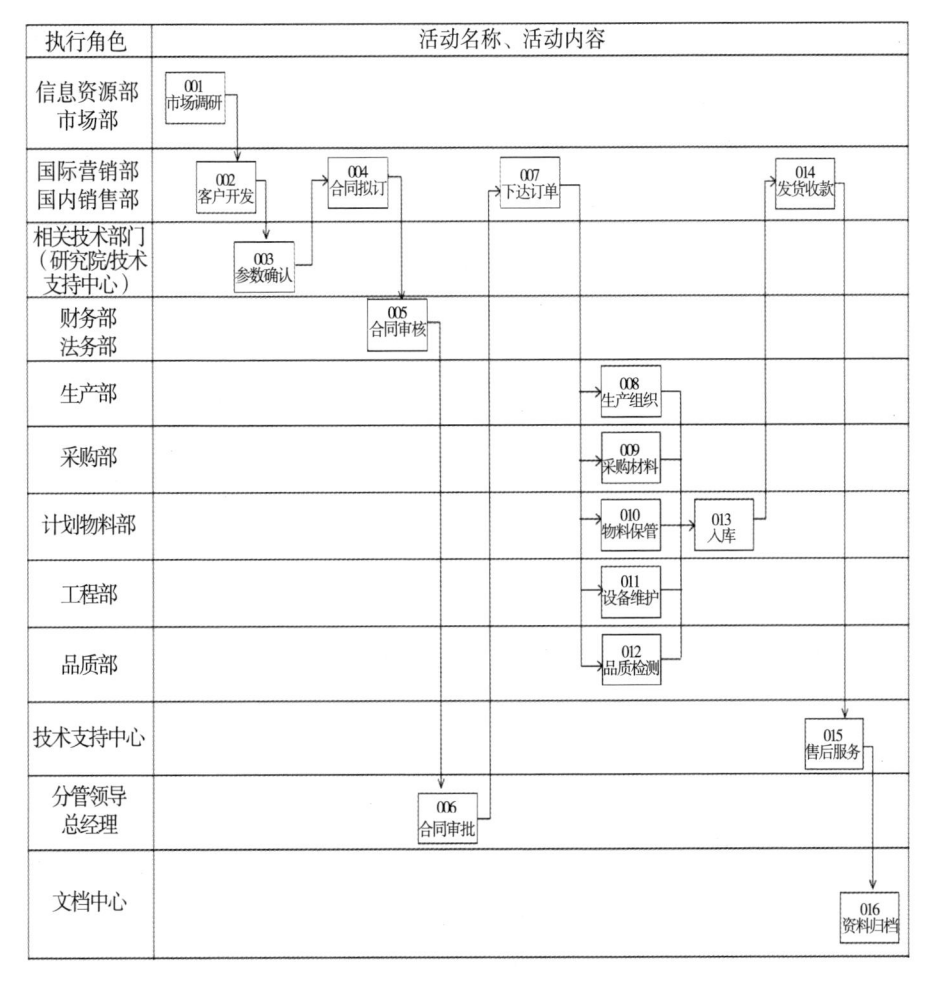

图 6-6　业务流程图

表 6-4　业务流程图说明

活动编号	活动名称	执行角色	活动内容
1	市场调研	市场部 信息资源部	①市场调研：经济形势的变化、行业发展趋势、企业竞争地位等 ②营销策划 ③广告推广

089

续表

活动编号	活动名称	执行角色	活动内容
2	客户开发	国际营销部 国内营销部	①业务推广：收集客户信息、推销公司产品、达成买卖意向 ②商务谈判：确定各种商务条件，包括规格、参数、品质、价格、付款方式等
3	参数确认	相关技术部门 （研究院/技术支持中心）	①参数确认：主要确认产品规格、技术参数 ②样品测试
4	合同拟订	国际营销部 国内营销部	买卖双方共同拟订合同
5	合同审核	法务部 财务部	①合同审核：主要审核产品价格和付款方式 ②开提货单
6	合同审批	分管副总/总经理	批准合同的签订
7	下达订单	国际营销部 国内营销部	①制定生产订单 ②送交生产部 ③跟进生产进度
8	生产组织	生产部	制订实施生产计划
9	采购材料	采购部	根据生产计划和物料储存情况组织采购
10	物料保管	计划物料部	根据生产计划和采购计划做好原材料储备
11	设备维护	工程部	根据生产计划做好设备的设计、制造、购置、安装、调试、检修、维护
12	品质检测	品质部	原材料检测、过程检测、成品检测
13	入库	计划物料部	产成品储存（入库、保管、出库）
14	发货收款	国际营销部 国内营销部	①提货 ②运货 ③交货 ④收款
15	售后服务	技术支持中心	帮助客户解决产品使用方法和使用中出现的问题
16	资料归档	文档中心	文档中心

二级流程：控制程序

上文提到，每一项流程任务的完成，同样要开展一系列的活动，同样需要设计流程，这就形成了二级流程。某能源材料公司称二级流程为"控制程序"，如该公司制订的"合同评审控制程序"就是一个二级流程。合同评审是一项重要的流程任务，需要营销部、品质部、生产部、物料部、采购中心等部门的协同配合，因此，这个控制程序特别注重明确相关部门的具体职责及配合的方式。

"合同评审控制程序"明确规定：

制订合同评审控制程序，是为了确保公司充分理解并有能力满足客户订购产品的各项要求，最大限度地使客户满意。其范围适用于对客户要求的识别、对产品要求的评审以及与客户的沟通。

该控制程序明确规定了各相关部门和相关领导的职责：营销部负责识别客户的需求与期望，组织有关部门对产品需求进行评审，并负责与客户沟通，同时负责对售后服务的保证能力和采购能力进行评审。品质部负责对新产品质量、有害物质控制所要求的检测能力的评审。生产部负责对产品的生产能力、交货期的评审。计划物料部负责对原材料、半成品、成品库存情况与保障能力的评审。采购中心负责对所需物料的供应情况进行评审。总经理负责销售合同的批准。

该控制程序明确规定了合同评审各个细小环节的活动内容及程序：

一是对客户需要或产品要求进行识别。应识别客户对产品的需求与期望，营销部根据客户规定的订货要求，如合同草案、技术协议草案、口头订单等，转换填写"合同评审表"，其内容包括：客户明示的产品要求（产品质量要求、有害物质控制、交货期、交付方式、售后服务等）；客户没有明确要求，但预期或规定的用途必需的产品要求。客户所需样品，由销售员填制"样品申请单"经总经理批准后，交由样品室制作。对客户特殊要求及制造的可行性进行评估。

二是明确评审的原则。评审应在投标、合同签订之前进行，应确保：

客户或产品要求（包括客户的要求和公司自行确定的附加要求）得到规定；客户没有以文件形式提供要求时（如口头、电话订货），客户要求得到确认；与以前表达不一致的合同或订单要求（如投标或报价单）已予以解决；公司有能力满足规定的要求。

三是明确合同的分类。常规合同是对公司定型产品所订的合同；特殊合同是常规合同之外的销售合同，如新产品开发或定型产品重大改进的合同。

四是明确评审的流程（不同情况有不同的程序）。对于有现货的常规合同由营销部直接将客户的要求填写在订货单上，经客户确认签名，即完成了评审；对于无现货的常规合同，则由营销部用"合同评审表"按本程序7.2的规定进行会签式评审，最后由营销部综合各部评审意见，做出结论性意见，签名确认即完成了评审。会签式评审时间不能超过一天；对于特殊合同应在收到信息一天内进行会议式评审，各相关部门应充分发表意见，进行讨论，达成共识，各部门在"合同评审表"上签署意见，报送总经理批准；对于口头订货，由营销部按客户要求填写《产品销售合同》范本，传真或邮寄给客户确认签名，再按上述规定进行评审。

五是合同签订和实施。经过评审后同意签订合同的，即可与客户签订订货合同，客户在《产品销售合同》上签名确认后，合同生效；合同签订后，营销部应将相关文件发到各有关部门，作为生产、采购、检验的依据；营销部负责合同执行的监督，根据需要将信息与客户沟通。

六是合同的变更。出于某些原因客户或本公司对合同要变更，由营销部与客户沟通，双方达成共识填写"合同变更通知单"；必要时对合同变更部分再次进行评审；营销部负责将"合同变更通知单"配发至各有关部门。

七是合同评审文档资料的管理。对合同评审文档资料的管理，可以采用以下方式，如表6-5所示。

表 6-5　合同评审文档资料的管理

表格名称	表格编号	归档部门	归档周期	保存期限
合同评审表	EQP.11-01F-B/1	营销部	6个月	5年
合同变更通知单	EQP.11-02F-B/1	营销部	6个月	5年
样品申请单	EQP.11-03F-B/1	营销部	6个月	5年
产品销售合同	EQP.11-04F-B/1	营销部	6个月	5年

三级流程：作业指导书

随着流程任务的层层分解，一些细小环节的流程任务的完成也需要流程设计，这就形成了三级流程，某能源材料公司称三级流程为作业指导书。例如，对发货审核这一具体任务的流程设计，就形成了发货审核作业指导书。

1. 发货审核作业指导书

某能源材料公司的发货审核流程，如图 6-7 所示。

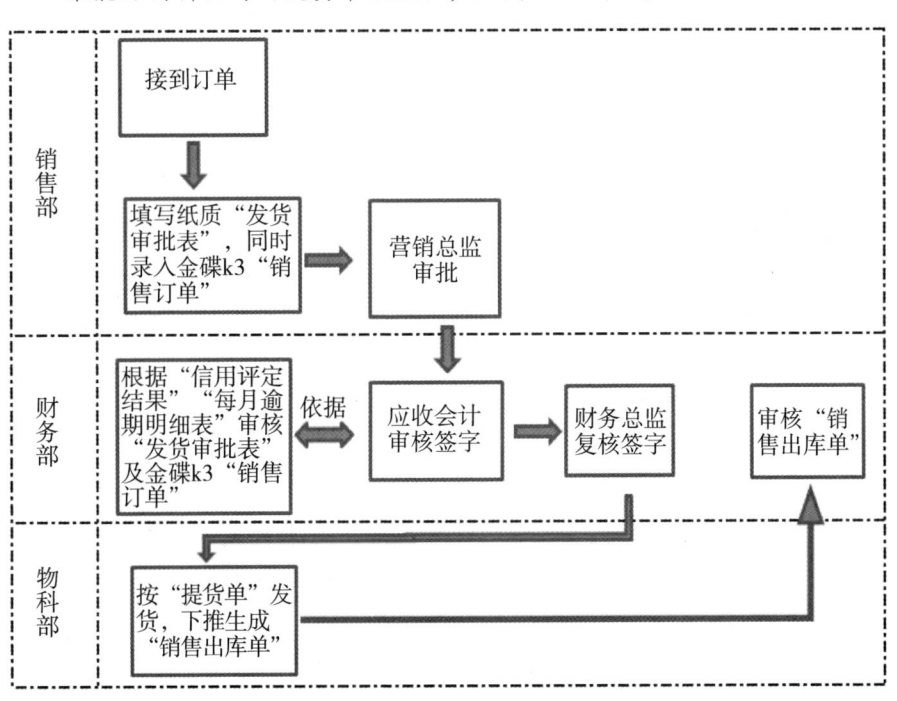

图 6-7　发货审核流程图

2. 发货审核方法

（1）营销中心发货审核。营销助理接到订单后通知相关业务员，业务员审核订单签字。订单分为常规订单和特殊订单，常规订单直接通过OA下合同评审表，特殊订单需内部进行技术沟通后方能下"合同评审表"。对现金客户，营销助理将客户付款电汇回单交给财务，由其确认公司名称、付款金额及其他相关信息后审批。对赊销客户，货款超期少于30天，由营销工程师决定是否发货；超期30天以上60天以内，营销工程师填写"非正常发货申请表"，客户回复后，由营销总监审批。对特殊情况，未能及时填写"发货审批单"，10万元以下由工程师向营销总监请示，并由营销总监协调财务总监通知发货；10万元以上，须经总经理同意。

（2）财务管理中心发货审核。销售提交给财务部的"发货审批表"须有营销总监的审批签字。每张"发货审批表"后须附上客户的销售订单/合同。审核"发货审批表"的客户名称、产品、单价、数量、金额、结算方式、订单号是否与（纸质）销售订单或合同内容一致（客户名称：须有客户的合同盖章，并且订单或合同的名称要与印章名称相符。产品：订单或合同的规格要求与出库信息一致。单价：为含税价，且不能低于含税基价。数量：以斤为单位。金额：单价×数量是否正确。结算方式：原则上不高于月结30天，如高于30天，需得到总经理批准。逾期账款发货控制：参照《2015应收账款管理制度》条款规定。客户的信用额度：参照"信用评定结果"）。审核金碟K3的"销售订单"的内容是否与"发货审批表"一致。发货单一共三张：发货审批表（由营销中心存档）、提货单（给物料部作为提货依据）。发货审核需经财务部的应收会计审核签字（应收会计必须按照上述要素一一审核），财务总监复核签字后方可发货。业务员在签定合同和组织发货时，都必须根据信用等级和授信额度来决定销售方式，所有签发赊销的销售合同都必须经营销总监、财务总监签字后方可盖章发出。客户结算方式原则上不高于月结30天，如高于30天，需得到总经理的批准。销售单价不得低于基价，如低于基价，需报总经理批准。

三、业务流程的优化

企业业务流程始于顾客需求调查，终于顾客满意。企业业务流程设计优化的原则在于，提高流程运行质量，满足顾客的需求。企业流程是企业为实现既定目标而开展的系列活动，要以提高满足顾客对产品和服务的需要的能力为中心。

流程设计优化的操作过程要注意以下几点：

一是要完整还原现有业务流程，不管是线上还是线下。任何业务的开展都有其既定的流程，不管是线上业务还是线下业务，即便是先前没有做过流程化的梳理，也必然存在相对应的流程，可以先基于业务现状，将其流程化地表达出来。在这个过程中不能加入自己的理解，也不能想当然地去画流程图，一定要和业务人员去沟通和确认，最大限度地还原在实际运作的业务流程，否则容易忽略核心环节。

二是做优化设计的时候，除了考虑互联网的特性，要多考虑一下业务场景。一提到互联网，很容易会想到一个概念叫"去中间化"，这是前几年盛行的一个概念。"去中间化"本身并没有错，它确实是互联网"链接"的体现，只是不能只考虑"去中间化"，也要考虑一下业务场景的合理性。所以很多时候优化业务流程并不一定就是缩减环节，还有可能是增加环节。有些环节是必然存在的，即便相同的业务，也会因为每个公司业务切入点不同而流程不一样。所以不能以常态的业务流程设计方式去优化，更需要结合业务实际的需要，除非你可以推动业务按照你所设定的流程去变更。

三是要考虑流程设计优化与组织设计优化的联动。正如前面所说，流程型的组织设计有利于业务流程的设计与执行，而功能型的组织设计对于业务流程的设计与执行可能带来比较多的问题，上文提到的某汽车配件公司的案例就是一个证明。华为采用的是流程型的组织设计，其组织设计与流程设计同步考虑，相互协调。华为组织设计与流程设计，如图6-8、图6-9所示。

从组织设计示意图中可以看出，其业务机构的设计，是以业务流程为依据的。业务流程需要信息、产品和交付，他们就设计了信息部门、产品部门和交付部门。从流程设计示意图中则可以看出，他们的业务流程以客户为中心，是从客户中来，到客户中去，不断循环。在业务流程的循环过程中需要完成一系列的流程任务。这一系列的流程任务分别由组织机构中的某些部门某些人员承担，而这些部门和人员则是在公司领导的统一指挥下进行工作的。

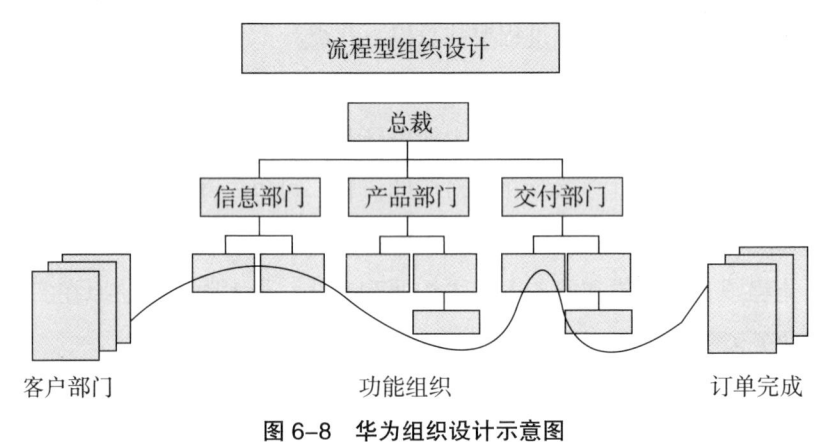

图 6-8 华为组织设计示意图

图 6-9 华为流程设计示意图

第三节 绩效设计：从"平衡记分卡"到"卓越绩效评价准则"

组织设计、流程设计说到底都是为了提升组织的绩效，为了更好地创造价值和达成成果。因此，组织绩效目标的设定及测量、分析、评价、改进便成为人事工作的一个重要课题。组织绩效的设计有各种各样的方法，这里着重介绍"平衡记分卡""卓越绩效评价准则"和"阿米巴经营"的绩效设计。

一、"平衡记分卡"与绩效设计

平衡记分卡（Careersmart Balanced Score Card），源自哈佛大学教授Robert Kaplan与诺朗顿研究院（Nolan Norton Institute）的执行长David Norton于20世纪90年所从事的一个研究课题，这个课题的题目是"未来组织绩效衡量方法"。当时该计划的目的，在于找出超越传统以财务量度为主的绩效评价模式，使组织的"策略"能够转变为"行动"。经过将近20年的发展，平衡计分卡已经发展为战略管理的工具，在战略规划与执行管理方面发挥着非常重要的作用。

平衡计分卡是一种新型的绩效管理体系，它从财务、客户、内部运营（或内部流程）、学习与成长四个角度，将组织的战略转化为可操作的衡量指标和目标值。设计平衡计分卡的目的就是要建立"战略主导"的绩效管理系统，从而保证企业战略得到有效的执行。其战略主导指的是公司的愿景与战略目标；财务角度指的是在财务业绩方面向股东展示什么（如收入、费用、利润等）；客户角度指的是为了实现财务业绩计划，应当向客户展示什么（如销量、市场占有率等）；内部流程角度指的是为了股东和顾客满意，要把哪些关键业务流程做得最好（如营销、研发、制造等）；学习与成长角度指的是为达到业绩指标,要学习掌握什么,改变与创造什么(如标杆学习、胜任力管理等)。平衡记分卡的构架,如图6-10所示。

图 6-10 平衡记分卡构架图

以下是万科集团设计的平衡记分卡,如图6-11所示。

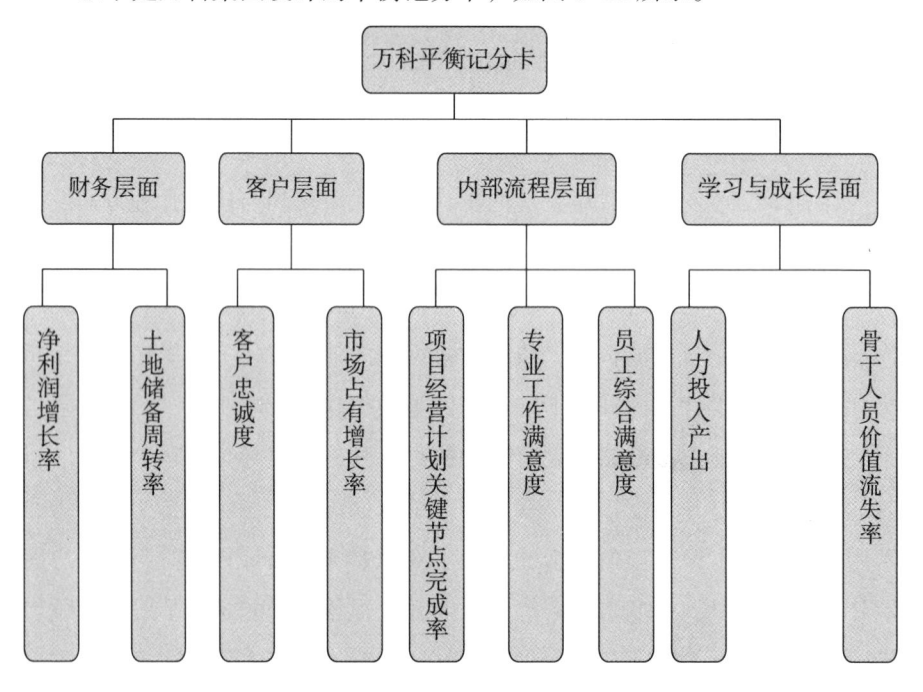

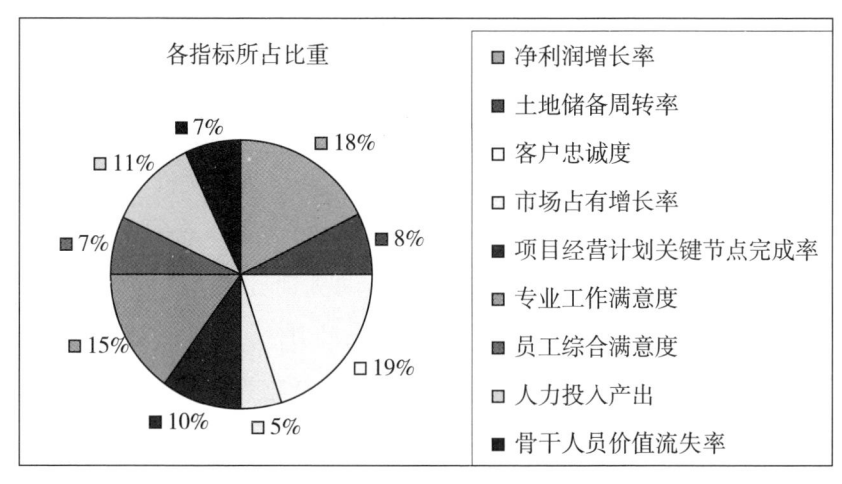

图 6-11　万科集团的平衡记分卡

平衡计分卡的发展经历了三个时期：

第一个时期是平衡计分卡时期。Robert Kaplan 与 David Norton 研究的结论《平衡计分卡：驱动绩效的量度》发表在 1992 年《哈佛商业评论》一月与二月号。平衡计分卡强调，传统的财务会计模式只能衡量过去发生的事项（落后的结果因素），但无法评估企业前瞻性的投资（领先的驱动因素），因此，必须改用一个将组织的愿景转变为一组由四项指标组成的绩效指标架构来评价组织的绩效。此四项指标分别是：财务（Financial）、客户（Customer）、内部运营（Internal Business Processes）、学习与成长（Learning and Growth）。

第二个时期是"平衡计分卡 + 战略地图" 时期。这一阶段 Robert Kaplan 与 David Norton 研究的结论主要是战略地图，它是对平衡计分卡原有的考核功能的扩展，"战略地图"以简洁的图表将原本的战略规划文件所描述的集团战略、SBU 战略、职能战略直观地展现出来，"一张地图胜似千言万语"；而"平衡计分卡"则是对"战略地图"进行深度解释的一份表格。

第三个时期是"平衡计分卡 + 战略地图 + 战略中心组织"时期。Robert Kaplan 与 David Norton 认为，在今天的商业环境中，战略从来没有显得这样重要过。但研究表明，大多数企业仍不能成功地实施战略，仍然继续使用专门为传统组织而设计的管理流程。"战略中心组织"和其他一般组织的区别在于，它们能够系统地描述、衡量和管理战略。Robert Kaplan 和 David Norton 阐明了构筑以战略为中心的组织的五项关键原则：将战略转变为业务术语，使组织与战略一致，使战略成为每个人的日常工作，使战略成为连续的过程，通过果断、有效的领导方式动员变革。

综上所述，如要全面地运用平衡计分卡的方法，首先要建成"战略中心组织"。要使组织中的每一个成员都确立以战略为中心的思想。其次要制定战略发展规划，并依据战略发展规划设计战略地图，使战略规划中所描述的集团战略、SBU 战略、职能战略通过这张地图直观地展现出来。最后要依据公司的战略规划和战略地图设计平衡记分卡，将公司的战略规划转化为可以执行、可以考核的四项绩效指标，即财务指标、客户指标、内部运营指标和学习成长指标。

某能源材料公司在组织绩效设计方面借鉴了平衡记分卡的方法。他们在 2015 年制定了公司 2015—2020 年的战略规划，并在这个基础设计了战略地图，往后每年的绩效任务书基本上也是按照财务指标、客户指标、内部运营指标、学习与成长指标确定的。以下是他们的战略目标分解图、财务指标分解图、战略地图和组织绩效书（平衡记分卡模板），如图 6-12、图 6-13、图 6-14、图 6-15 所示。

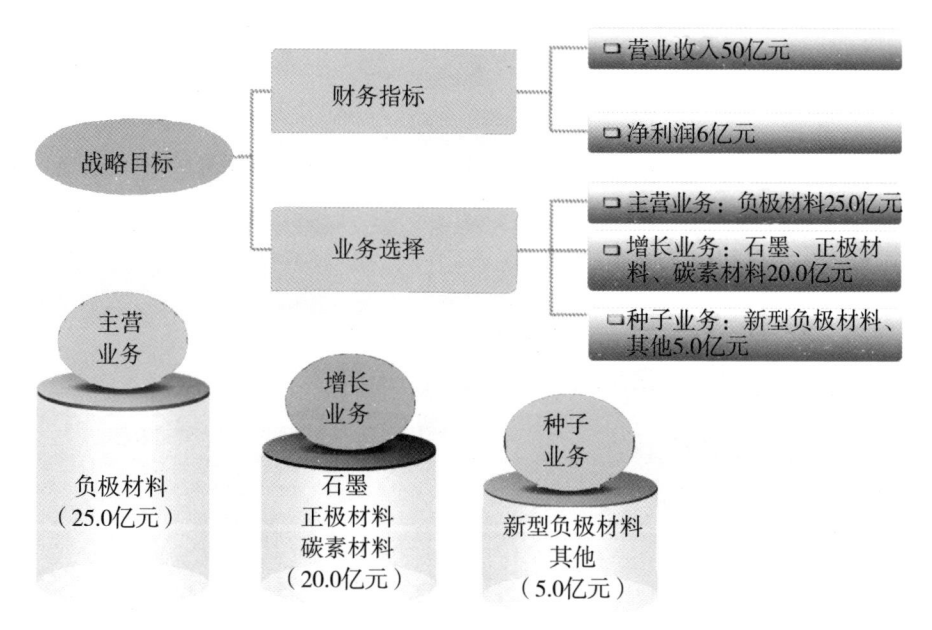

中篇　思维框架突破：在"四个方面、十个要点"的框架中进行思考和创新

图 6-12　某能源材料公司 2015—2020 年战略目标分解图

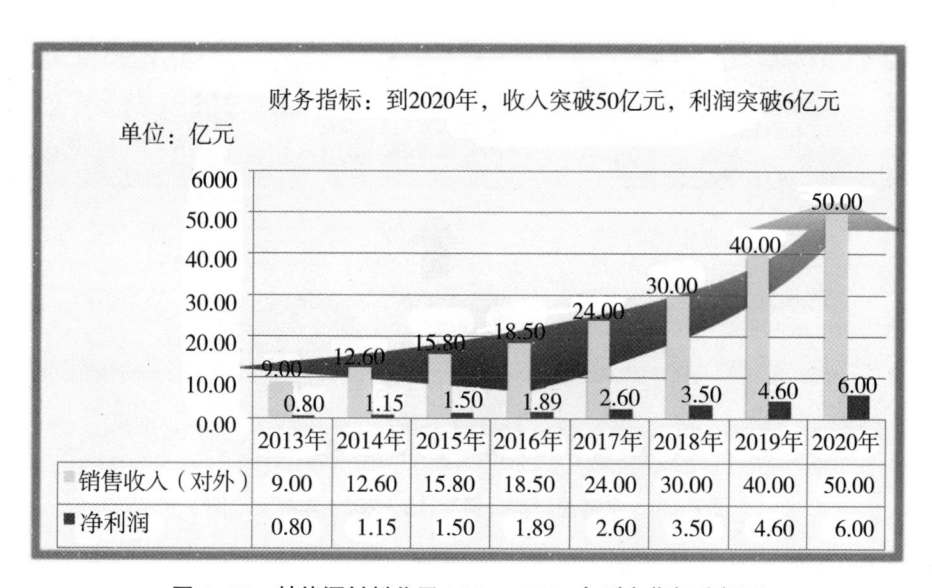

战略目标
- 财务指标
  - 营业收入50亿元
  - 净利润6亿元
- 业务选择
  - 主营业务：负极材料25.0亿元
  - 增长业务：石墨、正极材料、碳素材料20.0亿元
  - 种子业务：新型负极材料、其他5.0亿元

主营业务：负极材料（25.0亿元）
增长业务：石墨、正极材料、碳素材料（20.0亿元）
种子业务：新型负极材料、其他（5.0亿元）

财务指标：到2020年，收入突破50亿元，利润突破6亿元

单位：亿元

	2013年	2014年	2015年	2016年	2017年	2018年	2019年	2020年
销售收入（对外）	9.00	12.60	15.80	18.50	24.00	30.00	40.00	50.00
净利润	0.80	1.15	1.50	1.89	2.60	3.50	4.60	6.00

图 6-13　某能源材料公司 2015—2020 年财务指标分解图

101

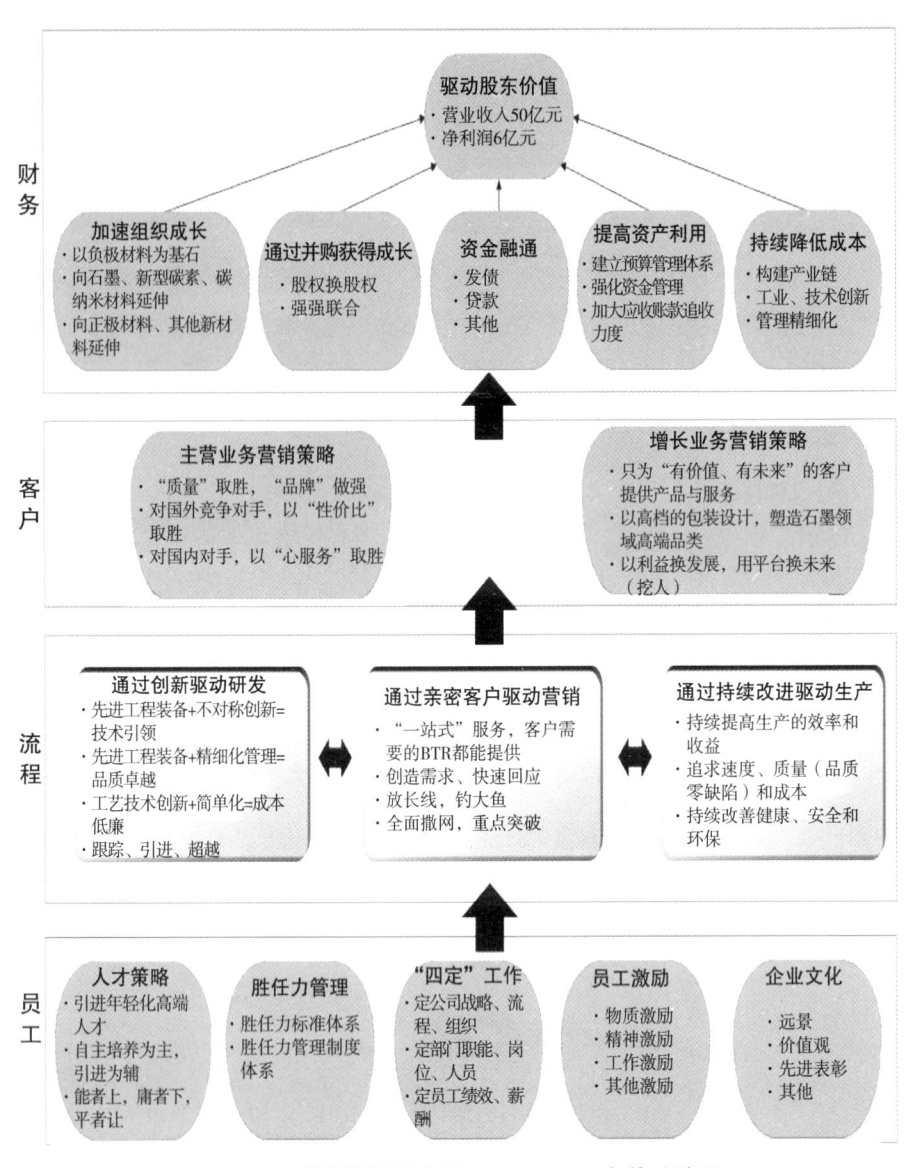

超越——人力资源转型与思维框架突破

财务

驱动股东价值
- 营业收入50亿元
- 净利润6亿元

加速组织成长
- 以负极材料为基石
- 向石墨、新型碳素、碳纳米材料延伸
- 向正极材料、其他新材料延伸

通过并购获得成长
- 股权换股权
- 强强联合

资金融通
- 发债
- 贷款
- 其他

提高资产利用
- 建立预算管理体系
- 强化资金管理
- 加大应收账款追收力度

持续降低成本
- 构建产业链
- 工业、技术创新
- 管理精细化

客户

主营业务营销策略
- "质量"取胜,"品牌"做强
- 对国外竞争对手,以"性价比"取胜
- 对国内对手,以"心服务"取胜

增长业务营销策略
- 只为"有价值、有未来"的客户提供产品与服务
- 以高档的包装设计,塑造石墨领域高端品类
- 以利益换发展,用平台换未来(挖人)

流程

通过创新驱动研发
- 先进工程装备+不对称创新=技术引领
- 先进工程装备+精细化管理=品质卓越
- 工艺技术创新+简单化=成本低廉
- 跟踪、引进、超越

通过亲密客户驱动营销
- "一站式"服务,客户需要的BTR都能提供
- 创造需求、快速回应
- 放长线,钓大鱼
- 全面撒网,重点突破

通过持续改进驱动生产
- 持续提高生产的效率和收益
- 追求速度、质量(品质零缺陷)和成本
- 持续改善健康、安全和环保

员工

人才策略
- 引进年轻化高端人才
- 自主培养为主,引进为辅
- 能者上,庸者下,平者让

胜任力管理
- 胜任力标准体系
- 胜任力管理制度体系

"四定"工作
- 定公司战略、流程、组织
- 定部门职能、岗位、人员
- 定员工绩效、薪酬

员工激励
- 物质激励
- 精神激励
- 工作激励
- 其他激励

企业文化
- 远景
- 价值观
- 先进表彰
- 其他

图 6-14 某能源材料公司 2015—2020 年战略地图

战略目标	考核指标	关键成功因素	作业活动	资源	ABB
财务方面	资本收益				
	收入增长				
	成本降低				
客户方面	客户保持率				
	客户满意度				
	新市场				
内部流程	客户管理流程				
	工作流管理				
	流程E化率				
学习成长	员工满意度				
	战略认知度				
	产品开发周期				

图 6-15　某能源材料公司平衡记分卡模板

二、"卓越评价准则"与绩效设计

某能源材料公司近几年分别参加了省、市、区组织的"质量奖"评选活动，导入了卓越经营模式，同时也按照该模式的要求进行组织绩效设计。

质量奖的评选采用的是"卓越绩效评价准则"，该标准借鉴国内外卓越绩效管理的经验和做法，结合我国企业经营管理的实践，从领导，战略，顾客与市场，资源，过程管理，测量、分析与改进以及结果七个方面规定了组织卓越绩效的评价要求，为组织追求卓越提供了自我评价的准则，也可作为质量奖的评价依据。

为了指导企业创造卓越绩效，评选机构还制订了《卓越绩效评价准则实施指南》（以下简称《指南》）作为实施本标准配套的指导性技术文件，为参加活动的组织理解和应用《卓越绩效评价准则》提供指南。

卓越绩效评价的内容包括上述七个方面，其中第六个方面"测量、分析与改进"就是对组织绩效的设计及运行的评价。《指南》中明确提出，本条款是组织绩效管理系统的基础和动力。组织应测量、分析、评价组织绩效，支持组织的战略制定和部署，促进组织战略和运营管理的协调一致，

推动改进和创新,提升组织的核心竞争力。其操作的要点:

一是建立组织绩效测量系统。组织要建立绩效测量系统,进行绩效对比,并使测量系统随内外部环境变化动态调整。具体来说,要明确所选择的关键绩效指标,建立其测量方法,包括负责部门,数据和信息来源、收集和整理以及计算方法、测量周期等,以客观、准确地监测组织的运作及组织的整体绩效,为战略决策和日常决策、为改进和创新提供支持;要针对关键绩效指标及关键活动,辨识、收集和有效应用关键的绩效对比数据(包括内部对比、竞争对比和标杆对比数据)以及相关信息(如组织内部、行业内或行业外标杆的最佳实践),开展内部对比、竞争对比和标杆对比活动,为战略决策和日常决策、为改进和创新提供支持;要对绩效指标、指标值、测量方法等进行适时评价,使测量系统的各要素能够随着内外部环境的快速变化和战略的调整进行动态的、灵敏的调整,以保持协调一致。

二是绩效分析和评价。组织要在绩效测量的基础上开展绩效分析、评价和决策。具体要求如下:在战略制定过程以及战略部署、日常运作过程中,都需要开展绩效分析,包括趋势分析、对比分析、因果分析和相关分析等,以找出绩效数据及信息的内在规律和彼此之间的关系,支持绩效评价,帮助确定根本原因和资源使用的重点;组织的绩效评价应由高层领导主持,不仅要评价自身长短期目标和计划的达成情况,而且要考虑在竞争性环境下的绩效对比,并评价组织应对内外部环境变化和挑战的快速反应能力。绩效评价的输入可包括:绩效数据和信息的测量、分析结果,管理体系审核、卓越绩效评价的结果,战略实施计划、改进和创新举措的实施状况,内外部环境的变化,等等;组织应综合考虑所存在问题的影响、紧急程度以及绩效趋势与对比等因素,识别改进的优先次序和创新机会,将评价结果转化为具体的改进和创新举措,使有限的资源配置到最需要改进和创新的地方。当改进和创新举措涉及外部时,还需要将其展开至供方和合作伙伴。

三是改进与创新。改进与创新的管理是一个 PDCA 循环,包括对改进和创新进行策划、实施、测量、改进与创新活动,评价改进与创新的成果。

组织应结合战略及其实施计划，根据内外部顾客和其他相关方的要求，基于关键绩效指标的层层分解，制定组织各层次和所有部门、过程的改进与创新计划和目标，使改进活动与组织整体目标保持一致。创新的形式可包括：原始创新（指前所未有的重大科学发现、技术发明、原理性主导技术等）、集成创新（指通过对各种现有技术的有效集成，形成有市场竞争力的新产品或管理方法）和引进消化吸收再创新（指在引进国内外先进技术的基础上，学习、分析、借鉴，进行再创新，形成具有自主知识产权的新技术）。

案例七：某能源材料公司的绩效测量指标

某能源材料公司的绩效测量指标，如表6-6所示。

表6-6 公司年度绩效指标分解表（模板）

公司年度绩效指标（2015年）	各职能部门	主要的合理贡献	主要绩效指标	主要措施	行动方案
财务指标 经营指标 管理指标 其他专项指标	研发	①研发项目 ②技术先进性 ③商业价值	①研发项目数 ②技术专利数量、技术进步奖数量等 ③新产品销售收入占比	①基础研究 ②应用研究 ③研发资源配置及政府研发资金获取 ④技术战略联盟及专利保护	
	采购	①供应及时 ②品质合格 ③成本降低	①供应及时率 ②物料品质合格率 ③采购成本下降率	①采购 ②产品交付 ③库存管理	
	制造（含物料）	①产量 ②质量合格 ③制造成本降低 ④库存控制	①生产计划完成率 ②产品质量合格率 ③制造成本下降率 ④库存下降率	①设备改造更新 ②工艺改进、生产效率提升 ③产品质量改善 ④生产成本管理 ⑤物料计划控制	
	营销	①销量 ②客户开发 ③市场拓展 ④应收款催收	①销售收入 ②新客户开发数 ③新增市场领域 ④应收账款周转率	①市场细分 ②目标客户选择 ③渠道建设 ④品牌宣传 ⑤促销方针	

续表

公司年度绩效指标（2015年）	各职能部门	主要的合理贡献	主要绩效指标	主要措施	行动方案
财务指标 经营指标 管理指标 其他专项指标	人力资源	①量能 ②能力 ③工作激情	①到岗及时率 ②员工合格率 ③关键员工流失率	①人才的引进 ②培养 ③绩效管理 ④薪酬、激励	
	财务	①资金供给 ②预算与核算 ③成本控制	①资金供给及时率 ②预算管理准确性 ③成本控制计划完成率	①资金供给 ②财务管理 ③成本控制	
	设备	①设备配置 ②设备维护 ③设备保养	①设备配置使用率 ②设备维护及时率 ③设备故障次数		
	质量	①产品合格 ②返工减少 ③质量投诉减少	①产品合格率 ②返工下降率 ③质量投诉次数		
	信息	①信息情报收集 ②政府项目申报 ③专利申报	①信息情报收集的及时性、有效性 ②政府项目完成率 ③专利申报完成率		

三、"阿米巴经营"与绩效设计

某汽车配件公司在导入阿米巴经营的过程中，按照阿米巴经营的要求进行组织绩效设计。

京瓷建立阿米巴经营体系的初心，是因为稻盛和夫在企业发展的过程中一直在考虑如下一些问题：如何控制越来越庞大的组织？如何才能运营一个持续成长的公司？经过冥思苦想之后，稻盛和夫脑中闪现了这样的想法：为何不把公司分成若干小集体呢？为何不让这些人担任小集体的领导，放权让他们管理呢？为何不让这些组织独立核算呢？因此，他决定通过确立与市场挂钩的部门核算制度，来培养具有经营者意识的人才，并实现全体员工共同参与经营。

稻盛和夫确立了阿米巴经营的原则是"销售额最大化，费用最小化"，并按照这个原则的要求制作通俗易懂的单位时间核算表，运用"单位时间核算表"和"核算管理循环图"来进行组织绩效管理。如表6-7、图6-16所示。

表6-7 阿米巴单位时间核算表（简表）

序号	销售部门	制造部门/技术部门	NPC部门
1	订单额	总出货	-
2	出货额	总生产	-
3	销售额	-	-
4	销售佣金	-	-
5	总收入	-	-
6	费用合计	费用合计	费用合计
7	结算收益	结算收益	-
8	总时间	总时间	总时间
9	单位时间附加值	单位时间附加值	-

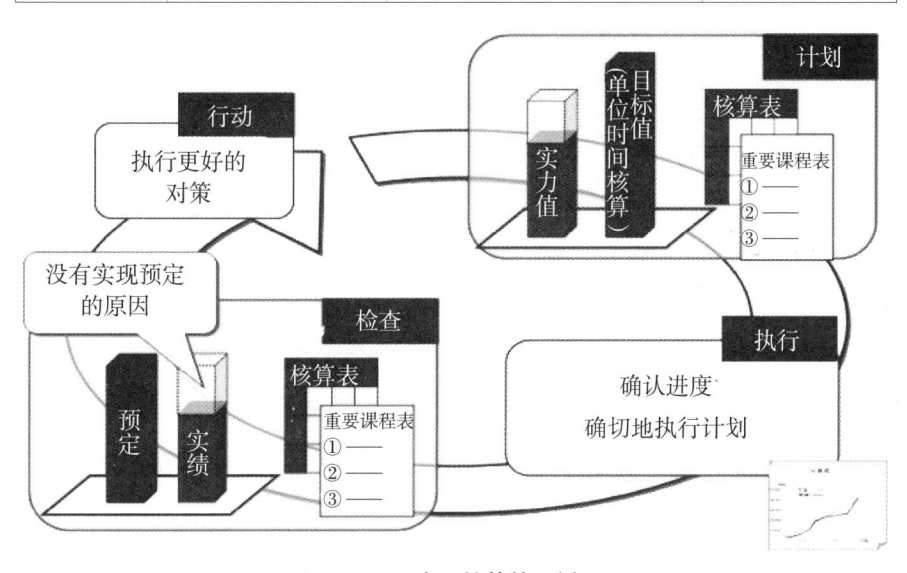

图6-16 阿米巴核算管理循环图

在上图中我们可以发现，在核算管理循环的计划环节，也就是绩效预定的环节，必须考虑以下几个因素：其一是核算表，核算表上的项目也就是计划的项目。其二是实力值，即是按照现有的实力，能够达到的程度。

其三是目标值，指的是按照主观的愿望，希望能够达到的程度。目标值是在实力值的基础上融进了设定者们的理想和激情。例如，实力值可能是 8，而目标值可能是 10。其四是重要课题表，指的是在完成目标值的过程中，可能会遇到一些障碍或者一些不确定性，因而事先要把如何克服这些障碍，如何驾驭这些不确定性作为研究的课题，提出解决的办法或预案，以保证目标值的达成。到了检查的环节，同样离不开上述四个因素。一是按核算表逐项检查，二是看实际完成的情况是达到了实力值还是目标值，三是看没有实现预定目标值的原因是什么，四是看有没有解决问题的预定方案。在这个基础上，提出更好的对策，并采取有效行动。

第七章
人员管理

人员管理的基本要求是为企业整体的经营管理和战略发展提供人力支持。人员管理的要点，有"六分法"（规划，招聘，培养，绩效，薪酬，员工关系）；有"五分法"（选，用，育，留，裁）；有"四分法"（选用，培养，绩效，薪酬）；有"三分法"（选用，培养，激励）。笔者认为，"三分法"抓住了人员管理的核心功能，因而本书采用的是"三分法"，其要点是人才选用，人才培养和人才激励。国家制定的《卓越绩效评价准则》强调员工管理的评价标准是"量能"，"能力"和"契合度"，着眼的也是选用，培养，激励三个要素。"量能"的达成靠人才选用；"能力"的达成靠人才培养；"契合度"的达成靠激励。

第一节　人才选用：从人才招聘"为我所有"到外脑引进"为我所用"

传统组织注重人才"为我所有"，一旦进了我的组织，只能"为我所用"，绝不能到外面去兼职，一旦被发现，必定受处罚。新型组织注重人才共享，只要人才能为我所用，人员的隶属关系进不进入我的组织并不重要。在人才选用上，要着重解决几个问题：一是创新人才的吸引与留住，二是人才优势的识别与发挥，三是外脑的引进与使用。

一、创新人才的吸引与留住

资中筠在20世纪90年代初出版的《战后美国外交史》"绪论"中指出："一个常为论者所忽视的方面，就是美国的人才优势。如果说今后国际竞争主要是经济实力之争，而经济实力又取决于高科技和各种管理人才的话，美国吸引人才和发挥人才作用的优势仍将是一大强项。美国是移民国家，从一开始就有其独特之处。世界上没有一个国家的人口是从已经具备一定劳动力和技能的青壮年开始的。他们出生、成长的'赔钱'阶段是由别国支付，而把最富创造性的年华和辛勤劳动贡献给建设美国。不仅是在立国初期和'拓边'时期如此，这一进程贯穿于每个历史时期，至今方兴未艾。"

资中筠在最近发表的一篇文章中又指出："吸引创新人才主要不在薪酬，而在于是否提供'创新'的条件。中国号称'世界工厂'，也就是还处在为他人的创意加工的低端，离自己出思想找别人加工还差得远。现在有些人以为财大气粗就行了，似乎什么都可以用钱堆出来，包括所谓'软实力'。但是如弗里德曼所说，唯有思想是不能用钱买的。按照他的说法，民主制度与市场经济与人才相结合就能产生奇迹。所以高薪聘请'海归'是否就意味着能创新，除了要看聘请来的是否真正的'人才'外，还取决于能否有所作为的环境和条件。"

麦肯锡全球总裁鲍达民（Dominic Barton）（任期2009—2018年）在一篇文章中提到："要像重视资本配置那样重视人才配置，像了解财务状况那样了解人才梯队，打造人才为先的组织是CEO新的使命。"在他与拉姆·查兰和光辉国际副董事长丹尼斯·凯里合著的新书《Talent Wins》（中文版还未发行，暂译书名《人才制胜》）中，他们提出了七步转型法以帮助企业打造人才为先的组织。其中第七步是制定人才并购战略。文中提到："不论内部人才储备做得多好，不论是否缺人，都必须不断寻找外部人才。CEO需要做到以下三个'必须'：首先，必须开拓外围视野。要关注自己行业以外的趋势，把外部优秀人才源源不断地吸引进来。其次，必须拥抱新的揽才方式。如硅谷引领的人才收购(模式)，即收购某一家公司的用意在于谋求人才，而不一定是产品或者服务。最后，必须把CHRO放在并购决策的重心。最好的方法是将CHRO任命为并购后人才落地的负责人，监督每一个关键新成员的加入和融合。这是一项艰巨的挑战，往往决定了并购的最终成败。"

彭剑峰在《中国人力资源管理十大问题》中指出："品质发展时代，中国企业要从模仿创新走向原创技术创新，从应用层面的创新走向底层技术的创新，从本土竞争力走向全球竞争力，所面临的最大挑战之一，是创新型顶尖人才与国际化人才的严重短缺与匮乏。现有教育理念和体制还停留在应试教育与知识传授层面，缺乏创新机制，难以培养创新型人才。"

不少公司都把成为所在领域的国际领导企业或国内领先企业作为公司的愿景。例如，某能源材料公司的愿景是成为"新能源新材料的全球领导企业"，某汽车配件公司的愿景是成为"新能源汽车驱动系统国内领先企业"。作为高新技术企业，要在全球或全国领先的前提条件是拥有技术创新人才。因此，面临的挑战是如何吸引公司发展急需的创新人才，并能够把这些人才保留下来。

如何吸引和留住创新型人才，这是很多企业遇到的问题。

马云曾说，他吸引创新人才，主要的不是靠薪酬待遇，而是靠事业和梦想，是共同的事业和梦想使创新人才走到一起。

不可否认，薪酬待遇、物质条件也是重要的因素。某能源材料公司通过给股票、给汽车、给住房的政策，从清华大学和国内其他高校吸引了一批创新人才，又从美国和日本吸引了一些国外的创新人才，组成了一支200多人的研发队伍和一个实力雄厚的研究院。为了从美国引进某博士（锂电子电池材料粘结剂创新人才），公司承诺年薪100万元人民币，其中40万元为固定薪酬按月发放，60万元为绩效薪酬按项目发放。

某汽车配件公司在2017年下半年至2018年上半年出现了一次规模较大的人才流失。自2017年10月1日至2018年3月21日，本部主动离职人员共46人，其中高、中级技术人才20人（高级13人，中级7人）。以研究院为例，主动离职的高、中级技术人员有7人（高级6人，中级1人），占研究院总人数的25%以上。该公司人才流失的重要原因之一是外部整车厂高薪挖人，提供的薪酬是该公司的1.5倍，甚至2倍以上。当然，其内部原因也不可忽视。其内部对员工的管理方式是"命令控制"，而不是"赋能授权"，未能为创新人才提供好的环境和条件，这也是人才流失的重要原因。

从上述正反两方面的案例中可以得到启示，要想吸引和留住创新人才，提供比较高的薪酬待遇是基本条件，但还不是充分条件。充分的条件是企业要营造一个有利于人才成长和实现梦想的环境氛围，而决定企业环境氛围的关键因素是企业领导者的决策方式和对员工的管理模式。为了吸引和留住创新人才，企业领导者必须转型。

一是要改进决策方式，既不是老板一个人拍板，也不是绝对民主，举手表决，而是《原则》的作者瑞·达利欧倡导的第三条道路："创意择优"。其中有三个要素：一是必须让大家的真实想法都能够提出来，放在桌面上，大家一起来讨论；二是对于别人提出来的不同意见要有深入的思考，要认真探讨"为什么别人会有不同的想法"，要善于从别人的不同想法中学习、吸收合理的成分，以弥补自己的不足或缺陷；三是要超越各种分歧，"在分歧中选取最优的想法"。作为决策的主导者，要知道自己的优点和弱点，也要了解其他各方的长处和短处，这样就可以汇集大家的优点和长处，形成最优的决策。这一决策方式是达利欧从自己的失败中学习到的，也是他所在的桥水公司成功"最关键的一点"。

二是要改进对员工的管理方式，不再采用"命令控制式"，而是改用"赋能授权式"。陈春花在《什么决定未来企业的生命力》一文中指出："在今天的职场，最重要的应该是赋能的场景，不应该是一个管控的场景。如果是一个赋能的场景，就应该有智慧、有知识、有信息、有彼此的交互，即智慧激荡……。今天无论你是多么强大的个体，都必须在一个能够集合智慧的平台上，你的价值才会被放大。"阿里巴巴执行副总裁曾鸣在《重新定义公司》的序言中也提出："未来组织最重要的职能是赋能，而不再是管理或激励。""赋能"的完整提法是"赋能授权"，其基本含义是：额外授予员工一定的权力，使员工"能干"。只有采用赋能授权方式，才能使员工在面对一些不确定的因素时，有权力进行处理，从而充分释放自己的能量，为组织创造价值。面对多变的环境和不确定的因素，假如现场的员工没有权力处理，再好的管理办法、再好的激励办法也是没有用的。

二、人才优势的识别与发挥

吸引留住人才的目的在于有效使用人才；而要有效使用人才，就得学会识别发挥人才的优势。有一本全球超级畅销书，书名为《现在，发现你的优势》（以下简称《优势》）。书的作者是马库斯·白金汉和唐纳德·克利夫顿（盖洛普国际研究和教育中心主任）。该书为我们如何识别与发挥人才的优势提供了指引。

什么是人才的优势？盖洛普认为，优势由才干和知识、技能组成，其核心是才干。在这三者中，才干是天生优势，知识、技能则是后天学习积累而成的。

什么是才干？盖洛普对才干的定义为："才干是任何一种贯穿始终，并能产生效益的思维、感觉或行为模式。"这个定义，表达了以下几层意思：

（1）才干是某种"思维、感觉或行为模式"。说通俗一点，才干是人对外部世界的某种反应方式。例如，参加一次聚会，到场的多半是陌生人。如果你受到陌生人的吸引，大部分时间和陌生人在一起，表明你有"取悦"的才干；如果你刻意找最亲密的朋友，整个晚上都和他们在一起，表明你有"交往"的才干。又如，最近你的一名员工声称孩子得病而不能上班。如果你立即关注病孩，询问得了什么病，谁来照料他，表明你有"体谅"的才干；如果你的大脑本能地想到找谁来替代缺席的员工，表明你有"统筹"的才干。再如，某一次你在事实依据不全的情况下做决定。如果你面对不确定的局面，深信任何行动，即使方向有误，都有助于你审时度势，表明你可能具有"行动"的才干；如果你及时打住，待获得更多的事实依据后再行动，则表明你可能有"分析"的才干。北宋年间的一个故事也很能说明问题。相传有一日，苏东坡和大和尚佛印在大相国寺对饮。酒意正浓，佛印挥毫题写了一首"酒色财气诗"：酒色财气四堵墙，人人都往墙里藏。谁能跳出墙垛外，不活百岁寿也长。苏东坡看后觉得有趣，也和诗一首：饮酒不醉最为高，见色不迷是英豪。世财不义切莫取，和气忍让气自消。

后来有一天，神宗皇帝和王安石同游大相国寺，看到墙上的"酒色财气诗"颇感新鲜。神宗要王安石也来一首，王安石奉旨作诗：世上无酒不成礼，人间无色路人稀。民为财富才发奋，国有朝气方生机。这首诗把"酒色财气"与国民生计联系起来，不愧是宰相。神宗看罢也诗兴大发，随即吟道：酒助礼乐社稷康，色育生灵重纲常。财足粮丰国家盛，气凝大宋如朝阳。故事中四人四首诗写出了不同身份下各自对"酒色财气"的理解，酒肉和尚佛印的禅意领悟，苏东坡的豪爽洒脱不拘束，王安石的诗则具有忧国虑民的宰相气度，神宗皇帝更为高瞻远瞩，顾全大局，从整个国家的角度辩证地考虑问题。为什么面对同一个场面或同一件事，不同的人会有不同的反应方式，这是因为每个人大脑的神经网络是不一样的，在接收外部信号时形成了不同的过滤网，因此他们看到的、想到的、做到的都不一样。他们有各自的感觉、思维和行为模式。

（2）才干"能产生效益"。任何一种感觉、思维或行为模式，如果能产生效益，就是一种才干。如上述提到的取悦、交往、体谅、统筹、行动、分析等，都是人对外部世界的一种反应方式，在一定的条件下都能产生效益，都是一种才干。有些表面看来是消极的反应方式，如果能产生效益，也能称为才干。比如顽固不化，假如你所做的工作需要你在强大的抵制力面前固执己见，例如销售或出庭律师的工作，那么顽固不化就是一种才干。

（3）才干是"贯穿始终的"。才干之所以经久不变和与众不同，是因为你的模式由你大脑中的联结形成；到了一定的年龄，你是不能换一个全新的设计的。大脑中的联结是怎么形成的？这里涉及几个关键词：神经元、突触联结、突触联结的丢失、突触联结的强化、独特才干的形成。在你生命的第42天，你的第一个神经元问世。120天后，你的神经元总数已经达到1000亿个。你出生时有1000亿个神经元，到了中年的后期仍只有这么多。你出生前60天，你的神经元开始相互沟通，建立联结。每当一个联结成功，就形成了一个突触。你到3岁时，你的1000亿个神经元中，每个神经元都与其他神经元建立了15 000个突触联结，你的模式已经编织成型：广博、精细、独特。在3~15岁，大自然的原因，你对神经网络中的某些部分麻木不仁，致使几十亿突触联结丢失。大自然迫使你关闭几十亿个联结，恰恰就是为了使你能够腾出手来开发剩下的联结。遗传和养育强化了你的部分联结，于是你成为一个有着独特才干的人，命中注定你以自身贯穿始终的特有方式对外部世界做出反应。

如何识别人才的优势？既然优势是由才干和知识、技能组成，识别一个人的优势就必须对其具备的才干和知识、技能加以识别。其中，对其知识、技能的识别是比较容易的，而对其才干的识别就难得多。在这方面，书中为我们提供了一些有效的识别办法及工具。

办法之一：关注人才在所遇到的各种情形的油然而生的反应。如上文所说的在聚会上的反应，面对员工孩子有病不能上班的反应，面临事实依据不全做决策的反应，等等。不同的反应显示了不同的才干。

办法之二：关注人才的"兴趣""学得快"与"满足感"。兴趣是最好的老师，兴趣所在，往往也是才干之所在。"学得快"也是揭示才干的一条线索，如果一个人学习某一种新技能特别快，就充分说明他具有某种强大的才干。如书中所提到的例子。亨利·马蒂斯与毕加索是同时代人，他长到21岁，竟然未拿过画笔。一次偶然的机会，他在重感冒后躺在床上休养，他母亲为了找些事让他宽心，递给他一盒颜料。就在这一刻，他感到体内涌出一股巨大的能量，他如饥似渴地研读一本绘画手册，日复一日画个不停。4年以后，他纯靠自学而考取巴黎一所最负盛名的美术学院，拜在大师古斯塔夫·莫罗的门下。韩国影片《花花公子传奇》，剧中的主人公也有类似的情形。这个人从没有进入过国际舞池，他的一个朋友开了一家国标舞培训中心因缺乏人手而找他帮忙。他开始说自己完全不会，他的朋友说："我教你就会了。"想不到他学得特别快，很快就成了当地顶尖高手。他还不满足，跑到首尔寻访高师，刻苦训练。后来靠着精湛的舞艺，吸引了好几位女伴，成了花花公子，那是后话。"满足感"同样是揭示才干的线索。如果一个人从事一项活动感觉良好，他就很可能在使用某种才干。因为每个人的秉性都与众不同，因而对满足的体验也会各有相同。有的人认为，唯有学习才有意义；有的人则认为，唯有帮助他人才有意义；有的人甚至被人拒绝时都会兴奋，因为他觉得这样就有机会施展自己说服的本事。当一个人在从事某项活动时，如果他考虑的是这一切什么时候结束，那他八成没在用才干；如果发现他在用将来时思考，期待什么时候再干一次，那他很可能喜欢做这事，并在做这事中获得满足，表明做这事是在用他的一个才干。

办法之三：运用盖洛普提供的"优势识别器"的工具来识别人才的天生优势。《优势》一书提供了一套描述才干的语言体系和一种识别才干的工具。这套语言体系，将人类才干归纳为34个主题：成就、行动、适应、分析、统筹、信仰、统率、沟通、竞争、关联、回顾、审慎、伯乐、纪律、体谅、公平、专注、前瞻、和谐、理解、包容、个别、搜集、思维、学习、完美、积极、交往、责任、排难、自信、追求、战略、取悦。这种识别工具，叫作"优势识别器"，由180对问题组成，测试后自动生成测试人的五大标志主题报告。为了识别人才的优势，可要求相关人员提供测试报告。

笔者使用这种工具测出的5个主题是：完美、学习、思维、搜集、专注。"完美"指专注于激励个人和团体追求卓越；"学习"指的是热爱学习，无论是什么题目，总是受到学习过程的吸引；"思维"指的是长于思考，敏于探讨；"搜集"指的是充满好奇，喜欢搜集、整理各种各样的信息；"专注"指的是明确前进的方向与目标，每年每月每周都做你爱做的事。这一测试结果还是比较准确的。

如何使人才的优势得到充分发挥？关键在于使人才的优势与岗位相匹配，让员工从事自己所擅长的工作。在这方面，选择的主体是员工自己，组织的作用主要是营造一个有利于各类人才发挥自己专长的环境。

对于年轻人而言，寻找相匹配的专业或职业有两个关键的节点，一个是填报高考志愿，一个是毕业后找工作。大致有两种情况：一种是无论填报志愿，还是选择工作，主要考虑的是自己的天生优势，根据自己的天生优势去选专业、选职业，因而可能学得比别人好，做得也比别人好，甚至成为出类拔萃者。另一种是无论是填报志愿还是选择工作，主要考虑的是可能获得的地位、权利或金钱，但因为所选的职业或专业与自己的天生优势不匹配，可能学得不怎么好，也做得不怎么好，最终并未能实现愿望。

耶鲁大学有一位女校长，刚上大学填报的是化学专业，一直读到三年级，她都没有找到感觉。后来，她转而选学生物学，感觉特别好，成绩也特别优秀，本科毕业后，沿着这个专业继续念硕士、念博士，毕业后留校任教，从一位生物学讲师升为生物学院院长，再到耶鲁大学校长。从这个例子可看出，从个人角度，如果发现自己的才干与所选的专业或职业不匹配，应尽快调整，而如果选对了，匹配了，则应该坚持下去，充分发挥自己的天生优势；从组织的角度，则是要营造这样一种自己可以选择专业、变更专业的环境，没有这种环境，也就没有耶鲁大学这位校长的成功。

三、外脑的引进与使用

随着互联网技术的发展和个体价值的崛起，在人才的引进和使用上，很多企业已经注重外脑的引进，特别是对于一些高端的技术创新人才，他们追求的不是"为我所有"，而是"为我所用"。他们采用各种各样的合作方式来引进外脑，有的通过资助外脑的研究活动来获得外脑研究成果的优先使用权，有的通过与外脑联合建立研究机构或者企业组织来共享研究成果。

2018年7月26日，华为在深圳总部举行颁奖典礼，向5G极化码（Polar码）的发现者——土耳其毕尔肯大学尔达尔·阿里坎（ErdalArikan）教授颁发特别奖项。百余名标准与基础研究领域的华为科学家和工程师也获得了表彰。华为董事长梁华，轮值董事长徐直军、郭平、胡厚崑，CEO任正非等核心高级管理人员悉数到场。一个颇令人回味的细节是，在仪式之前，包括任正非在内的华为最高管理层，为了迎接阿里坎的到来，在原地足足站了一二十分钟。在表彰会上，华为董事长梁华和轮值董事长徐直军代表华为分别致辞。徐直军在致辞中说："我们清楚地意识到标准的诞生只是新旅程的开始。我们将继续努力，确保包括极化码在内的5G技术更快、更好地为社会创造价值。"

会议期间，任正非与阿里坎教授进行了对话。任正非表示："我们向基础研究这条道路奋勇前进，把这个问题发扬光大，我们继续支持教授所领导的团队的技术发展和前进，继续合理地给予投资，因为我们觉得（这样）我们的道路会更加宽广，未来信息社会对技术的需求将会是无穷无尽的，我们现在才刚刚起步。"

其实，在7月4日，华为心声社区特地发布了任正非在研究员及部分欧研所座谈会上的讲话内容。谈及华为是否"不需要科学家，只需要工程商人"这一话题时，华为创始人、总裁任正非表示："我们不仅需要工程商人，也需要科学家，而且还需要思想家，希望你们这些卓越的研究员仰望星空，寻找思想与方向，引导我们十几万人前进。"

很多年前，在华为流行着这样一句话："华为不需要科学家，华为需要工程商人。"对此，任正非比喻称，沙漠里是不能种郁金香的，但是改造完的沙漠土壤，是可以种植的。库布齐、塞罕坝、以色列不也是遍地绿茵吗？"当年，华为是急着解决晚饭问题，顾不及科学家的长远目标。不同时期有不同时期的指导思想。今天我们已经度过饥荒时期了，有些领域也走到行业前头了，我们要长远一点看未来，我们不仅需要工程商人、职员、操作类员工，也需要科学家，而且还需要思想家。""希望你们这些卓越的研究员仰望星空，寻找思想与方向，引导我们十几万人前进。"任正非强调，18万人的队伍没有方向、没有思想，会溃不成军的。要看到过去的30年，我们整体上是抓住了全球信息产业发展的大机会，作为行业跟随者充分享受了低成本、强执行力带来的发展红利；而未来30年，在赢者通吃越来越成为行业规律的趋势下，我们必须要抓住科学技术和商业变化的风云潮头，成为头部领导型企业，才能有机会去分享技术进步和创新的红利。要创新与领先，我们就必须依靠科学家。

任正非不但注重引进外脑来推动科研项目,也很注重借用外脑来培养自己的科研人才。他希望华为有更多的人成为科学家,面向未来。他对公司内的科研人员说:"有时候你们不一定要研究理论,也可以研究概念和方向,以及实现形式。在动态的外部技术环境下,看技术方向与实现途径非常重要,也更需要科学家级的人才,因为消化人类的文明成果,不是什么"胃"都能够消化的,但是我相信你们能消化、能理解。所以,与其你们去做具体事,不如具体事让我们的工程师来做,你们看华为公司未来的发展方向,这是最重要的。有一部分人不做具体的技术产品和工业产品,可以做思想,做假设。多与外界喝喝咖啡,多交流交流,听听别人讲道理,探索出一条方向还在模糊时期的道路来,让一缕光亮牵引公司前进的研究方向。"

某能源材料公司与哈工大的教授共建石墨烯研究机构,某汽车酿件公司与华东科技大的教授共建经营机构,所有这些都是引进外脑的有益探索。

第二节 人才培养:从知识、技能培训到胜任力、创新力提升

传统的人才培养,比较注重的是岗位需要的知识与技能。

随着改革开放的发展,我国引入了西方胜任力的理论。美国心理学家斯宾塞(Speneer)将胜任力定义为"能够将某一工作或组织、文化中有卓越成就者与表现平平者区分开来的个人的深层次特征,它可以是动机、特质、自我形象、态度或价值观、某领域知识、认知或行为技能,即任何可以被可靠测量或计数的并且能够显著区分优秀与一般绩效的个体特征"。

一般来说,胜任力是由动机、个性、自我形象、社会角色、价值观、知识、技能等要素构成的。

(1)动机。指推动个人为达到一定目标而采取行动的内驱力。动机

会推动和指导个人行为方式的选择朝着有利于目标实现的方向前进，并防止偏离。动机的强烈与否往往决定行为过程的效率和结果。

（2）个性。指个人典型的、稳定的心理特征的总和，表现出来的是一个人对外部环境和各种信息的反应方式、倾向。通过个性与动机可以预测一个人在长期无人监督下的工作状态。

（3）自我形象。指个人对于自身能力和自我价值的认识，是个人期望建立的某种社会形象。自我形象的形成是一个具有社会性和渐进性的过程，并且需要借着感知领域的不断同化和异化持续塑造。

（4）社会角色。指个人在社会中的地位、身份以及和这种地位、身份相一致的行为规范。个人所承担的角色既代表了他对自身具备特征的认识，也包含了他对社会期望的认识。

（5）价值观。指一个人对周围的客观事物的意义、重要性的总评价和总看法，是决定人的行为的心理基础。价值观具有相对的稳定性和持久性，在特定的时间、地点、条件下，人们的价值观总是相对稳定和持久的。在同一客观条件下，对于同一个事物，由于人们的价值观不同，就会产生不同的行为，并且将对组织目标的实现起着完全不同的作用。

（6）知识。指个人在某一特定领域拥有的事实型与经验型信息。

（7）技能。指结构化地运用知识完成某项具体工作的能力，即对某一特定领域所需技术与知识的掌握情况。

胜任力的研究者认为，要真正胜任一个岗位的工作，取得好的工作绩效，必须具备岗位的胜任力。岗位的胜任力模型犹如一座冰山，知识和技能是浮在水面上的东西，其水面以下的部分，包括社会角色、自我形象、人格特质、动机需要等。正是水面以下的这些因素，决定了一个人的工作是优秀的，还是平庸的。

到了后工业化时代，技术的发展特别快，市场的竞争特别激烈。在这种背景下，国内的经济学专家和管理学专家都强调：企业要生存、要发展，必须坚持创新，企业的人才必须具备创新的能力。

经济学家许小年在2018年浙商证券"凤凰行动"论坛上的演讲（《多变环境中的不变之道》）中特别指出："企业在后工业化时代，不是靠你的资源整合能力、不是靠你的生产规模来求企业的发展，而是要靠创新，要用新产品和新技术开拓出新的市场来，在这个新的市场上，你是'老大'，在原有的市场上你很难再有所作为。对在座的企业家朋友来说，制造成本控制，已经不是今后发展的关键，今后发展的关键是研发、是创新。依靠创新，为自己创造新的市场，依靠创新从竞争对手那里抢夺现有的市场份额。现有的各行各业都是产能过剩，你怎么办？办法是自己去开创一个新的市场。比如说手机，中国是手机第一大生产商，手机的生产能力早就过剩了，但是苹果10出来你买不买？为什么要买啊？因为这个手机有新的功能啊。主要是摄像头，它是三维的，女士照相比美图还美。作为手机生产厂商，在一个饱和的市场上怎么办？你必须推出新的产品，你推出新的产品就是为你自己创造新的市场。"

陈春花在多个场合强调，在当今这个时代，单有胜任力还不够，还要增强创新能力。她在"如何激活组织"的演讲中提出："驾驭不确定性是组织管理的核心挑战。今天谈组织管理的时候，有一个东西变了，就是影响组织的绩效因素从内部转移到外部。以前谈整个组织绩效的时候，完全是要考虑内部影响因素，比如说个人的胜任能力，比如说整个公司对于目标阐述的能力，比如说公司内部能不能把权利、责任和利益分配得很好。以前我们在谈组织管理的时候遇到的挑战是，能不能做到责权利对等，可是今天你会发现，责权利对等了，人和目标之间匹配得也很好，可你还是被干掉了。原因是什么？环境变了。然后你从来都不知道的对手突然出来了，不用你的逻辑就把你消灭掉了。"

如果我们的环境是这样，外部的环境已经变成是一个影响组织绩效的关键因素，而这个环境又是不确定的，我们又必须想办法驾驭这个不确定性，所以组织就有一个巨大的改变，就是你的功能要变化，要从管控到赋能，这是一个非常大的改变。因为所有的东西其实都可以数字化、信息化、公开化。如果整个系统可以用技术做支撑，所有信息都可以对称公开，组织真正要做的事情是让组织的每一个成员都具有创造力，所以一定要赋能，从管控变成做教练，变成帮助员工成长。我们如果不进行授权是没有办法把创造力激发出来的。"

本要点强调的是团队学习、胜任力管理和创新能力提升。

一、团队学习

陈春花提出，大企业的寿命很少超过人类寿命的一半。20世纪70年代名列《财富》杂志500强企业排行榜的公司，如今有1/3已经销声匿迹。大部分失败的企业，出现的问题会有所不同，但其根本的问题都是一个：学习能力很差。真正的团队一定会成为学习型团队。组织在今天尤其需要团队学习，无论是管理团体、产品开发团体，还是跨机能的工作小组。在某些层次上，个人学习与团队学习是无关的，即使个人始终在学习，并不表示组织也在学习。但是如果是团队在学习，团队变成整个组织学习的一个小单位，它们可将所得到的共识化为行动。

《追求卓越》的作者之一罗伯特·沃特曼曾指出："人类似乎有两种学习途径：第一，通过分析我们的缺点并努力改正；第二，通过观察佼佼者并试着模仿他们。"

企业的管理者特别是高层管理者要改变心智模式。20世纪40年代，苏格兰心理学家肯尼思·克雷克创造了"心智模式"一词，其后，这一术语逐步被企业界使用。彼得·圣吉认为："心智模式是根植于我们心灵的各种图像、假设和故事。就好像一块玻璃微妙地扭曲了我们的视野一样，心智模式也决定着我们对世界的看法。"

在企业内部，新的变革、新的设想、新的发展规划等要加以推进，往往会遇到重重阻力，甚至在组织成员普遍赞成的情况下都可能无法实施，究其原因，是与人们固有的心智模式相抵触。"因此，学习如何将我们的心智模式摊开，并加以检视和改善，有助于改变心中对于周遭世界如何运作的既有认知，对于建立学习型组织而言，这是一项重大的突破。"彼得·圣吉在其名著《第五项修炼》中给出了"心智模式"修炼的技巧：

一是辨认"跳跃式的推论"。留意自己的思维如何从观察跳到概括性的结论。

二是练习"左手栏"。写下内心通常不会说出来的话。

三是"兼顾探询与辩护"。运用彼此开诚布公地探讨问题的技巧。

四是正视"拥护理论"。区分我们"所说的理论"与"使用的理论"（依之而行的理论）两者之间的差异。

陈春花曾经带领两家公司采用彼得·圣吉的修炼技巧，来改变管理者的"心智模式"，通过一段时间的坚持，发现人们还是有很大改变的，特别是能够开诚布公地探讨问题。

向顾客学习是很多优秀企业尤为突出的一点。苹果公司为了了解顾客的购买习惯，专门设立小组，从顾客进入商店购物开始，全程跟踪录制，然后认真分析顾客在购买过程中的每个行为特征，由此寻找顾客对于购买价值的判断和理解，从而设计出最简洁的产品。也正是"简洁"的设计理念，让苹果一跃成为全球领先企业，并且创造出颠覆多个行业的全新产品。

标杆学习也是团队学习的一种有效的方式。企业组织可以针对自己所定的经营战略，选择内外部做得好的企业做为学习的标杆，找出差距，探寻其取得优秀业绩背后的最佳实践，结合自身的实际加以改造，为我所用。某投资控股集团就曾经制定了标杆学习方法，在全集团推广标杆学习，该集团还把标杆学习作为三大管理工具之一。实践证明，标杆学习是团队学习的有效方法。

案例一：某投资控股集团标杆学习实施办法

2008年6月，某投资控股集团向所属各单位发出了关于开展标杆学习的通知，并附了一份标杆学习的实施办法（以下简称《实施办法》），其中明确提出：

中篇　思维框架突破：在"四个方面、十个要点"的框架中进行思考和创新

推行标杆学习的目的是贯彻和落实《集团宪章》提出的标杆学习原则："瞄准世界上最好的、最优秀的企业，找出差距，持续改进，不断超越"。基本步骤分为三步：第一步，选定标杆管理项目；第二步，寻找最佳实践方法；第三步，实施标杆项目改进计划。所属企业标杆项目的选定由企业的董事长、总经理负主要责任；最佳实践方法的寻找由标杆团队负主要责任；标杆项目的改进由实施小组负主要责任。

第一步是选择确定标杆项目。其主要工作是：列出所在行业的指标类别、指标项目和本企业的指标数据，分析本企业的战略定位、优劣势及需改进的关键领域，根据需改进的关键领域选定标杆管理项目。

标杆项目的选定可采用三种基本方式：一是通过顾客调查，获知顾客最关心的领域，从而确定标杆项目；二是通过深入了解业务流程存在的主要问题，从而确立标杆项目；三是通过专门机构的分析研究，找出价值链中需改进的关键领域，从而确定标杆项目。

选定标杆学习项目后，须按项目组建标杆学习活动的具体工作团队。在组建团队时，应该重点考虑人员的选择和搭配。对参加标杆团队的人员要进行专门的培训，使他们掌握标杆管理的有关知识与技能。

第二步是寻找最佳实践方法。其主要工作是：选择标杆企业，收集标杆企业相关的绩效数据，找出最佳实践方法。

选择标杆企业。一般而言，哪家公司在该领域（项目）获得成功，哪家公司即可作为该领域（项目）的潜在的标杆企业。在甄选最佳标杆企业时，不要局限于某个行业领域。标杆企业可以是国内的，也可以是国外的；可以是同行业的，也可以是不同行业的。

收集标杆企业相关的绩效数据。标杆数据收集的渠道，包括内部渠道、文献资料、行业协会及其他渠道（如大专院校、研究机构、互联网、数据提供机构）等。标杆数据收集的方法包括电话访谈、面谈、问卷调查、现场考察等方法。现场考察法是引入最佳实践的最直接的方法。现场考察前要做好准备工作，如现场考察的程序设计、考察小组的人员选择及责任划

分，在现场考察中要借助各种方法收集有助于标杆管理项目实施的数据与资料，如最佳成果（实践）项目的流程步骤、实施方法，实施人员的技能特点，其他相关材料，等等。在考察过程中，还应尽量多与标杆企业的员工交谈，以便了解他们的感受与体会。

通过分析标杆企业绩效指标背后的原因，找出最佳实践方法，并结合本企业的实际，提出新的操作模式。要透过定量数据，寻找其背后隐藏着的解决问题的新的理念、新的方法，并结合本企业的实际情况，制定一个最佳的操作模式，这个模式就是项目改进的目标。

第三步是标杆项目的改进。其主要工作是：制订具体的实施计划，实施项目改进计划，业绩评估和项目激励。

制订具体的实施计划。在行动计划中针对该项目的差距，确定该项目改进的标准（如流程、时间、产品、技术、服务、质量等）；确定改进流程中各个环节的具体改进方法；确定该项目改进实施的时间；确定该项目实施小组及人选；制订支持该项目行动方案的组织变革管理计划。

实施项目改进计划。项目改进实施由实施小组负责。在项目实施过程中，标杆团队要自始至终参与，和项目实施小组成员共同完成对该项目的改进工作。标杆团队在该项目改进过程中的任务包括组建项目实施小组，实施项目改进，对该项目改进效果进行总结、审核。

在实施后实行量化的业绩评估和项目激励，对标杆团队和实施小组的有功人员给予必要奖励。

为在全集团内推广标杆学习，集团成立标杆学习委员会，由总裁任主任，其他高级管理人员为成员。标杆学习委员会的职能主要是制定标杆学习的实施办法，指导、监督、检查所属各单位标杆学习的实施，总结、推广标杆学习的先进经验。标杆学习委员会下设办公室（设在绩效管理部）协助工作，其成员由绩效管理部和人力资源部的有关人员组成。

集团所属企业成立标杆学习领导小组（由董事长任组长）负责本企业标杆学习的策划及实施工作。领导小组下设办公室，可由公司办公室承担标杆学习办公室的工作。

二、胜任力管理

国际人力资源管理大师威廉·J·罗思维尔提出,"构建以胜任力为基础的人力资源管理新体系,是人力资源管理领域的一场变革"。传统的人力资源管理是以岗位或者说以岗位说明书为基点来构建整个人力资源管理体系。岗位说明书中有两个核心部分:一是岗位职责,二是岗位任职资格。任职资格中主要规定了知识、技能、能力方面的要求。简单地说,传统体系的用人标准关注的主要是知识、技能、能力这几个要素,而这样的用人标准也就决定了人才培养也是主要关注这几个要素,能力考核也是主要关注这几个要素,决定薪酬待遇的依据归根结底主要的也是这几个因素。以胜任力为基础的人力资源管理新体系,则是以岗位的胜任力模型为基点来构建整个人力资源管理体系。这个"基点"与传统体系的"基点"不同的地方,就在于它不仅关注任职者的知识、技能、能力,更关注任职者的社会角色(职业兴趣)、自我形象(自信心)、人格特质(优势才干)和动机需要(价值取向)。由于用人标准这个"基点"得到提升,增加了新的因素,也就带动了整个人力资源管理体系的提升,人才培养的标准相应提升,绩效考核及能力考核的标准相应提升,决定薪酬待遇的依据也增加了新的因素。由于基点的提升带来了整个体系的提升,从而能有力地推动员工绩效的提升和组织绩效的增长。

案例二:某能源材料公司的胜任力管理体系

2014年,某能源材料公司重新修订公司的战略规划,明确公司发展的远景目标和2015—2020的战略目标。公司的远景目标为:以锂离子电池负极材料作为发展基石;从发展基石出发,向锂离子电池新型正极材料、新型负极材料延伸,致力于成为锂离子电池正负极材料全球领导企业;从发展基石出发,向石墨材料、新型炭素材料、碳纳米材料延伸,致力于成为炭系新材料全球领先企业。2015—2020的战略目标为：收入突破50亿元，利润突破6亿元（现根据实际发展的势头已把2020年的财务指标提升为收入突破100亿元，利润突破8亿元），业务选择为负极材料（主营业务），石墨、正极材料（增长业务），新型负极材料及其他（种子业务）。按照公司主营业务三步走规划，到2020年，公司将从全球销量第一发展为销量技术管理全面领先。正是在这样的战略背景下，公司的人力资源管理进行了相应的变革：一是组织管理变革，制订了《四定工作手册》，具体内容包括定战略、定流程、定组织、定职能、定岗位、定人员、定绩效、定薪酬。二是人才管理变革，制订了《胜任力管理手册》，具体内容包括胜任力标准体系和胜任力管理制度两部分。

某能源材料公司构建胜任力管理体系大致可分为两个阶段：一是胜任力标准体系的设计；二是胜任力管理制度体系的制定。

（一）胜任力标准体系的设计

某能源材料公司胜任力标准体系的设计分为以下五个步骤：岗位序列划分，公司胜任力标准体系基本框架设计，核心胜任力要素确认，通用胜任力要素确认，专业胜任力要素确认。

1. 岗位序列划分

一是类别划分。划分为管理、专业技术、技能、事务四大类。

二是序列划分。各大类按实际情况进一步细分为岗位序列。例如，专业技术类可进一步细分为研发、采购、生产、营销等。

三是层级划分。管理类分为5个层级：决策层、高层、中层、基层、一线。专业技术类分为5个层级：资深工程师级、高级工程师级、工程师级、助理工程师级、技术员级。技能类分为4个层级：资深技工级、高级技工级、中级技工级、初级技工级。事务类不分层级。

四是岗位划分。同一层级中，包含不同的岗位，如人力主管级中可分为招聘、培养、绩效、薪酬等不同岗位。

2. 胜任力标准体系基本框架的设计

胜任力标准体系的基本框架为"核心胜任力要素＋通用胜任力要素＋专业胜任力要素"。核心胜任力要素是由公司价值观体系派生出来的，要求全员都必须具备。通用胜任力要素是每个岗位序列共通的要求，比如说人力资源管理人员有人力资源管理人员的共通要求，财务人员有财务人员的共通要求，但是不同的层级有不同的标准。专业胜任力要素，是依据岗位的专业要求，不同系列、不同层级岗位，专业要求是不同的。

3. 核心胜任力要素的确认

某能源材料公司胜任力标准体系中的核心胜任力要素是从公司确立的价值观理念派生出来的，共包括客户、服务、品质、成本、速度、开放、创新、激情、思考、责任十个要素，核心胜任力要素的构成和释义，如图7-1、表7-1所示。

图7-1 核心胜任力要素的构成

表 7-1 核心胜任力要素的释义

	核心要素	释义
1	客户	我们所有的行动和付出,都有一个清晰的指向:一切为了客户价值最大化
2	服务	贴心服务、增值服务、差异化服务;为客户做一件感动的事情,为客户做超越预期的事情
3	品质	品质第一,品质制胜;充分用好用活TQM与6σ管理工具;创造一流的品质,一流的服务
4	成本	提高成本意识,每一分钱都要省;提高工作效率,一次把事情做精做准做正确;全面削弱成本,用最低的成本开发最好的产品
5	速度	做市场需求的快速反应者,比竞争对手快半步;以最快速度出新品;以最快速度占领市场;在最短时间内争取最多的订单
6	开放	保持开放心态;对外具有国际化的视野,开展国际化的经营和国际化的交流,引进国际化人才;对内广开言路,群策群力
7	创新	从点的创新走向系统创新;开展业务创新、产品创新、技术创新、管理创新;创独特、创唯一;掌握别人还不知道的部分,一而再、再而三地进行多方面尝试
8	激情	为建立"独具个性的受人尊重的伟大企业",像疯子一样地往前冲
9	思考	学习、学习、再学习;思考、思考、再思考;天行健,君子自强不息
10	责任	担责任,干实事;主动担当,善担当,敢担当;信守承诺,结果导向,永不言败

4.通用胜任力要素的确认

通用胜任力要素指的是各个序列的一些共通的素质、能力要求。比如说,对管理类人员通用素质能力要求的确认,借鉴了合益集团的经验及成果,选取了成就导向、归纳思维、演绎思维、监控能力、收集信息、培养人才、领导能力、人际能力、关系建立、合作精神、诚实正直、自信12个要素。

通用胜任力要素模板,如表7-2所示。

表 7-2 通用胜任力要素模板

序列通用要素	定义	层级	层级标准	各职级的要求				
				决策层	高层	中层	基层	一线
成就导向	希望工作杰出或超出优秀标准。其标准可以是某个人自己过去的业绩，或一种客观衡量标准，或比其他人做得更好	1	要把工作做好：努力把工作做好或做对。也许有对浪费或低效率的受挫感，却没有带来任何具体改进	●	●	●	●	●
		2	自创杰出衡量标准：采用自己具体衡量结果的方法。专注于某些新的或更确切的方法以达到管理目标	●	●	●	●	●
		3	业绩有改善：对某系统可将个人工作方法做出具体改变以改进业绩（即把某事做得更好、更快、更省、更有效，改善其质量、客户满意度、精神面貌、收益）	●	●	●	●	●
		4	为达到更有难度的目标而努力："有难度"即仅有50%的机会达到目标，有50%的概率可能失败。其努力是超常的，却又不是不实际或不可能的	●	●	●		
		5	做成本-效益分析：在仔细计算投入和产出的基础上做决定，对潜在利润、投资盈利率或成本效益分析做详细明确考虑	●	●			
		6	明知有风险仍一往无前：为提高效益调动最大资源或时间	●				

5.专业胜任力要素的确认

专业胜任力要素指的是各个序列各个层次的不同岗位所需具备的知识、技能。不同序列的岗位对知识、技能的要求是不同的。同一序列的岗位，对知识、技能的要求有共通性，但所处的层级不同，对知识技能的要求也是不同的，一般而言，高层级的要求"精通"，中层级的要求"熟悉"，而初级的只要求"了解"。人力资源管理序列各岗位专业胜任力要素模版，如表7-3所示。

表 7-3　人力资源管理序列各岗位专业胜任力要素模板

岗位专业胜任力要素	门类	要求	各职级的要求				
			资深人力资源管理师	高级人力资源管理师	人力资源管理师	助理人力资源管理师	人力资源管理师
专业知识	人力资源管理的相关知识：人力资源开发与管理、现代企业管理、管理心理学与组织行为学、劳动经济学、人力资源相关法规政策、新能源新材料行业知识	精通	●	●			
		熟悉			●		
		了解				●	●
专业技能	人力资源管理的相关技能：人才规划、招聘管理、培训管理、绩效管理、薪酬管理、员工关系、办公软件与公文写作	精通	●	●			
		熟悉			●		
		了解				●	●

（二）胜任力管理制度体系的制定

打造了一个胜任力标准体系之后，就可以在这个基础上制定一个胜任力管理制度体系，某能源材料公司主要做了以下几个模块：一是基于胜任力的人才选用管理办法，二是基于胜任力的人才培养管理办法，三是基于胜任力的绩效管理办法，四是基于胜任力的薪酬管理办法，在标准体系基础上形成了一个新的制度体系。

在"基于胜任力的人才培养管理办法"中，该公司强调两点：一是深度开发，不仅注重知识、技能的培训，更注重员工潜能的开发，包括职业兴趣的提升、自信心的增强、优势才干的发掘、工作动机的激发。二是职业发展，包括专业技术人员、技能人员的职称评定和管理人员的资格认证。

1. 深度开发：知识、技能培训，职业兴趣、自信心、优势才干、工作动机开发

人才培训开发模式，如表 7-4 所示。

表7-4　人才培训开发模式

培训、开发内容	培训、开发方式	培训、开发主体
知识	除组织参加短期知识培训外，可选送有潜能员工参加学历教育： ①高绩效、高胜任力的班子成员：报读 EMBA ②高绩效、高胜任力的中层管理人员：报读 MBA ③高绩效、高胜任力的专业技术人员：报读工程硕士等	外部讲师
技能	①组织内部技能培训 ②组织员工参加外部技能培训	内部讲师 外部讲师
社会角色（职业兴趣）	①对应聘对象进行职业倾向测试 ②对职业倾向与所任工作不一致的，或调整工作，或调整心态	测试专业人员 内部管理者 （导师、教练）
自我形象（自信心）	①对应聘对象进行自信心测试 ②强化员工激励，多表扬、少批评	测试专业人员 内部管理者 （导师、教练）
人格特质（优势才干）	①对应聘对象的人格特质进行测试 ②组织员工学习《批判性思维工具》等著作，或开设"优化思维方式"专题讲座	测试专业人员 内部管理者 （导师、教练）
动机需要（价值取向）	①对应聘者的动机类型进行测试 ②对动机类型与所任工作的要求不相符的加以引导	测试专业人员 内部管理者 （导师、教练）

2. 职称评定

（1）职称申报条件。新入职的工作人员，按招聘时所确定的岗位认定其专业技术职务或技能职务。试用期满后，在公司组织职称评定时，可申请参加职称评定（公司一般每年组织一次职称评定）。

（2）评定标准。职称评定标准的基本框架为"胜任力标准＋专业经验标准＋专业成果标准"。

（3）胜任力标准。以该岗位的胜任力标准为评定标准，包括公司核心胜任力要素、序列通用胜任力要素和岗位专业胜任力要素。其中，岗位专业胜任力要素包括专业知识、专业技能（公司对各个岗位确定相应的知识、技能门类及掌握的程度）。

（4）专业经验标准。专业技术人员的专业经验标准和技能人员的专业经验标准如表7-5、表7-6所示。工作成果及工作表现特别突出的，可不受专业经验标准的限制。

表7-5　专业技术人员的专业经验标准

职级	标准
资深××师级	评定高级工程师级满3年
高级××师级	博士毕业从事专业工作满1年，评定工程师级满3年
××师级	硕士毕业从事专业工作满1年，评定助理工程师级满3年
助理××师级	本科毕业从事专业工作满1年，评定技术员级满2年
××员级	大专毕业从事专业工作满1年，高、中专毕业从事专业工作满3年

表7-6　技能人员的专业经验标准

职级	标准
资深××工级	评定高级工满3年
高级××工级	本科毕业从事专业工作满1年，评定中级工满3年
中级××工级	大专毕业从事专业工作满1年，评定初级工满3年
初级××工级	高中、中专毕业从事专业工作满1年

（5）专业成果标准。包括绩效考核成绩、实际工作成果和理论成果。绩效考核成绩要求近两年绩效考核等级在B以上；实际工作成果要求主持或参与的科研项目或策划方案获得成功，并达到相应级别的标准；理论成果要求申报研发序列的高级职称的申请人，需作为发明人获得专利或软件著作权至少1项，或在专业的核心期刊发表论文至少1篇（特殊情况经公司领导批准，可免交理论成果）。申报其他职称的，可不要求理论成果。

（6）评定程序。申请人填写职称评定申报表；申请人所在部门的负责人在其申报表中填写评价意见；人力资源管理部门审核申报表，认定其是否具备相应的专业经验；人力资源管理部门和专业部门共同组织专业知识、专业技能方面的考试；由专业评审小组对申请人进行评审，评审内容包括核心胜任力要素、通用胜任力要素和专业成果（评审前申报人以述职的方式进行自我评价）；由公司领导对评审结果进行审核。

（7）评审机构。设立专业评审小组和人才战略委员会。设立5个专业评审小组，具体分为管理类、技术类、专业类、营销类、技能类；评审小组成员由内、外部专家2~3人、申请人所在部门负责人、公司分管领导和人力资源管理部门专业人员组成。专业评审小组成员名单由人力资源管理部门提出，报公司领导批准。成立人才战略委员会，由公司董事长、总经理、副总经理、总经理助理、总监、副总监组成。

（8）评定结果应用。评定结果达标的，可评定相应的职称，并享受相应的薪酬待遇。

3. 资格认证

（1）任职资格申报条件。新入职的管理人员，按招聘时所确定的岗位认定其管理职务，试用期满后，经考核合格，可确认其具备相应级别的任职资格。公司一般每年组织一次管理人员任职资格认证，具备条件的管理人员及其他员工均可依据认证办法的有关规定，申请参加管理人员任职资格认证。一般情况下，获得一定级别的任职资格方可参加相应级别的岗位竞聘或提升相应级别的职务；未获得一定级别的任职资格的，不得参加相应级别的岗位竞聘或提升相应级别的职务。特殊情况须经人才战略委员会特批。

（2）任职资格等级的划分。管理人员任职资格分为五个等级（一、二、三、四、五级资格），如表7-7所示。

表7-7 管理人员任职资格等级划分

资格等级	要求
管理一级任职资格	胜任力标准、管理经验标准、管理成果标准均达到一级水平
管理二级任职资格	胜任力标准、管理经验标准、管理成果标准均达到二级水平
管理三级任职资格	胜任力标准、管理经验标准、管理成果标准均达到三级水平
管理四级任职资格	胜任力标准、管理经验标准、管理成果标准均达到四级水平
管理五级任职资格	胜任力标准、管理经验标准、管理成果标准均达到五级水平

（3）任职资格与管理职务的对应关系。五级资格与五级职务对应。其对应关系，如表7-8所示。

表7-8　任职资格与管理职务的对应关系

资格等级	管理职务
管理一级任职资格	决策层管理人员（董事长、总经理、副总经理、总经理助理）
管理二级任职资格	高层管理人员（总监、副总监）
管理三级任职资格	中层管理人员（部门经理、副经理）
管理四级任职资格	基层管理人员（主管、项目经理）
管理五级任职资格	一线管理人员（班长、组长）

（4）管理人员任职资格标准。管理人员任职资格标准的基本框架为："胜任力标准＋管理经验标准＋管理成果标准"。

（5）胜任力标准。指管理岗位的胜任力标准，包括核心胜任力要素、通用胜任力要素和专业胜任力要素。

（6）管理经验标准。指申报者须具备的学历、资历条件。工作成果及工作表现特别突出的，可不受管理经验标准的限制。管理经验标准，如表7-9所示。

表7-9　管理经验标准

资格等级	标准
管理一级任职资格	获管理二级任职资格满3年
管理二级任职资格	获管理三级任职资格满3年
管理三级任职资格	博士毕业从事管理工作满1年，获管理四级任职资格满3年
管理四级任职资格	硕士毕业工作满1年，获管理五级任职资格满3年
管理五级任职资格	本科毕业工作满1年，大专毕业工作满3年，中专（高中）毕业工作满5年

（7）管理成果标准。指主导或参与管理创新或管理变革取得的成果。管理成果标准，如表7-10所示。

表7-10　管理成果标准

资格等级	标准
管理一级任职资格	近两年绩效考核等级在B以上
	主持公司某领域的管理变革项目或参与公司全局性的变革项目（至少1项），并获得成功

续表

资格等级	标准
管理二级任职资格	近两年绩效考核等级在 B 以上
	主持公司某部门的管理变革项目或参与公司某领域的变革项目（至少 1 项），并获得成功
管理三级任职资格	近两年绩效考核等级在 B 以上
	主持部门内某一模块的管理变革项目或参与公司某部门的管理变革项目（至少 1 项），并获得成功
管理四级任职资格	近两年绩效考核等级在 B 以上
	对公司或部门的管理变革提出合理化建议（至少一项），并获得采纳
管理五级任职资格	近两年绩效考核等级在 B 以上
	对部门或部门内的某一模块的管理变革提出合理化建议（至少一项），并获得采纳

（8）管理人员任职资格认证程序。申请人填写管理人员资格认证申报表；申请人的直接上级领导在其申报表中填写评价意见；人力资源管理部门审核申报表，认定其是否具备相应的管理经验；人力资源管理部门组织管理类知识、技能（公司管理理念、管理制度、管理办法等）考试；由专门评审小组对申请人进行评审，评审内容包括核心胜任力要素、通用胜任力要素和管理成果（评审前申报人以述职的方式进行自我评价）；由人才战略委员会对评审结果进行审核。

（9）评审机构。设立专门评审小组和人才战略委员会。设立 1 个专门评审小组，评审小组成员由内、外部专家 2~3 人、申请人的上级领导（包括直接领导和间接领导）和人力资源管理部门负责人组成。专门评审小组成员名单由人力资源管理部门提出，报人才战略委员会批准。专门评审小组负责对申请人的核心胜任力要素和序列通用胜任力要素进行评分，并对申请人的各项考核结果进行综合评价，提出各位申请人是否达标的评价意见。人才战略委员会负责对专门评审小组的评审结果进行审核，并提出审核意见。

（10）任职资格认证结果的应用。认证结果达标的（考评结果 80 分及以上），可作为相应级别管理岗位的储备人员，纳入该岗位的继任者计划，并获得更多的培训机会；认证结果达标的，可参与相应级别管理岗位的竞聘。受聘担任相应级别管理岗位的，可享受该岗位的薪酬待遇；未受聘担任相应级别管理岗位的，薪酬可获得适当提升。

某能源材料公司的胜任力管理项目被省人才管理与开发研究会评选为"2017华南地区最佳人才管理创新获奖案例"。以下为评选机构对某能源材料公司的胜任力管理案例的评语："目标明确，构建规范，资料翔实，方法恰当，成果正确，应用效果显著，对同类高新技术企业实施胜任力管理具有较好的参考借鉴意义。"

三、创新能力提升

前面提到，随着时代和环境的变化，员工不但需要提升胜任力，更需要提升创新能力。在创新方面，我们有必要向犹太人学习，向中津人学习。

犹太人的创新

以色列是世界公认的一个创新的国家。这个国家很小，在地球仪上几乎找不到（用放大镜才看得清楚），面积只有2.5万平方公里，人口868万人。就是这么一个小国家，拿走了20%的诺贝尔奖。这个国家几乎没有任何自然资源，但却凭借先进的技术，设立了全世界最大的钻石交易中心，出品了比雅诗兰黛还好的护肤品，在沙漠里种出了优质的水果，且在历次的中东战争中都打败了对手。以色列人总结他们的创新秘诀，就在于"读书"和"思考"。

这个民族是个多灾多难的民族，《出埃及记》记载的是为逃避埃及人的统治和迫害，在摩西的带领下，渡过红海，回到了迦南这个地方。

"二战"期间，欧洲的犹太人被大屠杀，死去了600万人，以色列的大屠杀纪念馆记录了这一历史事实。正是由于很多犹太人一生处于流离失所中，因而父母从小就会问儿女一个问题：一个人在失去所有财产的情况下，如何才能够生存下去？答案就是：在自己的大脑中，必须储存有先进的知识和技术。因此，他们从小就养成了读书和思考的习惯。按人口的比例计算，以色列图书馆的数量全世界第一。

以色列人的思考主要包括两个部分：一是怀疑，二是答案。对任何事物，他们都会运用批判性思维方式，提出很多质疑性的问题，然后，针对这些问题，运用创造性思维方式去寻找答案。马克思（提出"科学共产主义"）、爱因斯坦（提出"光子假设"，解释光电效应，创造相对论，获诺贝尔物理奖）、都是犹太人，都是批判性思维和创造性思维的典范。中国人恰恰在批判性思维和创造性思维方面比较弱。

牛津人的创新

牛津培养出20多位总统，众多的诺贝尔奖获得者。冈田昭人提到，牛津人认为"可能性"这种东西"一直都在自己随手可得之处"，一点也不难，只要具备有"加点功夫的勇气"就行了。他以日本的"马铃薯炖肉"为例加以说明。明治时代，海军大将军东乡平八郎，有一次因为非常想念留学英国时吃到的炖牛肉滋味，所以命令部下煮来当作军舰上的伙食。完全不知道有"炖牛肉"这种东西的料理长，以酱油、砂糖代替英国式调味料，千辛万苦做出"马铃薯炖肉"这道菜。据说从那以后，这道菜被当作洋食的主食，也成为有效带动吃牛肉风气的"创新料理"，海军内部赞不绝口。

牛津人认为，"烦恼""思考""喜悦"，都是生命中不可或缺的。创新过程也是这样一个过程。

牛津人还认为，创新与开放密切相关。心灵开放，接触吸收更多的新事物，才能激发创新的灵感。冈田昭人在《牛津给我的100个灵魂信息》一书中提到："我在牛津学到，要让心之剧场随时开放演出，就像舞台剧一样，我们在人生中会与各式各样的人相遇，到各个陌生国家旅行，等等，积累无数的经验，制造难忘的回忆，因而磨炼出自己的知觉与感性。"

"牛津女孩"Cecilia被称为"一个比你漂亮比你勤奋的学霸"，她经过七场面试进入牛津的地理专业，有一场面试回答了十分钟后被要求停下，重新以一位地理家的角度来回答面对的问题。她学习的是地理专业，却报名参加了"牛津辩论社"关于"科技帝国的发展给人类带来的影响"这个论题的辩论，其视频被放上网络后，产生了极大的影响，被称为"牛津女孩"，后被选为牛津辩论社的常委（世界华人第一位）。她在被采访时深有感触地说："一个黄色人种在白人的世界里要获得应有的尊重，需比白人付出300%甚至10倍以上的努力。"

专利审查官心目中的创新

冈田昭人在《牛津给我的100个灵魂信息》中提到，苏联时期专利审查官根里奇·阿奇舒勒在审查各式各样的专利申请案的时候想出的"TRIZ"思考法。他认为，运用这种思考法，不管是东西、时间还是空间，在各式各样的东西上稍微附加一些调整，就会出现异于以往的看法，或是产生新的发现。这套思考法共有40项运用法则，如"分割原则"（如把火车分为多节车厢，可配合时刻表改变车厢数），"组合原则"（如把铅笔与橡皮擦合为一体，成为附橡皮擦的铅笔）。

案例三：某汽车配件公司研发人员的创新能力提升

某汽车配件公司在研发人员创新能力提升方面做了三件事：一是制订实施《蓝色驱动计划》，二是优化研发人员《职称评定办法》，三是制定《项目等级评定管理规定》。

（一）《蓝色驱动计划》的制订

《蓝色驱动计划》的提出，受到马云一段话的启示。马云说过："任何团队的核心骨干，都必须学会在没有鼓励、没有认可、没有帮助、没有理解、没有宽容、没有退路，只有压力的情况下，一起和团队获得胜利。成功，只有一个定义，就是对结果负责。如果你靠别人的鼓励才能发光，你最多算个灯泡。我们必须成为驱动，去影响其他人发光，你自然就是核心！"蓝色驱动计划及方案的制订与实施，就是为了挑选、培养和激励驱动人才，以蓝色人才驱动黄色人才，以黄色人才驱动红色人才，再以红色人才驱动其他人才。蓝色人才是核心人才，是驱动计划的基点，因而本计划称为《蓝色驱动计划》。

某汽车配件公司将驱动人才划分为三个层级：蓝色人才——精品人才，黄色人才——精英人才，红色人才——精干人才。

1. 驱动人才的认定标准

公司建立了三个层级驱动人才的标准，如图7-2所示。其中，蓝色人才认定标准，如表7-11所示。

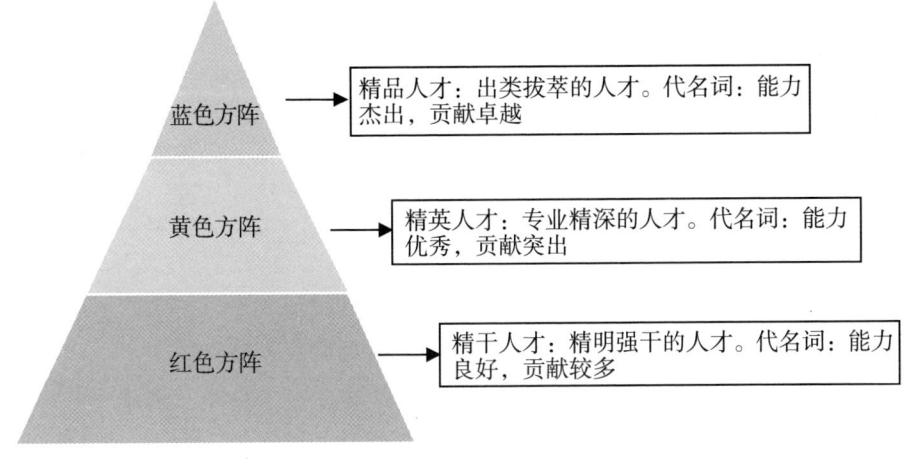

蓝色方阵 → 精品人才：出类拔萃的人才。代名词：能力杰出，贡献卓越

黄色方阵 → 精英人才：专业精深的人才。代名词：能力优秀，贡献突出

红色方阵 → 精干人才：精明强干的人才。代名词：能力良好，贡献较多

图7-2　三个层级驱动人才的标准

表7-11　蓝色人才（精品人才）认定标准

认定条件		认定标准
品德条件（审查）	1	没有违反国家法律的行为和记录
	2	没有违反公司规章制度的行为和记录
	3	没有违反公司价值观的行为和记录，通过公司核心价值观测评为"合格"
能力条件（审核）	1	公司人才战略委员会认定为高级职称1年以上，或获得本岗位相关的政府颁发的高级职称证书，或被认定为市、区高级人才，或担任公司技术部门总监职务1年以上，或者担任公司技术部门经理职务2年以上

续表

认定条件		认定标准
贡献条件（评分）	1	员工工龄：入职我司满1年（含）以上的员工，根据工龄大小进行积分，最高分不超过12分
	2	人才培养：所带学员当年得到职级晋升，根据晋升的职级进行积分；所带的学员当年未能晋级，按完成的培养项目计分。最高不超过36分
	3	工作业绩：根据负责的项目或参与的项目进行积分。当年完成的项目，按项目的等级积分；当年未能完成的项目，按项目的等级及进度计分。最高不超过52分

上述认定标准中，特别注重的是贡献条件，而贡献条件注重的是"人才培养"和"工作业绩"，工作业绩中最看重的是研发项目的"项目数量"和"项目等级"；而能否获得高分，进入高级别的人才方阵，就靠创新能力提升。

2. 驱动人才的激励

公司制订了各层级人才的补贴标准，以资激励。蓝色人才的补贴标准，如表7-12所示。

表7-12 蓝色人才补贴标准

驱动人才	人才津贴	人才福利	备注
蓝色精品人才	5万元/年	①一次旅行5000元（年假） ②节日家属慰问3000元礼品等 ③每年2次与公司高层聚餐与交流 ④价值2000元的重大疾病商业保险1份	人才津贴和人才福利的享有与年度考核相关，具体规则详见《蓝色驱动俱乐部管理规定》

（二）《职称评定办法》的优化

为推动研发人才提升创新能力，该公司对原有的职称评定办法进行优化。主要体现在两个方面：一是专业经验标准，二是专业成果标准。前者相对从宽，后者相对从严。

1. 优化后的专业经验标准

优化后的专业经验标准，如表7-13所示。

表 7-13　专业经验标准

级别	职称	专业经验标准（报名的必要条件）
5级	资深工程师	①入职我司满2年 ②博士学历从事专业工作满4年，或在我司评定高级工程师满3年
4级	高级工程师	①入职我司满1年 ②博士学历从事专业工作满1年，或硕士学历从事专业工作满4年，或在我司评定中级工程师满2年
3级	中级工程师	①入职我司满6个月 ②硕士学历从事专业工作满1年，或本科学历从事专业工作满4年，或大专学历从事专业工作满6年，或在我司评定助理工程师满2年
2级	助理工程师	①入职我司满6个月 ②本科学历从事专业工作满1年，或大专学历从事专业工作满3年，或在我司评定技术员满2年
1级	技术员	①入职我司满6个月 ②大专学历从事专业工作满1年，或中专/高中学历从事专业工作满3年

2. 优化后的专业成果标准

技术人员的工作成果有数量上的要求和质量上的要求，数量上的要求是指能反映专业能力和实际贡献的相关项目的数量，质量上的要求是指主要项目达到的"项目等级"。项目等级的评定参照公司制定的《项目等级评定管理规定》。不同类别的技术人员，专业成果标准不一样，以下是研究院、技术中心、动力总成部研发人员的专业成果标准，如表7-14所示。

表 7-14　研究院、技术中心、动力总成部研发人员专业成果标准

级别	职称	绩效等级	经验案例	设计规范/制度的负责人	共用模块（CBB）的负责人	PLM项目立项的专业负责人	发明专利或论文
5级	资深工程师	B或以上	3（A）	2	2（A）	1（A）	2
4级	高级工程师	B或以上	3（A）	1	1（A）	1（A）	1
3级	中级工程师	B或以上	2（B）	1	1（B）	0	0
2级	助理工程师	B或以上	1（B）	0	0	0	0
1级	技术员	B或以上	0	0	0	0	0

续表

级别	职称	绩效等级	经验案例	设计规范/制度的负责人	共用模块（CBB）的负责人	PLM项目立项的专业负责人	发明专利或论文

①经验案例：以OA提交的为准，评价为B或以上，质量标准参照《项目等级评定管理规定》
②设计规范/制度负责人：起草的对应规范和制度经过审核后在OA公开发布或归档
③共用模块（CBB）的负责人：经过评审后在PLM归档，质量标准参照《项目等级评定管理规定》
④PLM项目立项的专业负责人：在PLM立项，且负责的专业工作超过该项专业工作的50%，质量标准参照《项目等级评定管理规定》
⑤发明专利或论文：发明专利已经专利局审批或者论文已被专业核心刊物采用
备注：以上5个专业成果标准的数量是指从上一次升级到本级时段间累计输出的数量，晋级后数据自动清零，不叠加

上述可见，专业成果最看重的是研发项目的数量和质量，其目的在于激发研发人员的创新能力。

3. 评审结果与应用

由公司人才战略委员会对评定结果进行审核和决议，职称评定结果分为"通过"与"未通过"。其中技术员、助理工程师80分为通过，中级工程师85分为通过，高级、资深工程师90分为通过。评审结果可应用于颁发证书、聘任职务和薪酬调整等方面。

（三）《项目等级评定管理规定》的制订

制定规定的目的在于明确"项目等级"的评定标准和评定办法，研发人员主导或参与的研发项目的项目等级，将作为项目人员职称评定、工资定级、进行奖励的依据。实际上，它也是《蓝色驱动计划》和《职称评定办法》的一个配套文件。

1. 项目等级评定标准

项目等级评定标准的依据是已获公司批准的或各个部门批准的项目任务书、计划书。项目等级评定标准的要素包括：市场价值或内部收益，项目的技术先进水平，技术方案实现的难易程度，项目的功能及性能水平，

计划的合理性（包括成本和进度）。根据技术体系的项目开发现状，项目等级分为四级，即一级项目、二级项目、三级项目、四级项目。项目等级评定标准，如表7-15所示。

表7-15 项目等级评定标准表

评定要素	评定标准			
	A（9~10分）	B（7~8分）	C（5~6分）	D（3~4分）
市场价值或内部收益（产品项目评价潜在订单和利润预测，非产品项目评价内部收益）	①潜在订单：订单数量＞1万套 ②利润≥1000万元 ③内部收益：重大收益：公司管理产生重大、革命性的改善，极大地提升了运营效率	①潜在订单：5000套＞订单数量≥2000套 ②利润≥500万元 ③内部收益：较大收益：对所在中心产生较大收益，提升了部门工作效率	①潜在订单：2000套＞订单数量≥1000套 ②利润＞200万元 ③内部收益：一般收益：对所在二级部门产生较大收益，提升了工作效率	①潜在订单：订单数量＜1000套 ②利润≤100万元 ③内部收益：普通改善：改善了具体工作的弊端，提升了个人及团队工作效率
技术先进水平	①国内领先，高于同行业 ②国内尚无该类产品	①国内先进，不低于同行业 ②国内已有类似产品	与现有产品的技术相近	与同行业持平
技术方案实现难易度	①电机：全新结构开模(含铁芯)，难度系数为5 ②控制器：全新平台，难度系数为10	①电机：机座与端盖同时、铁芯、开模≥3个，难度系数为3 ②控制器：新平台系列化非首款，难度系数为3	①电机：局部新开模，难度系数为2 ②控制器：成熟平台产品系列化，难度系数为2.5	①电机：其他小改，难度系数为1 ②控制器：标准产品，难度系数为1
功能及性能水平	①填补国内空白 ②功能独特，性能可靠	①升级换代产品 ②优于同行业同类产品	①改进性产品 ②完善功能，优化性能，降低成本	概念性课题
计划的合理性	科学、准确、合理	比较准确、合理	比较准确、合理	人力成本与计划进度合理，但未考虑市场时机

2. 项目等级评定的办法

项目等级评定采取评分制，项目等级评定标准要素分为五项，每项设四档评分标准，如表7-16所示。

表7-16 项目等级四档评分标准

档次	A	B	C	D
分数	9~10分	7~8分	5~6分	3~4分

项目等级评定委员会（PAC）在组织项目等级评审时，各评委依据项目等级评定标准表中的描述为项目各要素打分，将各要素的得分值相加，得出该项目的总评分，再根据项目等级分值表的规定，确定该项目的等级，如表7-17所示。

表7-17 项目等级分值表

项目等级	一级项目	二级项目	三级项目	四级项目
总评分	41~50分	31~40分	21~30分	15~20分

上述评定标准，强调的是项目的市场价值和技术先进性，导向在于激发员工创新能力的提升。

第三节 人才激励：从物质、精神奖励到"授权赋能""激活个体"

传统的激励方式，多为"葫萝卜加大棒"，即是说，假如你能够超额完成指标，你就可以得到加工资、提职务、发奖章等物质精神奖励，假如你不能完成指标，则可能得到扣工资、降职务的处罚，奖章就别提了。新的激励方式，注重的是营造环境，激活个体。个体价值崛起后，员工虽然也希望有"胡萝卜"，但更希望的是平台、开放、自主、幸福感等。本要点着重阐述的是传统的人才激励方式、新型的人才激励方式、人才激励的创新理论。

一、传统的人才激励方式

在企业中,传统的激励方式是物质激励和精神激励,如工资、奖金、股权、车子、房子等都属于物质激励;而奖状、奖章、奖牌等则属于精神激励。职务晋升则既有精神激励的作用,又有物质激励的作用。以下两个案例基本上用的都是传统的激励方式。

案例四:某投资控股集团的激励方式——三力系统

"三力系统"是某投资控股集团公司20多年改革和发展过程中经验的总结、优化和提升,对于推动企业又好又快发展具有重要而深远的意义。实践证明,"三力系统"是一套具有实用价值和通用价值的人力资源管理创新系统,值得我们认真总结和推广。

"三力系统"提出的背景:某投资控股集团是新中国第一家股份制企业。集团成立于1983年7月,于1991年6月上市。集团发展的定位为:建设一个以高新技术产业、房地产业和生物医药业为主的投资控股集团。自2006年以来,先后制定了《集团战略纲要》和《集团宪章》,提出了2007—2020年的发展目标及经营策略。集团的发展规划分三步走:第一步,到2010年,净资产达到20亿元以上,总资产50亿元以上,营业收入40亿元以上,净利润3亿元以上,股票市值100亿元以上;第二步,到2015年,净资产达到50亿元以上,总资产100亿元以上,营业收入100亿元以上,净利润6亿元以上,股票市值150亿元以上;第三步,到2020年,净资产达到100亿元以上,总资产200亿元以上,营业收入200亿元以上,净利润10亿元以上,股票市值300亿元以上。这就意味着在往后的十多年间,每年平均递增要达到20%以上。也就是说,在往后的日子里必须做到又好又快地发展,才能实现集团的战略目标。

靠什么力量才能推动一个企业实现又好又快发展呢?这就是他们必须考虑和解决的问题。正是在这样的背景下,为了使企业的整个管理体系,特别是人力资源的管理体系能够适应企业战略发展的要求，集团董事局主席提出了建立"三力系统"的构想。

（一）"三力系统"的基本思路

"三力系统"的核心思想为：一个经济组织要实现又好又快发展的战略目标，必须有压力、动力、活力三种力量的推动。其中，压力来源于目标，动力来源于激励，活力来源于竞争。因此，要相应建立可操作的目标管理系统、激励系统以及具有竞争性的选拔和退出系统。他们把上述三个系统简括为压力系统、动力系统、活力系统，简称为"三力系统"。

（二）"三力系统"的主要内容

"三力系统"的主要内容分为三个部分：第一部分为压力系统，第二部分为动力系统，第三部分为活力系统。

1. 压力系统

压力系统指的是通过推广目标管理模式，为集团及所属单位设定高标准、严要求的业绩指标，并层层分解到基层业务单位和每位员工身上，把组织的压力转化为每个人的压力，做到"千斤重担人人挑，人人头上有指标"，从而促进员工能力的提升和企业经营业绩的提升。他们的目标管理体现了"指标从高、任务从难、压力从大、时间从紧、跟踪从实、考核从严"的原则。

压力系统操作方案的制订既借鉴了彼得·德鲁克的"目标管理"思想，也总结了他们自己的实践经验。彼得·德鲁克在《管理的实践》一书中，首先提出了"目标管理"的主张。他认为，企业的目的和任务必须化为目标，企业的各级主管必须通过这些目标对下级进行领导，以此来实现企业总的经营目标。

就他们自身的实践经验而言，早在 2002 年，集团就对所属单位采用了目标管理的方法，后来又引进了业务管理的"4R 模式"，强调了过程的跟踪。在设计压力系统的运作模式时，他们又把目标管理提高到一个新的水平，在设定下属单位的目标之前，首先设定集团的战略目标和年度总目标，再层层分解到部门、所属企业及每位员工。

该集团目标管理系统的内容可以概括为"两个层面"和"三个阶段"。

"两个层面"指的是集团总部和所属企业两个层面,即总部有总部的目标管理模式,所属企业有所属企业的目标管理模式。总部目标管理的负责人为集团总裁,牵头部门为绩效管理部。其主要功能包括:设定集团战略目标及年度总目标;通过对集团总目标的分解和上下协调,确定所属单位经营目标;对各单位目标完成情况进行核实、验收和评定;核定各单位的业绩年薪和年终奖金等。所属企业目标管理的负责人为董事长、总经理,牵头部门为办公室(行政部)。其主要功能为:对集团下达的经营目标进行分解,与公司各部门、各基层业务单位签订年度经营目标责任书;对所属单位和个人进行考核,并依据考核结果实施奖励和处罚。

"三个阶段"指的是,无论是总部的目标管理模式,还是所属公司的目标管理模式,均分为三个阶段进行:

第一阶段为目标设定。目标的设定,包括集团总目标的设定、总部各部门目标的设定、所属各二级企业目标的设定及员工个人目标的设定四个层面。目标的设定是整个目标管理系统的基础及关键所在,其设定是否科学合理,关系到系统运作的成败。在目标设定过程中,要注意处理好几个问题:一是总目标与分目标的关系,二是目标的挑战性与可达性的关系,三是业绩目标与行动计划的关系。

第二阶段为目标的跟踪。在目标跟踪过程中,须重点关注如下几个问题:一是目标跟踪的原则,包括确保目标原则、及时性原则、快速行动原则、突出重点的原则。二是目标跟踪的基本方法,包括定期填报目标跟踪单,定期、不定期地召开质询会,汇总、上报改进行动报告。三是目标跟踪的工具,包括员工工作目标跟踪单、质询会议程表、工作改进行动报告。

第三阶段是目标的考核。在目标考核的过程中,须注意以下几个问题:一是考核的目的。就员工业绩考核而言,考核的目的不仅在于评定一个分数,从而确定薪酬、奖金,更重要的在于通过考核、分析和评估,帮助员工提升其业务能力和综合素质。因为正如美国管理学者弗雷德·鲁森斯在其所著的《组织行为学》一书中谈到如何实现高绩效管理时指出的那样,"评估是诊断性的而不只是估价性的。这意味着下属的管理者应该去衡量为什么目标被实现或者未能实现,而不是失败了就给予惩罚,成功了就给予奖励而已"。二是考核结果的反馈。沟通内容首先是围绕对工作的评价交换意见;其次是探讨为什么有些目标实现而有些目标未能实现的原因;在此基础上,明确今后努力的方向,商讨制定下一年度的业绩目标。

2. 动力系统

动力系统指的是通过建立一套有效的激励系统,充分调动每个员工的积极性和创造性,以实现把企业做强做大的目标。动力系统的制订,是对他们原有的一些激励手段的整合,也吸收了国内外的一些新的激励方法和手段。其中对"共享体系"的设计,就吸收了罗默的全要素分配理论。罗默的增值要素分为劳动、资本、技术、知识等。该理论强调根据各生产要素在不同历史时期或同一时期的不同发展阶段的价值增值过程中的作用大小,决定其剩余索取权的大小,并进行相应的剩余分配。动力系统的基本内容包括三个方面、十个体系。三个方面为物质激励、精神激励与工作激励。十个体系为薪酬体系、共享体系、福利体系、奖罚体系、荣誉体系、关怀体系、晋升体系、认可体系、培训体系和其他激励。

物质激励方面的重点为薪酬体系与共享体系。

在薪酬体系方面,分为集团总部的薪酬体系和所属公司的薪酬体系。总部的薪酬体系包括两部分:一部分为经营者薪酬制度。其薪酬结构为"基本年薪+业绩年薪+股票(期权)"。另一部分为员工薪酬制度。其薪酬结构为"岗位工资+业绩工资+部门效益奖金"。在实施上述薪酬体系时,将各部门的综合考核分数作为调节系数。所属公司的薪酬体系也包括两部分:一部分为经营者薪酬制度,其结构为"基本年薪+业绩年薪+红股"。红股享有分红权,无所有权。经营者获得红股,可参加企业当年的利润分红。另一部分为员工薪酬制度,其结构和总部的员工相同。

在共享体系方面,明确提出:共享制激励是对企业经营者与业务骨干的一种长效激励方式。如果让企业经营者与业务骨干直接参与对企业经营成果的分配，对其在财富创造中的价值给予肯定与回报，能够有效地增强他们对企业的忠诚度，调动他们工作的积极性和主动性，使经营者更好地为企业长远发展做出贡献。共享制激励的对象为企业的高中层管理人员、技术骨干、业务骨干。

共享制的实现方式包括：企业利润共享、企业股权共享、企业价值共享与目标共享。企业利润共享，主要通过利润分成和红股两种方式实现；企业股权共享，主要通过经营者直接购股、核心技术入股、增量奖股、合伙入股四种方式实现；企业价值共享，主要通过股份、期权的方式实现；目标共享，主要通过设定目标的方式实现。

精神激励方面的重点为荣誉体系。荣誉体系包括评选表彰先进集体、先进个人，树立先进典型，等等。根据集团的价值观，公司设定的先进典型分为创造财富、艰苦创业、锐意创新、敬业负责、客户服务、市场开发、产品开发、成本控制、合作进取、学习成长、培养人才等十几类。先进与先进典型有联系，也有区别。先进典型是先进中的先进，是员工学习的榜样。先进典型并不是十全十美的，而是在某一方面有突出的表现。先进典型的成长，需要企业不断地发掘、栽培、浇灌、宣传和呵护。

此外，还设置了集团勋章和长期服务奖章等精神奖励。集团勋章的评选是集团对员工个人的最高级别的奖励，用以表彰在各个方面为集团做出卓越贡献的个人。长期服务奖章分为五年服务奖（发给铜质徽章一枚）、十年服务奖（发给银质徽章一枚）、十五年服务奖（发给黄金质徽章一枚）、二十年服务奖（发给白金质徽章一枚）、二十五年服务奖（发给钻石徽章一枚）。

工作激励方面的重点为晋升体系和认可体系。

晋升体系中规定了经理人的晋升办法，明确了晋升的原则、条件及通道。晋升的原则为：集团鼓励支持经理人快速成长，并使出类拔萃、成绩突出和有重大贡献的人得到提拔或破格提拔。晋升的条件为：经过"三项评估"，价值观评价和能力评价均在80分以上，业绩评价连续两年为A者(排位在前面的 20% 为 A 类），或连续两年业绩考核分数都在前三名的可优先考虑晋升。晋升的通道包括：在原所在企业晋升到高一级职务，到集团同类别的其他企业担任高一级职务，到集团高一类别的企业担任同级的职务，在集团内部其他单位担任高一级职务。

认可体系，包括一分钟表扬、适当授权、参与管理、集思会、合理化建议等。一分钟表扬的关键，在于能够用一种欣赏的眼光去发现每一位员工身上闪亮的地方。适当授权，既给自己机会，也给下属机会；自己可腾出时间办更大的事，而下属则有了施展拳脚的机会。所谓集思会，就是借鉴国外企业管理中流行的"头脑风暴"，组织公司高层管理团队成员、中层业务骨干和部分优秀员工参加，请他们为集团或公司的发展出谋献策，对公司各个部门和生产经营环节的管理和运营中存在的问题，毫无保留地提出自己的改进意见或建议。

3. 活力系统

指的是在人才选拔和人员退出的过程中建立竞争机制，坚持"凭能力吃饭，靠业绩晋升"的原则，做到"能者上、庸者下、平者让"，"用新、励旧、去庸"的政策，把合适的人、有能力的人推举到合适的岗位上，让他们在岗位上施展才华，推动公司利润的增长。同时要把那些能力差、不适应企业发展的人清退出企业，从而增强整个公司的活力。

活力系统的建立，总结了集团的人力资源管理改革的实践经验。过去集团总部和所属企业曾多次试行过竞聘上岗，但尚未形成一套完整、规范的选拔办法和退出机制。活力系统的设计，在总结原有做法的基础上，对过去的管理办法进行了改进和优化。在改进和优化的过程中，学习、参考了戴维·麦克莱兰的"资质理论"和杰克·韦尔奇的"活力曲线分布理论"。戴维·麦克莱兰提出，"资质"指的是"能区分在特定的岗位和组织环境中绩效水平的个人特征"。换句话说，所谓资质，就是特定的组织环境、特定的工作岗位、特定的绩效标准所要求的个人特征。资质要求不仅包括知识、技能方面的特定要求，也包括态度、个性、价值观等方面的要求。

戴维·麦克莱兰的"资质理论"对于制定人才选拔的标准有重要的指导意义。杰克·韦尔奇认为，在企业里工作的人员来公司的目的、要求、个人的知识、文化背景、受教育程度、所学专业、家庭环境、个人兴趣、自身爱好、性格特征都不一样。大致可分为三种类型：A类为有知识、有技术、有能力、有活力、有悟性、有激情的人。他们大约占总人数的20%。B类为随大流、左右摇摆的人，他们有知识但不够，有技术但不精，有能力但不强，有活力但不足，有悟性但不高，有激情但不持久。他们在公司是大多数，大约占总人数的70%。C类为那些知识不多、技术不强，能力差，态度又不好的人（不善于与人合作，又不愿上进者），大约占总人数的10%。如果用数学模型来表示，一个公司的员工的活力曲线呈正态分布状。因而有人把它称为"人才活力正态分布理论"。通用公司采用科学测评办法，测试出员工的综合素质水平，实行奖励优秀、帮助一般、淘汰后进的人力资源管理政策。这对建立活力系统实施"末位淘汰"同样有着重要的指导意义。

活力系统的内容包括选拔办法和淘汰办法。

选拔办法。选拔办法分为总部经营管理岗位的选拔和所属公司经营管理岗位的选拔。对总部和所属公司的各级岗位的选拔，均明确规定任职资格、选拔标准、选拔的方式及流程。任职资格包括资历、学历、工作年限、入司时间等。重点是资历，一般而言，应聘某一级别的职务，须有担任同级职务或该职位下一级职务的经历。选拔标准包括业绩标准、能力标准和品德标准，分别制订了各级岗位的"业绩指标模型""胜任力模型"和"品德模型"。选拔的方式分为竞聘制、选任制、提名制、组阁制。主要方式为竞聘制。对各种不同的选拔方式规定了不同的流程。在选拔程序中，须特别强调的是做好岗位分析，明确任职者必备的核心胜任力，从而确定干部的素质标准。只有把标准确定好，再通过相应有效的测试方式去测评，才能选拔出合适的人选。

淘汰办法。包括末位淘汰、不合格淘汰和富余淘汰三种。末位淘汰是指集团为激发组织的活力，通过科学的评价手段，对员工进行排序分类，对排名在后面的员工，以一定的比例予以调岗、降薪、降职。末位员工的确定办法是根据绩效考核成绩（考核周期为一年），对同一岗位系列或同一职务层次的员工进行排序，分为A、B、C类，其比例分别为20%、70%、10%。末位淘汰评估委员会对一个考核年度的C类员工进行综合评议，确定最终的末位员工。不合格淘汰是根据集团任职资格管理办法，定期对现有岗位员工进行任职资格审核，对不符合任职资格要求的员工予以调岗、降薪、降职。富余淘汰是指当企业需要精简机构、压缩人员时，通过"选拔""提名""组阁"等方式，选择部分优秀员工留任，而未被选择留任的富余员工自然被清退。在实施淘汰办法的过程中，必须高度重视对被淘汰人员的安置问题。被淘汰经理人的九条出路，包括："往下走"、"往内走"、"往外走"、"自主创业"、"内退"或"离岗退养"、一次性补偿、安排脱产学习，担任集团的调研员、巡视员或助理调研员、助理巡视员，以及等待安排。通过这些措施，使绝大部分退出人员满意。

清华大学教授张德对"三力系统"的激励性给予充分的肯定。他在第三届中国人力资源管理大奖(CEHRA赛拉)颁奖典礼暨峰会上对"三力系统"的现场评点中指出："'三力系统'是一个开拓性很好的做法。'三力系统'是人力资源制度创新的成果。'三力系统'主要的价值，在于体现了人力资源管理的三个特点：战略性、激励性、动态性。它的压力体系通过目标管理，跟企业战略目标的实施挂钩。动力体系有四个部分：一个是薪酬体系，一个是共享体系，一个是精神激励，一个是工作激励。这跟传统的人事管理是不同的。传统的人事大多是铁饭碗，是缺乏激励效应的。活力系统主要是通过竞聘上岗、末位淘汰这个办法，使得企业的人力资源不是一潭死水，扔进了几个石头让它变得有活力，它实施的效果是很不俗的，它的压力体系有效地提升了工作业绩，它的动力体系有效地提升了员工的士气，它的活力体系有效地提升了员工素质。"

张德指出："压力体系、动力体系、活力体系不能分开，这三个应该是相互转换的。它在实施的过程当中必然是转换，比如说压力体系，大多数的员工能把压力变成动力，没有由压力变成动力的转变是做不好的。压力变成动力，会促进活力的产生。动力体系也是一样的，动力体系主要的理念是什么呢？就是多劳多得，奖优罚劣。动力体系也是从压力体系开始的，最后有了动力，大家都焕发了积极性、创造性，才有了活力。所以我觉得活力系统也是一样的，活力系统是竞争机制，每个人都感觉到有竞争的压力。比如说，当处长到时候要竞聘，你干不好别人要替代你，压力很大。有些员工想做中层干部，肯定变成动力了，竞争的压力变成动力那么他肯定工作得更好，由一个普通的工人变成基层干部，而且有了这些以后才能出现活力。在实践过程当中我们要研究什么环节转变得比较好，最终有效地提升业绩。'三力系统'从根本上来讲是缔造了一个企业内部的有效激励机制。有效激励是人力资源管理一个核心的目标。行为学派有一个观点说管理就是激励，早期的人力资源管理最主要的功能，就是怎么样有效激励。压力体系、动力体系和活力体系是有效激励的三个渠道。从这个意义上讲，我觉得它有普遍的意义，对其他的企业有借鉴作用。"

"三力系统"虽然受到清华大学张德教授的充分肯定，但是今天重新审视这个系统，还是可以发现它的不足之处。这一系统注重的是工资、职务、奖章，总的来说还是属于传统的激励方式，在如何授权赋能、激活个体方面，还考虑得不够。

案例五：某能源材料企业的激励方式——满足"三种需要"

某能源材料企业员工激励的基本方式包括三个方面：满足员工生存需要（生理需要和安全需要）的激励方式，满足员工关系需要（归属感需要和尊重需要）的激励方式，满足员工成长需要（能力提升与自我实现需要）的激励方式。

该公司在《员工激励手册》中已提出了"优化管理模式"的问题：一是领导体制由"等级制"变为"多级制"。"等级制"只有最高等级的管理者有自主性，其他等级的管理者基本上都没有自主性。"多级制"则是让各级管理者都有一定的自主性。解决这个问题的关键点在于通过逐级授权，明确各级管理者哪些事项必须上报审批，哪些事项可以自行做主，但必须承担相应责任。在公司本部，可由总经理向各中心总监授权，各中心总监在自己的授权范围内再向下属部门的经理适当授权。对全资或控股的分、子公司，可由本部的总经理向各分、子公司的总经理授权，各分、子公司的总经理在自己的授权范围内再向各部门的负责人适当授权。二是决策方式由"个人化"变为"团队化"。"个人化"指的是经营、用人等决策，基本上是由个人做出决定；而"团队化"指的是经营、用人等比较重要的事项的决策，基本上是由团队做出决定。解决这个问题的关键点在于各个层级的管理者，特别是主要负责人必须增强团队意识，明确哪些事项的决定必须上会。在讨论时，团队成员均是平级，可以各抒己见。团队负责人或会议主持人的主要作用是综合团队成员的各种意见，提出结论性意见，形成会议的决议。会议决议形成之后，相关负责人和相关部门必须坚决执行，任何人都不能随意变更或调整。确须做出变更或调整时，须重新上会或通过适当方式征询团队成员的意见。

某能源材料企业注重对不同层次的员工采用不同的激励方式。对基层员工采用侧重满足生存需要的激励方式，对中高层员工采用侧重满足关系需要和成长需要的激励方式，对特殊人才采用特殊的激励方式。

对基层员工的激励，采用侧重满足生存需要的激励方式。如表7-18所示。

表7-18 对基层员工的激励方式

需要层次	主要激励方式	备注
生存需要 （生理需要与安全需要）	① 薪酬 ② 奖金 ③ 股权 ④ 福利 ⑤ 职业健康与工业安全	参见《员工激励手册》第二部分"激励的基本方式"中"满足员工生存需要的激励方式"

对中高层员工的激励，采用侧重满足关系需要和成长需要的激励方式。如表7-19所示。

表 7-19 对中高层员工的激励方式

需要层次	主要激励方式	备注
关系需要	① 企业愿景、使命、价值观 ② 工作认可与先进表彰 ③ 管理模式跨越 ④ Q12 管理 ⑤ 员工关怀	参见《员工激励手册》第二部分"激励的基本方式"中"满足员工关系需要的激励方式"
成长需要	① 优势识别 ② 内部培训与外部教育 ③ 教练制、导师制、师傅制 ④ 职称评定与资格认证 ⑤ 内部招聘与竞聘上岗	参见《员工激励手册》第二部分"激励的基本方式"中"满足员工成长需要的激励方式"

对特殊人才的激励，采用特殊的激励方式。

对国家（省、市）认定的特殊人才的激励政策，如表7-20所示。

表 7-20 对国家（省、市）认定的特殊人才的激励政策

编号	特殊人才类别	认定标准	国家补贴	省补贴	市补贴	基本年薪（税前）	绩效年薪	住房-政策性住房	住房-住房补贴	交通-方案1：配车	交通-方案2：车辆折旧补贴
1	国家"千人计划"入选者	中央组织部	—	—	200万元	80万元起	参照公司《经营业绩年薪分配管理办法》	配备锦鸿花园住房一套（免房租）	4000元/月	20万元标准	3000元/月
2	国家"青年千人计划"入选者	海外高层次人才引进工作专项办公室	—	—	—						
3	国家"杰青"		—	—	—						
4	教育部"长江学者"	教育部	—	—	—						

续表

编号	特殊人才类别	认定标准	国家补贴	省补贴	市补贴	基本年薪（税前）	绩效年薪	住房政策性住房	住房补贴	交通方案1：配车	方案2：车辆折旧补贴
5	中科院"百人计划"入选者	中科院	–	–	–	80万元起	参照公司《经营业绩年薪分配管理办法》	配备锦鸿花园住房一套（免房租）	4000元/月	20万元标准	3000元/月
6	国家百千万人才工程第一层次人才	国家人事部	–	–	–	80万元起					
7	国家百千万人才工程第二层次人才		–	–	–						
8	国家百千万人才工程第二层次人才		–	–	–	50万元起			3000元/月	15万元标准	2000元/月
9	深圳市海外高层次人才（孔雀计划）A类	市人资	–	–	150万元						

某能源材料企业已经注意到授权赋能、激活个体的问题，而在实际操作上，基本上还是传统的激励方式。

二、新型的人才激励方式

随着互联网技术的发展和知识型员工个体价值的崛起，单有传统的激励方式已经不灵验了，因而一些先进企业和管理学者都在努力探索新的激励方式。他们更注重的是通过授权赋能营造良好的组织氛围来激活个体。

陈春花在企业管理整体论中提出的七条原理之一为："人与组织融为一体，管理的核心价值是激活人。"她在文中指出，外部环境发生了巨大的变化，这个变化就存在于个体不再如巴纳德所描述的那样"组织是由于个人需要实现他自己在生理上无法单独达成的目标而存在的"。互联网时代恰恰出现相反的情形，有创造力的个体是由于组织需要实现它自己无法达成的目标而存在的。组织要实现组织目标一定要依附于有创造力的个体。组织属性在互联网时代发生了根本性改变，改变让组织具有了全新的属性：

平台属性、开放属性、协同属性、幸福属性。这四大属性是为了释放人，释放人的价值创造的组织所必备的。

陈春花在《我读管理经典》一书中提到，她在阅读巴纳德的《组织与管理》这本书时获得很多启示。巴纳德在书中已经提出"情景领导"的概念，他认为，"领导力是包含领导者、服从者以及各种条件这三个变量的函数"，而"领导力包含的这几个因素可能会有无数个可能的组合形式"。为此，巴纳德认为，没有任何一个领导者能适合所有的管理情景，讨论一般情景下领导者的个人素质没有多大的意义。巴纳德告诉我们，"应着重强调的是组织的特点，而不是个人的"。作为领导者，必须真正理解组织的特点，并有能力去构建组织特点，为发挥领导效能创造自己的氛围，而不是依赖于个人能力来解决问题。

简单地说，"情景领导"不是靠领导者个人具备适合各种情景的领导能力去领导，而是通过构建符合领导者理想的组织特点、组织氛围去实现有效领导。

陈春花在2018年2月召开的亚布力中国企业家论坛第十八届年会上做了激活个体、激活组织的专题报告。她提出："常常你会看到新型的企业很混乱，但是活力非常好，你的企业一点都不乱，但是你会感到死气沉沉。有时我去体验一个企业的氛围，很简单，就去办公室走一圈，感受那个氛围，基本上可以下结论。新型企业的员工走路都是跑的，讲话都是很大声，经常拍桌子，没有什么规矩，我觉得这是比较好的组织。当组织里很规矩，恭恭敬敬，声音很小，不敢讲话，老板说一，你不敢说二，这基本上是传统组织。"

案例六：华为的全员持股制度

华为能够保持高速运转的利器之一是其独特的全员持股制度。

2014年4月英国《金融时报》探访华为总部后发布的数据表明，华为员工持股比例已达99%，覆盖人数近8万人。这种员工持股制度已在华为推行达 13 年，伴随着华为成为国际性的公司，而成为全世界关注的话题。

尽管华为对基数庞大的持股计划中所涉及的资金流动、相关分配的算法一直避而不谈，但在代表着任正非管理思想，并且是华为纲领性和制度性文件的《华为基本法》中，关于员工持股的价值分配内容有着深刻精准的阐述。

华为由一个默默无闻的小公司发展成为一家有 15 万名员工、全世界拥有 150 多个办事处、年销售收入达 5200 亿美元的大公司，全员持股制度发挥了巨大作用。这也是华为在经历了创业时期、网络经济泡沫时期、非典时期、全球性金融危机时期的四次"紧要关头"，依然能屹立不倒的秘密所在。有人认为，"员工持股计划把所有的人都聚集到了一个平台上，人心不是散的，风吹过来才见效果"。这也就是员工持股计划的根基作用，有了这个根基，阐释和强调华为的奋斗精神就有了逻辑上的自我说服的基础。

在现代社会里，企业时刻面临着残酷的竞争，想生存发展，就必须拥有强劲的驱动力。动力从哪里来？高工资、持股制度就是华为的强大推动力，所谓重赏之下必有勇夫。全员持股制度的推行，使员工与企业由通常意义上的雇用关系变成了合作关系，员工将自己视为企业的真正主人，在成功时举杯相庆，失败时拼死相救。

案例七：海尔"人单合一"模式在员工激励方面的意义

海尔的"人单合一"模式及其组织形态，在前面的组织设计部分已有介绍。这里补充介绍一下"人单合一"模式在激励方面的意义及做法。

"人单合一"的缘起，首先在于员工激励。海尔管理哲学的核心是"企业即人，人即企业"。自 20 世纪 80 年代创业以来，张瑞敏在海尔的管理实践始终聚焦充分激发员工的创造力、挖掘员工的潜力，坚信人是企业唯一能够增值的资产。张瑞敏一贯认为，在企业的经营发展中，"人的价值第一"。他一直在思考，如何最大限度地激发员工的积极性，充分释放员工的智慧和力量。在他所倡导的价值观体系中，特别强调"员工的目标与企业的目标相融合"。在互联网时代的背景下，他找到了"人单合一"双赢模式，这种模式充分地体现了海尔"员工的目标与企业的目标相融合"的价值观理念，是海尔以人为本管理思想的一种深化。这种模式既推动了企业的跨界发展，又激发了员工创业创新的积极性。

海尔的自主经营体让每个员工自主经营而不是被经营，员工可以自创新、自驱动、自运转，在复杂多变的市场竞争中，以变制变，变中求胜。组织结构由过去一个整体结构、等级结构变成了一张网，每一个自主经营体都是网上的一个结点。这个结点自主创造用户资源，海尔内部形成了一个共识理念，叫"我的用户我创造，我的增值我分享"。

海尔颠覆了传统薪酬支付方式。"人单合一"的运行方式是"竞单上岗、按单聚散"；"高单聚高人，高人树高单"，并通过"人单酬"来闭环，每个人的酬来自用户评价、用户付薪，而不是上级评价、企业付薪。传统的企业付薪是事后评价考核的结果，而用户付薪是事先算盈，对赌分享。实践证明，海尔的"人单合一"模式对营造环境、激活个体产生了十分积极的作用。

案例八：京瓷"阿米巴经营"的激励方式

京瓷的激励采用的不是"胡萝卜加大棒"的方式。其绩效考核结果不是与当期的薪酬挂钩，而是主要采取精神激励的方式；考核结果也不是直接与职务晋升挂钩，其职务晋升奉行的是实力主义，即经过一定周期的绩效考核和能力考察，谁的实力强就提拔谁。

京瓷倡导以心为本的经营，其激励方式更多地表现为营造环境、激活个体。

在经营理念上，京瓷明确地提出，"应在追求全体员工的物质与精神两方面幸福的同时，为人类和社会的进步与发展做出贡献"。作为阿米巴领导者的第一个任务，是"让部下幸福"。那么，什么才是"部下的幸福"

呢？其实很简单，就是"保证部下们的生活"。为此，阿米巴的领导者就必须与部下团结一致，努力工作，改善提高自己阿米巴的经营业绩，努力创造利润。只有创造了利润，公司才能有钱给员工发工资，这其实就是"保证部下们的生活"了。阿米巴领导者的第二个任务就是一定要让部下有目标、有干劲、有梦想。只要有目标，并努力朝着设定的目标奋斗，部下就能够在这个过程中成长，大家就都能感受到幸福。

在经营决策上，各级阿米巴都有一定的自主权，他们可以根据上一级机构所核定的全年的经营计划，自主制订每个月的计划，并按自己的方式去完成计划。

在环境营造上，阿米巴倡导玻璃般的透明。阿米巴的巴员，都知道自己所在的巴的经营计划，每个月的完成情况，无论是好是坏，都会向巴里的员工公开相关数据。公司在经营上遇到什么困难，也会告诉员工，让员工了解相关情况，理解公司的处理方案。公司的全部员工都可以参与经营，为提升业绩出谋划策。

三、人才激励的创新理论

（一）个体的自我激发、自我驱动

要激活个体，首先必须认识到个体有一种天生的内在的自我驱动的力量。美国的商业思想家丹尼尔·平克在《驱动力》一书中强调的就是个体的自我激发、自我驱动。他在引言中提到：恒河猴实验是科学家哈洛做的一个实验，目的是研究灵长类动物的行为。他做了一个箱子，这个箱子用销子锁上。然后，把箱子放到关了8只恒河猴子的笼子里。目的是方便几天后做实验。没有任何外界的奖励，也没有任何人为指示，这几只恒河猴却专心地玩起来了。等到快做实验了，却发现他们可以很快解开这个箱子了。没有任何外界的奖励，是什么驱动恒河猴把箱子打开的？哈洛的观点是：完成任务取得成绩靠的是内在的自我激励。这是在动物上做的实验，后来又做了人的类似的实验，得出的观点是：人类有"发现新奇事物、进行挑战、拓展并施展才能以及探索和学习的内在倾向"。正是根据这些实验的结果，丹尼尔正式提出了三种驱动力：第一种，来自生物性驱动力。如饮食以止饿，饮水以解渴，交配以满足性欲；第二种，来自组织的外部驱动力。做出特定行为时环境会带来的奖励或惩罚，如加薪水就努力。第三种，来自个人的内在驱动力。人类有"发现新奇事物、进行挑战、拓展并施展才能以及探索和学习的内在倾向"，如自我成就感。

　　作者提出："'胡萝卜加大棒'失效了。'胡萝卜加大棒'让我们希望得到的越来越少，不希望得到的越来越多。本来是要提高积极性却降低了积极性，本来是要激发创造力却抑制了创造力，本来是要让好人好事越来越多但实际上却让好人好事越来越少。"我们需要一次全面的升级。"你需要倾听内心的声音，你的能量之源来自外在动机还是内在动机？自由、挑战与担当是你的主要动机吗？你是更多关注行为带来的外在奖励，还是更多关注行为内在的成就感？我们究竟应该用哪种方式来思考人类行为的驱动力。"

　　作者提出了驱动力3.0的三大要素：自主、专精、目的。"自主"指的是，我做什么，我决定。为什么一个迸发自由和创意的24小时被称作"联邦快递日"？为什么谷歌每年的新产品中竟有一半是在20%的完全自主时间内诞生的？这个时代不需要更好的管理，而需要自我管理的复兴。我们天生就是玩家，而不是小兵；我们天生就是自主的个体，而不是机器人。"专精"指的是，把想做的事情做得越来越好。在办公室里，我们服从太多，投入太少。前者让我们能够撑过白天，后者却让我们能够撑过晚上。控制带来的是服从，自主带来的则是投入。你是不是处于最兴奋、最令人满意的心流体验之中？达到心流，不仅是一瞬间的事情，而且应该被作为生活规范：为了实现专精而保持美丽的"聚精会神的神情"。它是必需品，我们有它才能存活，它是我们灵魂的氧气。"目的"指的是，超越自身的渴望。你是不是常听到"效率""利益""价值""优势""焦点""差异"这样的词语，这些目标很重要，但它们缺乏唤醒人类心灵的能力。我们常常以利润最大化为中心，而驱动力 3.0 在不拒绝利润的同时，强调的是目的最大化：如果一个人感觉不到自己属于更伟大更长久的事物，他就无法过上真正出色的生活。寻找目的是我们的天性，我们在复兴属于我们的商业，重塑我们的世界。

（二）组织需要为成员的自我激发提供理由

作为企业组织，怎么做才能激发员工身上这种自我驱动的力量呢？这是很值得探讨的一个问题。德鲁克的一段话给了我们很好的启示。德鲁克曾经讲过，管理就是激发善意，在激活个体的过程中，这一点显得尤为重要。组织不仅需要为成员的自我激发提供理由，而且需要为其导入催化剂。在此过程中，组织领导者必须由控制者转变为赋能者，通过激起组织成员自身的动力，激发持续的创造力，让组织成员的自主性、创造性和灵活性更好地与组织进行匹配，从而更好地实现组织的创新发展。这段话中特别提到，"组织不仅需要为成员的自我激发提供理由，而且需要为其导入催化剂"。这句话说得很清楚，自我激发的主体是员工本人，组织要做的是"提供理由"，"导入催化剂"。

陈春花在《激活个体》（互联网时代的组织管理新范式）一书中，引用了德鲁克的论述，并提出了激活个体的四个要点：一是管理期望，二是尊重员工的个性化和差异化，三是共享共生，四是幸福感驱动。其中的第二个要点特别强调，要尊重员工的个性化和差异化。这是管理员工期望的基础。随着新一代年轻成员进入职场，组织成员的个性化日益凸显，他们思想开放、自我意识较强，具有极高的成就导向和自我导向，呈现出注重平等及漠视权威、追求工作与生活的平衡等工作价值观特征。尊重员工不仅是员工管理的本质需求，而且是激发员工活力和创造力，最终让个体价值凝聚为集体智慧的关键。

陈春花引用了华为的例子。华为创始人任正非说："我是在生活所迫、人生路窄的时候创立华为的。那时我已经领悟到个人才是历史长河中最渺小的。我深刻地体会到，组织的力量、众人的力量，才是无穷的。人感知自己的渺小，行为才开始伟大。"在他看来，组织的力量、众人的力量是无穷的。"也许是我无能、傻，才如此放权，是各路诸侯的聪明才智大发挥，成就了华为。"任正非认为，华为有今天的成绩是"15万员工，以及客户的宽容与牵引"，而他不过是"用利益分享的方式，将他们的才智粘合在一起。"作为企业的创始人，任正非没有将自己放在组织的顶部，而更多的是通过赋能和放权，托起整个组织，并利用组织的整体力量成就华为。

（三）关于授权赋能

能否授权赋能、激活个体的关键在于领导者。为排除一些误解，有必有对授权赋能简单地解读。"授权赋能"，也称"赋能授权"，或只称"赋能"。有的人望文生义，以为"赋能"就是通过培训，赋予能力。其实，更准确的理解应是通过授权，使其能干。激励使员工"想干"，培训使员工"会干"，授权使员工"能干"。

授权赋能的意思，就是授权给企业员工——赋予他们更多额外的权力。逻辑上来说，这样做意味着为了追求企业的整体利益而给予员工更多参与决策的权力。理论上，授权赋能是为了消除妨碍员工更有效工作的种种障碍，其思想出发点是企业由上而下地释放权力——尤其是员工自主工作的权力，使员工在从事自己的工作时能够行使更多的控制权。

有一本管理学的教科书提出："授权赋能是社群控制的必要条件。实行社群控制，就必须充分信任员工，对员工进行授权赋能，给予员工必要的决策权，相信他们会从组织的利益出发处理问题。在价值指导的框架中，激励员工培养和运用判断能力，自主地、负责的、灵活地开展工作。"书中还提供了一个典型案例："诺德斯特姆是一家服装零售企业。公司给每个员工的不是厚厚的写满公司政策的手册，而是一本5×8英寸的卡片，上面写道：'无论在什么情况下，都需要良好的判断力，除此之外没有其他规则。'授权组织的焦点是满足客户的需要而不是取悦于老板。错误被看成是处理变化的不确定事件时不可避免的副产品，是学习机会，是可以容忍的。"

授权赋能运动的起源可以追溯到20世纪20年代现代管理学理论预言家玛丽·帕克·弗莱特的研究成果。弗莱特严厉地批判等级森严的企业组织结构，她憎恶"命令与控制"型的领导作风，提倡结合更多民主因素的企业管理方式。她认为，在进行企业决策时应充分考虑企业第一线员工的经验和知识。关于权力，弗莱特说道："你如果想调整某项工作目标，则必须对它进行发展改造，这是一个不可分割的整体步骤。有的企业管理者希望员工协助实现企业的目标，但却看不到这需要让他们也参与制定企业目标的过程。"

哈佛商学院教授坎特在1989—1992年曾担任《哈佛商业评论》杂志的编辑，她极力倡导授权赋能理论。坎特在1997年曾论述道："通过赋予权力给其他人，企业领导者不是降低了自己的权力，相反他们的权力有可能还会得到提升——在整个企业的效益获得提高时更是如此。"

最先在企业中实行赋能授权的是日本企业。日本企业家在20世纪50年代发现并高度评价了弗莱特的研究成果，随后将其与威廉·爱德华兹·戴明的质量理论一同应用于日本的工业生产中。

赋能授权体现在两个方面：一是团队在组织中的地位提升，自我决定权也在提高，支配权很大；二是团队成员已经感觉到拥有了某些方面的支配权。比如说麦当劳，过去员工没有权力给顾客两包以上的番茄酱，需要请示主管，而近些年来麦当劳已经改变这种方式，员工可以自己做主了。

赋能授权的注意事项是，赋能授权给员工的时候，同时需要将合理的规则、程序和限制交给他，使他知道该怎样在指定的范围内做事，并在政策和做法上能够支持团队的目标。此外，要让成员有渠道获得必要的技能和资源，成员须互相尊重，并且愿意帮助别人。

第八章
文化管理

"企业文化"创始人切斯特·巴纳德早在1938年谈及经理的职能时就认为,一位领导者的作用,只不过是利用组织中的社会力量来塑造出一定的价值观,并加以引导。他认为,总经理的真正作用是把企业的价值观管理好。他认为,塑造价值观是企业总经理最重要的职能。

德鲁克提出:"每一个企业和团队都需要一个简单、明确、统一的目标。使命必须非常明确、远大,使之成为大家共同的愿景。如果大家对共同愿景没有奉献精神,企业就不成其为企业,只是一群乌合之众而已。"他还特别强调,"使命陈述应该像你的T恤衫一样合身"。即是说,使命或愿景的陈述,必须根据企业自身的实际,量身定做,而不能去抄袭别人的。

IBM公司主席汤姆·沃森在《企业和信念》一书中指出:一家公司的兴旺或衰落,均在于"我们称之为信念的那种因素以及这信念对其职工的感染"。"我坚定地相信,为了生存下去和取得成功,任何一个组织都必须具备一整套健全的信念,并把这些信念作为采取一切政策和措施的前提。其次,我还认为,公司取得成功的唯一也是最重要的因素,便是忠实地严守这些信念。"汤姆·沃森还指出:"我相信,一家公司成败的真正原因常常可以追溯到这样一个问题,即该公司能够在多大程度上激发其员工的力量和才干。它做了哪些事情帮助员工找到彼此之间的共同事业?它是怎样使这些存在竞争和差异的员工始终朝着正确的方向的?它怎么才能在经历一代代人的不断变化后仍然保持共同事业和正确方向?""这些问题并不只是公司的问题,也是所有大型组织的问题,也是政治和宗教团体的问题。想一想那些存在了许多年的伟大的组织,我想你会发现,它们的活力并不在于它们的组织形态和管理技巧,而在于它们所拥有的信念的力量,以及这些信念对组织成员的感召力。"他认为,企业和其他任何组织要取得成功,都必须具备一套健全的信念,必须有自己的使命、愿景和价值观,才能帮助员工找到彼此之间的共同事业,才能使存在竞争和差异的员工始终朝着正确的方向,才能在经历一代代人的变化后仍然保持共同事业和正确方向。他还认为，光有健全的信念还不行，最重要的是要"忠实地严守这些信念"。只说不做，那是自欺欺人，一点用处也没有。

海尔的张瑞敏就谈到，一般的参观者到海尔最感兴趣的是，能不能把规章制度传授给他们。其实，最重要的是价值观，有什么样的价值观就有什么样的制度文化和规章制度，同时价值观又保证了物质文化不断增长。

企业文化一般表现为四个层次。从外往里数，最表层为物质文化，指的是一个企业的产品或服务所体现出来的文化。第二层为行为文化，即通过员工的行为所表现出来的文化。第三层为制度文化，即在规章制度中反映出来的文化。第四层为精神文化，也即企业的价值观。这四个层次有着密切的联系，其中，价值观处于核心的位置，由里往外扩散、渗透，融入企业的制度，影响员工的行为，进而决定产品或服务的质量及特色。

文化管理的要点：一是文化塑造，二是文化变革。

第一节　文化塑造：从企业家的战略思考到员工的知行合一

一、企业文化塑造的主要目的

企业文化塑造的主要目的在于使员工明确公司所从事的共同事业以及为了实现这个共同事业必须遵循的信条，从而增强企业的凝聚力。使命和愿景的确立与灌输，可以使员工明确共同事业，而价值观的确立与灌输，可以使员工明确为了实现共同事业必须遵守的信条。

二、企业文化塑造的根本

企业文化塑造的根本是确立企业的使命、愿景和价值观。

使命表述的是一个企业存在的价值，或者说存在的理由，它反映了企业家的责任和担当。

愿景表述的是一个企业未来发展的蓝图，它反映了企业家所追求的理想和目标。

价值观表述的是一个企业的商业行为准则。它反映了企业家要求公司员工在商业活动中必须遵循的行为规范，包括如何对待客户，如何做一个好员工，等等。

案例一：贝特瑞公司的使命、愿景与价值观

贝特瑞公司的使命是"引领行业方向，推动产业发展"，它反映了该公司领导人的责任和担当，他们决心通过参与标准的制定来引领新能源材料行业的方向，通过产品和技术的创新来推动这个产业的发展。

贝特瑞的愿景是"成为新能源、新材料领域全球领导企业"，它清晰地反映了该公司领导人的理想和目标。他们聚焦的是新能源材料中锂离子电池材料领域，他们的理想和目标是全球领导企业，2011年他们已经实现了负极材料出货量全球第一的目标，现正在向正极材料出货量全球第一迈进。

贝特瑞的价值观是客户、服务、品质、创新、感恩、责任、利他、共赢，共有八条，每一条都有明确的释义。这八条中，前四条属于经营理念，核心是如何对待客户，后四条属于团队理念，核心是如何做一个能为公司和团队创造价值的好员工。以下是贝特瑞公司价值观的释义，表8-1所示。

表8-1　贝特瑞公司价值观的释义

核心内容	阐释
客户	我们所有的行动和付出，都有一个清晰的指向：一切为了客户价值最大化
服务	贴心服务、增值服务、差异化服务；为客户做一件感动的事情，为客户做超越预期的事情
品质	品质第一、品质制胜，用好用活TQM与6σ管理工具，创造一流的品质、一流的服务

续表

核心内容	阐释
创新	从点的创新走向系统创新，开展业务创新、产品创新、技术创新、管理创新，创独特、创唯一
感恩	对公司、对员工、对客户、对合作伙伴、对社会常怀感恩之心，努力工作，给予更多的回报
责任	主动担当，敢担当，善担当；信守承诺，结果导向，永不言败
利他	在处理各项事务时，充分考虑相关组织、相关个人的利益，而不仅考虑个人和小团体的利益。
共赢	员工与公司合作共赢，与客户合作共赢，与合作伙伴合作共赢，与竞争对手合作共赢。

三、企业文化塑造的基本方法

一个企业的文化，是企业在经营发展过程中逐步形成的。麦肯锡的创始人马文·鲍尔就提出："任何一群人，在一起共事若干年以后，总会形成一种理念、一种传统、一套共同的价值观。领导工作的最高成就之一就是塑造这样一套价值观，从而推动公司走向成功。"价值观初时以口头的形态出现，随后经过提炼梳理，才形成文字的形态。有了清晰的表述，就可以制订推广计划，通过各种措施向员工进行灌输，使其渗透进员工的内心，成为员工行为的准则。

不成文的文化源于企业领导对公司使命、商业行为准则的思考和做事的方式。员工的职业行为只有符合企业领导要求的做事的方式才会被认可和得到原谅。人们对这种塑造习以为常，坦然接受，因而逐渐成为一种不成文的文化(约定俗成)。美国人类学家阿尔弗雷德曾说过："文化对每个人的烙印是极其深刻的。我们通常并没有认识到这种形成过程的强大力量，因为它是人人都有并逐渐发生的现象……，通常也没有其他选择。因此，人们对这种塑造习以为常，并坦然接受……"

关于成文的文化，马文指出："不论公司怎样运作，都应该有一个成文的文化，不能让不成文的文化自由发展。如果你公司的文化还没有正式生效，我建议你快点完成。成文文化的表达方式包括价值宣言、商业行为准则等。在 IBM 是一本小册子；在强生，信条只有一页纸。"

企业价值观虽出于企业家的思考，但不能只存在于企业家的头脑里，口头上，或文件中，而是要成为全体员工认同的行为准则。京瓷稻盛和夫在推行京瓷哲学的过程中，就提出了"哲学共有"的概念。要使企业的价值观成为全体员工的一种信仰，一种行为的准则，必须采用有效的措施进行推广。

价值观的推广一般要经历教化、强化、融化三个阶段。教化指的是企业家及各级管理人员的言传身教。言传与身教相比，身教更为重要。强化指的是采取一些制度化的措施，奖励认同价值观的模范人物，淘汰不认同价值观的员工。融化指的是形成一种企业文化氛围，使新员工一来就融化在这种文化之中。

文化管理遇到的普遍问题是，价值观理念只是挂在墙上，而未能进入心，成为员工内在的行为准则。最根本的原因是领导者未能以身作则，因而员工不信。解决这一问题必须从领导者的言传身教做起，一级带动一级，这样才能形成一种氛围，而有了这种氛围，新来的员工自然会受到感染。因此，必须坚持"知行合一"的原则，领导者要说到做到，员工也要说到做到。

以下是中外企业在文化塑造方面的一些案例。

案例二：华为公司的文化塑造

华为的核心价值观为："以客户为中心，以奋斗者为本，长期艰苦奋斗"。短短十八个字，读起来非常简单，做起来却非常艰难，一只磨破的芭蕾脚正是这种精神的鲜明写照。华为取得辉煌成就的背后，是成千上万个奋斗者的艰辛付出。为了塑造奋斗文化，华为采取了一系列措施。

在新员工培训中，华为以生动活泼的方式传递奋斗者为主体的文化。他们认为，新员工培训不能急于求成，不可能十来天就把新员工改造成骨干，这不现实，也不大可能。能够给新员工灌输的文化就是"奋斗"。

华为是以奋斗者为本的公司，确定的是以奋斗者为主体的文化。华为公司所有的制度、所有的政策是以奋斗来定位的，各项制度的基本假设是，员工是努力奋斗的，而公司绝不让"雷锋"吃亏。不能奋斗就不是华为人，是要被淘汰的。

任正非提议，新员工在培训中只学四篇文章。《致加西亚的信》大家必学。学完之后，找你我身边的"加西亚"，而不要讲你的感受。他认为，单讲感受没有什么用，重要的是向身边的"加西亚"学习。他建议再学三篇文章，《致新员工书》《天道酬勤》《华为的核心价值观》。其他辅助性读物，华为文摘等可以标价，在书籍销售中心出售，仅为参考。

任正非提出，新员工培训传达一种原则就是"奋斗"，只有奋斗才有利于社会，只有奋斗才有个人前程，只有奋斗才能报效父母，只有奋斗才有益于妻儿。他认为，任何人只要通过努力都是可以改变自己的命运的，一切进步都掌握在自己手中，不在别人。要不断激励员工前进，害怕到海外去、到艰苦地区去，害怕艰苦的工作，在华为是没有出路的。不想成为将军，而只想当一个士兵，是可以的；华为也允许士兵存在，如果贡献大于成本，就是一个普通员工，如果贡献低于成本，那就末位淘汰。

任正非还特别指出，20世纪80年代出生的新新人类没有什么特别，他们也得干活，否则他的薪酬谁来发？新员工培训的教材和骨干员工培训教材的版本是不一样的，骨干员工讲的更多的是方法，叫他们如何用工具，而新员工讲的是一种精神，首先要有精神，然后才会有方法。

任正非认为文化传递"方法是可以变化的，是可以丰富多彩的"。可以通过各种活动加强对奋斗文化的理解。比如，可以找一些在世界上非常有进取精神的歌曲或电影，晚上让大家看看听听，要寓教于乐，让大家深刻认识。培训教师要转变视野，不要只狭隘地看得见华为，看不见别人好的地方。很多人缺少视野，就只看到眼前这点东西，靠机械教条的东西来改造人。因此他认为，要简化培训内容，丰富培训形式，方法要多样，加强员工自悟,让更多的人感兴趣。他还指出,跟员工讲的东西,不要脱离这个时代背景。传承一种文化,要切合实际。现实生活中照样有奋斗者,我们不要以说教的方式讲道理来教育员工,要让员工展开讨论和争论,这样印象才深。不要因循守旧。他认为,没有什么是不能动的,只要一个最后的结果,大家纷纷要求上"战场",到艰苦的地方和工作岗位上去,而不会辞职,这就说明新员工的培训很成功了。

为了让员工更好地认同与践行企业核心价值观,华为把员工践行价值观的表现纳入考核的内容。

在《华为基本法》发布之前,任正非认为:"随着企业规模的不断扩大,大量新员工不断涌入,企业文化有可能被不断稀释和异化,从而在全体员工尤其是新老员工间难以形成文化上的共识和认同。""考核就是将企业文化明确化、具体化和制度化,使全体员工在考核过程中共同提高认识,强化对文化的理解和认同。"

华为认为员工核心价值观的考核应侧重于员工的长期表现,考核过程宜粗不宜细,比如在员工进行劳动态度自评时,针对每项评价内容只需选择"做到或者未做到"即可,另外考核要素要随着公司不同时期的成长要求而有所侧重。

华为的核心价值观考核采取两级考核的方式,被考核人的直接上级是主要责任人,间接上级对直接上级的考核工作进行监督,对其做出的考核结果进行审核和调整,人力资源负责人负责组织和协调。

华为的价值观考核内容主要是工作态度考核,将核心价值观中的责任心、团队精神、敬业精神和奉献精神等纳入考核内容。

华为将各项工作态度要素划分为5个等级,对每个等级进行描述和赋分。考核者通过观察和记录员工工作表现,将所获取的事实行为作为考核依据。华为对工作态度的考核是一种例行性的评价,公司在各层上下级主管之间建立定期述职制度,员工和干部实行纵横交互的全方位考评,同时被考评者有申诉的权利。华为是按月进行价值观考核,并按季度汇总各月的平均分作为季度考核得分。华为的工作态度考核主要应用于安全退休金的发放、职务调动、培训和工资增长等。

案例三：海尔公司的文化塑造

海尔的价值观概括为13条，其中提到的"让每个员工都富有热情，富有责任，更富有创造性实践的能力，使客观的管理与心灵的需求更加和谐、完善地统一起来"的管理理念，源于张瑞敏的价值追求。张瑞敏在接受纽约一家报社记者采访时，被问到这样一个问题："你在这个企业中应当是什么角色？"张瑞敏回答："第一应是设计师，在企业的发展过程中使组织结构适应于企业的发展；第二应是牧师，不断地布道，使员工接受企业文化，把员工自身价值的体现和企业目标的实现结合起来。"两相对照，可以明显看出，海尔价值观提出的"使客观的管理和心灵的需求更加和谐、完善地统一起来"，正是张瑞敏所提出的"把员工自身价值的体现和企业目标的实现结合起来"的一种表述。

海尔公司的价值观推广首先得力于高层领导，特别是一把手的大力倡导。在张瑞敏看来，塑造文化是最重要的高层领导的责任，而不是委托给下属一些部门的责任。因而，他亲自当牧师，"不断地布道"。这一阶段，也即是"教化"的阶段。此后，他采取了一系列强硬的制度化的措施。比方说，为了"让每个员工都富有热情，富有责任"，他实施了OEC管理制度，即要求全方位地对每个人每一天所做的每件事进行控制和清理，做到"日事日毕，日清日高"。他还实施6S现场管理，在每个车间的入口处或作业区显眼的地方，印一对特别显眼的绿色大脚印，海尔人称之为"6S脚印"，脚印的上前方高悬一块大牌子，上面写着"整理、整顿、清扫、清洁、素养、安全"。这6个词英文开头都是"S"。海尔规定，每日班前班后，车间班长必须带领大家在这里对工作进行讲评，如果工作中有失误的地方，可以站在脚印上检讨自己的工作，以期得到同伴的帮助；表现优秀的员工，可以站在脚印上讲述自己的经验，把自己的体会与大家共同分享。这一阶段，也即是"强化"的阶段。在经历了"教化"和"强化"两个阶段，使大多数员工都接受了这种行为方式，养成了这种行为习惯之后，对其他员工，包括一些新来的员工，也自然会产生一种"融化"的作用，这是第三个阶段。也只有到了这个阶段，我们才能够说，这种文化形成了。

案例四：宝安集团的文化塑造

宝安集团成立于1983年7月，1991年6月上市。在第一次创业阶段，该集团发扬了"抓住机遇，大胆创新"的精神，曾创造了几个中国第一：发行了中国第一张股票，第一家在二级市场收购上市公司（上海延中），第一家发行可转换债券和认股权证。收购上海延中形成的"宝延风波"震动了中国的经济界和法律界，在中国的证券发展史上留下了不可磨灭的一页。进入二次创业阶段后，该集团面临的企业环境有了很大的变化，集团的发展战略也有重大的调整，因而原有的价值观体系已经不适应现实的要求，重建价值观的工作也随之摆上议事日程。

该集团价值观的提炼大体分以下几个步骤：首先是对企业董事局主席的一些价值理念进行整理。本企业董事局主席在经营管理企业的同时，十分注重学习和理论上的总结，写出了《资源增值论》《关于企业发展的若干问题》《来自实践的报告》等书，还写出了《用变的思想认识世界，用和的方法改造世界》《论悟》《综合创新论》等一批有思想深度的文章。他们从这些论著中整理出了52条价值理念。其次是广泛征求员工的意见。他们把这些价值理念印发给员工，征求员工意见，让员工从中做出选择，还可以根据自己的见解加以补充，其结果是52条变成了15条，后来又集中归结为4条，即核心理念、经营理念、管理理念和团队理念。最后是召开领导班子会，对提炼的4条理念反复推敲，逐句逐字修改，并根据大家的意见增加了"企业使命"和"哲学理念"，从而变为6条，形成了一个比较完整的体系。

新建的价值观体系有两个主要的特点：其一是突出了"资源增值"这

一核心理念，其二是突出了"用变的思想认识世界，以和的方法改造世界"的哲学理念。"资源增值"作为一个核心理念，它强调的是以"资源增值"作为衡量所属企业和个人的价值的标准。即是说，一个企业价值的大小，决定于这个企业能否实现资源增值以及增值的比例有多高，而一个员工的价值的大小则决定于他在企业增值的过程中所做出的贡献。"用变的思想认识世界，以和的方法改造世界"作为一条哲学理念，它强调的是企业面对复杂多变的经营环境，要做到知变（见微知著，未雨绸缪）、应变（以变制变，因应变化而取胜）、改变（主动改变环境、改变自己），而在解决企业发展所面临的问题时，则要做到融汇（汇集对我们有用的理论、方法）、融合（把所汇集的理论、方法加以融合）、融化（对所融合的理论、方法加以处理、改造，使其成为全新的、具特色的、为我所用的工具）。

"资源增值"的核心理念和"用变的思想认识世界，以和的方法改造世界"的哲学理念反映了企业领导的价值追求及战略思考。"资源增值"的核心理念源于企业董事局主席所写的《资源增值论》一书，它反映的是企业领导对企业经营管理目标的思考。20世纪80年代以来，美国、日本和欧洲国家的世界一流跨国公司在经营目标上不约而同地把股东、顾客和员工三者利益置于同等重要的地位，倡导重视股东利益的长期的"时价总额主义经营"的理念，奔驰公司提出"旨在增值的企业经营管理目标"，索尼公司提出"以创造企业价值为目标的经营"。该集团的企业领导则把"资源增值"作为企业肩负的"重任"。他在《资源增值论》（出版时改名为《如何实现企业资源增值》）的自序中就提出："一个经济体系能否有所突破，取决于该体系的社会组织能否有效运用资源来创造财富，企业就肩负着这样的重任。""用变的思想认识世界，以和的方法改造世界"的哲学理念源于集团董事局主席所写的《用变的思想认识世界，用和的方法改造世界》一文，其区别只是改动了一个字，即把一个"用"字改为"以"字，以避免用字上的重复。它反映的是企业领导对于在竞争中如何战胜对手，使自己立于不败之地的一种战略思想。他认为，企业面临的环境（世界）是复杂多变、充满竞争的。要使自己立于不败之地，做长寿企业，首先必须"用变的思想认识世界"，做到知变、应变、改变。许多企业关门、倒闭，重要原因就是不能适应环境的变化，以变制变。其次必须"以和的方法改造世界"，做到融汇、融合和融化，这正是他在《综合创新论》中所表达的一种思想。能融汇百家，自成一家，其力量必然是强大的。

宝安集团价值观的推广，也同样经历这样三个阶段：首先是企业领导人的"教化"，集团董事局主席亲自在高中层管理人员大会上宣讲集团的价值观，并把价值观的内容列入考试的题目，把价值观的学习、实践情况作为年度考核的一项重要内容。其次是借助强硬的制度化措施加以"强化"。这主要表现在两个方面：其一，在选人标准上，首要的一条是"认同集团价值观"。最近，该集团发出了一个"关于在企业内部招聘经理人的通知"，通知中关于经理人的"任职条件"共列了5条，其中第一条就是"认同宝安集团价值观"。其二，在制定薪酬变革方案、确定经营者和员工的薪酬标准时，强调"资源增值"的核心理念。对经营者而言，企业增值，企业经营者的效益年薪跟着上升；企业减值，企业经营者的效益年薪跟着下降。对员工而言，年度业绩考核分数高，贡献大，其业绩薪酬就上升；年度业绩考核分数低，贡献小，其业绩薪酬就下降。该集团价值观的推广目前还处于"强化"的阶段，但我们相信，经过"教化"和一段时间的持续强化之后，大多数的员工会接受这样一种行为方式，养成这样一种行为习惯。到那个时候，也就能够对其他员工，包括新进的员工产生"融化"作用了。

案例五：通用公司的文化塑造

通用公司的价值观提到的"倡导无边界和壁垒的管理风格，永远追求和采用那些最杰出、最实用的好主意，而不计较它的来源"，来源于杰克·韦尔奇的价值追求和战略思考。

1989年12月，杰克·韦尔奇和他的第2任妻子简在巴巴多斯欢度迟到的蜜月。不过，像通常一样，他还是要谈工作，而不是你以为的枕边的情话。韦尔奇在其自传中写道:"我思考的一个焦点问题是如何让30万人的智慧火花在每个人的头脑里闪耀。这就像与8位聪明的客人共进晚餐一样,每一个客人都知道一些不同的东西。试想,如果有一种方法能够把他们头脑中最好的想法传递给在座的所有客人,那么每人因此而得到的收获该有多大!这正是我一直苦苦追寻的。"圣诞节那天晚上,他躺在沙滩上,眼睛望着圣诞老人从一艘潜水艇里冒出头来。就在这时,"无边界"这个词一下子跃进了他的脑海,他的感觉就像是科学上的重大发现一样。

一周以后,在参加业务经理会时,他依旧全身心沉浸在这一最新理念中。会议临结束时,按常规他都要布置下一年的经营任务,而这一次,讲稿的最后5页全部都是关于"无边界"行为。他坚称"无边界"这一理念"将把GE与1990年其他世界性的大公司区别开来"。从这句话可以看出,"无边界"这种独特的价值追求,正是韦尔奇的一种战略思考。他是想借助这种战略使通用与别的公司区别开来,并使自己的公司在竞争中跑在别的公司前面。

通用的价值观推广的经验。韦尔奇自从1990年悟到了"无边界"这一理念后,以后每次会议他都大声疾呼"无边界",这也是"教化"阶段。紧接着,他采取了一些制度化的措施。1991年通用公司开始利用人力资源检查会,对经理们的无边界行为进行评级打分。根据同级经理和上级的意见,每一位经理都被给予高、中、低三个等级的评价。如果一个人的姓名旁边是一个空空的圆圈,他就得尽快地改变自己,否则就得离开这个岗位或公司。

1992年,为了使通用的价值观在实践中得到体现,他们根据完成公司经营目标和保持公司价值观的情况,把公司的经理人分为四类:第一类是能够实现预定目标,并且能够认同公司的价值观的;第二类是未能实现公司的目标,也未能认同公司的价值观的;第三类是未能实现公司目标但能认同公司的价值观的;第四类是能实现公司目标但不能认同公司的价值观的。那一年,通用公司走了5个人,一个是因为没有完成任务被解雇,另外

4个则是因为不遵奉通用的价值观而被要求走人,这一阶段是"强化"的阶段。由于韦尔奇的大声疾呼和通用公司的一系列强硬的制度化措施,使通用的价值观注入了大多数员工的心灵,改变了大多数员工的行为方式,也就对其他员工,包括新来的员工产生了一种"融化"的作用,从而成为一种企业的文化。

案例六:希尔顿饭店的文化塑造

希尔顿饭店倡导"微笑服务、宾至如归"的文化,这也是源于该公司董事长唐纳·希尔顿的一种独特的价值追求。他与饭店的各级人员接触时问得最多的一句话是"你今天对客人微笑了没有?"他对员工说:"请你们想一想,如果旅馆里只有一流的设备而没有一流服务员的微笑,那些旅客会认为我们给他们提供了全部最喜欢的东西吗?如果缺乏服务员的美好微笑,正好比花园里失去了春天的太阳和春风。假如我是旅客,我宁愿住进虽然只有残旧地毯,却处处见到微笑的旅馆,也不愿走进只有一流设备而不见微笑的地方……"很明显,他的这种独特的价值追求也是基于他的一种战略思考。他认为,要在酒店业竞争中取胜,要靠一流的设备,也要靠一流员工的微笑。

案例七:麦肯锡的文化塑造

在价值观塑造方面,麦肯锡创始人马文采取以下做法:一是要别人做的,自己先做到;二是对践行价值观的突出表现给予大力赞扬;三是对违反价值观的行为严格处理。就连当初最有影响力的顾问也一样走人。公司里业绩最好的咨询顾问格里·安德林尔给斯特龙伯格·卡尔森公司做一个有关最高管理层组织的项目。他建议进行组织变革,设立一个新的主管职位,并推荐自己出任这个职位。客户给马文打电话时说到有这么一回事。马文就问格里"那是不是真的",格里说"是",于是马文就说:"你在30分钟之内离开这里吧。你走吧。"

马文提到，麦肯锡也犯了错误。业界一家公司找到我们，要求加入，我们同意了。加入的员工大多才智过人，也有很多专业人士。但我认为，我们的错误就是没有帮助他们理解我们的文化，让他们融入进来。最后，他们大部分都离开了。马文还提到，麦肯锡的大多数员工都是从研究生院招进来的，他们入职之初会受到关于企业价值和指导原则的培训，这些都是我们文化的一部分。我们还招募到很多青年才俊，研究生毕业已有几年了，之前的工作经验影响了他们的职业转变，也为适应我们公司文化平添了不少难度，所以公司文化在这群人中的认同率很低。

第二节　文化变革：从战略转型到文化变革

随着外部经营环境的变化，随着企业家战略思考的变化，企业文化的变革势在必行。陈春花在《企业文化变革：路虽远行则将至，事虽难做则必成》一文中提到，文化变革是一个漫长的过程。研究表明：一家企业要真正实现从旧文化向新文化的转变，需要5~10年甚至更长的时间。比如，通用电气公司前总裁杰克·韦尔奇实施的文化变革工程历时12年；IBM前CEO路易斯·郭士纳也花费了5年的时间才将旧有的文化体系打破，建立起新的IBM文化，让"大象"跳起舞来。

一、企业文化变革的基本步骤

陈春花提出，企业文化变革历时长久，是一个全面而系统的工程。文化变革需要时间、耐心和坚持不懈，需要从领导者到员工的彻底努力，需要拥有一套系统的变革流程和步骤。她把企业文化变革分为以下五个步骤。

第一步，描述现有的企业文化。文化变革必须在了解企业的文化背景下进行，盲目地进行文化变革有时候甚至会把自己杀死。所以，进行企业文化变革的第一步就是了解现有的文化体系。

第二步，构建新的企业文化体系。构建新的文化体系时，一定要与企业战略、企业环境相匹配。每个企业都有自身的目标，这些目标的实现需要环境的支持，但很多企业对两者的联系没有给予足够的重视，仅从环境的要求出发，制定了一些漂亮的、时兴的但与自身不适应的价值观体系。结果，价值观成了摆设，人们仅记住了这些口号与标语，实际工作中却依然如故。

第三步，制订文化管理计划。文化变革应该是一种事先做出的考虑成熟、计划周密的努力，而不是等问题发生时作为补救措施的些许努力或权宜之计。一旦决定进行文化变革，就要制订一个变革计划，从而规范和指导变革中人们的行为。计划中要明白地列出变更模式的选择、变革的阶段与进度、变革中计划人员和执行人员的安排等，以保证整个变革工程的连贯性。

第四步，执行文化管理计划。执行文化管理计划之所以困难，在于规模本身就是问题所在，尤其是那些规模比较大的企业，让成千上万的人共享同一个价值观、标准是一项艰巨的工作。还有，信仰、价值观是非常难以改变的，而这些又是变革企业文化时必须改变的。文化变革是一个全员参与的过程，虽然决策在于企业家和高层管理人员，但执行和巩固在于全体人员，因此，一定要注意员工行为和观念上的更新。这就需要系统的培训，这些培训包括企业文化理念培训、员工行为培训等。

第五步，文化监控。新企业文化系统的实施需要企业家和员工改变现有的工作方式、程序、习惯和传统，不仅缓慢且具有回归性，因此，对新文化进行调控和追踪，以确保它继续发挥作用并获得预期的成果是至关重要的。整个监控工作可以由一个专门的管理团队负责，也可以动员全体员工互相监督。

二、IBM 的文化变革

郭士纳上任伊始，就深刻地意识到现有企业文化对 IBM 的阻碍作用。

着手从战略和文化上推行改革。他说:"改革数十万员工的思想态度和行为模式是一场非常难以完成的任务……,但是必须承担这场文化革命的任务。"为此,他进行了不懈的努力。

一是明确表明观念,袒露心中愿景。上任之初,在 IBM 高层会议上,他公开坦言了自己的管理哲学、信仰和价值观。他把这些概括为八点:原则管理、市场行为、团队合作、绩效工资、公开诚实、行动迅速、平等坦率、学习化组织。此后,他又多次以不同方式强调这些主张。1993 年 9 月,任职 5 个月后,他又亲自起草了八个原则:其一,市场是我们行动的动力;其二,我们是一家科技公司,一家追求高品质的科技公司;其三,我们最重要的成功标准就是客户满意和实现股东价值;其四,我们是一家具有创新精神的公司,尽量减少官僚习气,并永远关注生产力;其五,绝不忽视我们的战略和远景规划;其六,我们的思想和行动都有一种紧迫感;其七,杰出的、有献身精神的员工无所不能,特别是当他们团结在一起作为一个团队开展工作时更是如此;其八,我们将关注所有员工的需要以及使我们的业务得以开展的所有社区的需要。这些原则是 IBM 文化变革的重要起步。

二是打造领导团队,寻求文化英雄。企业文化的变革绝不是一个人完成的,因此,郭士纳需要管理团队与他共同合作。他确定原则后,把提升和奖励拥护新公司文化的高层经理当作最重要的任务来完成。他创建了一系列标准,以便让所有的领导人都拥有"IBM 的领导力"。在 IBM 新领导模式的推进中,一方面让他们学习提高自身的领导力,另一方面,撤消了"管理委员会",整合、重建了一系列的新机构。一批新企业文化的拥护者和促进者成为各个部门的负责人,同时,打破了任职终身制,实行一年一度的优胜劣汰式的改选。经过一段时间的机构再造、领导人的遴选,IBM 逐渐拥有了一个个有力、投入和有效的领导团队,为企业文化的成功转型打造了强有力的推进器。各部门的领导人也成了 IBM 文化变革的英雄人物。

三是实行"热烈拥抱"计划,转变经营观念。郭士纳隆重推出了"热烈拥抱"计划,要求各级经理都要在三个月内,至少拜访 5 个大客户,要亲自去聆听客户的问题，强调从外至内地建设公司，以这一行动表明态度，引起轰动，促进行动。

四是互动沟通，强化危机意识。郭士纳认为，改变文化并不是单纯靠管理者，还要邀请员工自己来改变文化。为此，他上任伊始便频繁与员工沟通，简明扼要地传递信息。同时，他通过电子邮件与员工进行广泛的沟通和交流。在写给员工和管理人员的几百封信中，他不断地强化企业的危机意识，并指出新的战略、新的文化是终止危机的根本措施。很多员工也通过电子邮件和他交流。举凡公司的重要事件、危机、前景和战略，都在这种互动中，成为公司文化变革的重要组成部分。

五是推行工资制度改革，以制度营造文化。变革前的 IBM 工资以薪水为主，辅以少量奖金、股票期权和绩效工资，工资待遇差别很小，过于强调福利。但随着企业环境的变化，这一制度举步维艰。郭士纳深知文化制度化的重要性，他从推进"绩效工资制度"入手，重建了激励机制，为文化重建搭建了一个有力的制度平台。郭士纳废除了家长式的福利制度，在全集团实行与绩效挂钩的浮动工资制、认购公司股票和期权计划以及建立在绩效基础上的加薪计划。通过工资制度改革，IBM 把平均分配变成了有差别的分配，把固定奖金变成了浮动奖金，把津贴变成了绩效工资。由此形成和强化了市场导向的考核、绩效导向的分配、团队合作的氛围。

六是提出具体要求，细化行为指南。在文化建设或变革中，过于空洞的口号或理念有时很难有效地推动行为改变。郭士纳因此具体描述了 IBM 的行为变革要求：从公司自行推出产品转到根据客户的要求生产产品；从以公司自己的方式行事转向以客户的方式行事；从道德式管理转向成功导向型管理；从决策建立在秘闻和神话的基础上转向将决策建立在事实和数据的基础上；从以关系为导向转向以绩效和标准为导向；从"一言堂"转向百花齐放，百家争鸣；从对人不对事转向对事不对人；从良好的愿望比良好的行动重要转向职责明确；从美国占主导转向全球共享；从规则导向型转向原则导向型；从只注重我的价值转向注重我们的价值；从追求百分百的完美转向只要有八成的希望即可；从缺乏创新转向学习型组织；从平衡式资金投入转向重点型资金投入，等等。细化的行为指南很容易操作，因此对行为和观念变革起到事半功倍的作用。

七是实行"个人业务承诺"，强化考核结果。在文化转型中，郭士纳把IBM新文化简化为"力争取胜、快速执行和团队精神"，通过多种方式在全公司传播，并最终演化成新的绩效考核系统。作为年度考核的重要部分，所有IBM员工每年都要围绕着三个方面制定"个人业务承诺"，并列举出在来年中为此采取的行动。"个人业务承诺"成为企业强制执行的计划。员工履行承诺取得的绩效，成为考绩工资和浮动工资的关键性决定因素。

八是宣布"登月计划"，规划新的远景。文化的成功转型，把IBM从过去的阴影中解救了出来。郭士纳找到了"电子商务"作为IBM拥抱未来的伟大使命，并把它宣布为"登月计划"。他相信"电子商务"将影响IBM员工的内心世界，再度激发起数万IBM员工的热情。他把"电子商务"融入到IBM的所有业务领域中，贯穿到企业交往和运营之中，成为新IBM人永往直前的精神动力。

三、日航的文化变革

实现了日航成功重建的稻盛和夫在2013年3月卸任日航总指挥。日航的植木义晴社长被追问：稻田和夫名誉会长到日航三年，日航和日航的员工在什么地方变化最大呢？植木义晴回答："可能回答结算意识提高了会比较容易理解。但我想说，最大的变化应该是员工的内心变得更美丽了，而内心的变化，让我们的一切变得更美好。"

为什么会出现这种变化，关键在于稻盛和夫和他的团队在日航进行了全面的访谈调研后，针对日航破产的原因，在企业文化变革和经营管理模式的改变上采取了一系列的有效措施。

首先进行的是企业文化方面的变革，在导入京瓷的经营思想和经营哲学的基础上，重建日航的经营理念和经营哲学。

稻盛和夫到日航后，首先发现日航的经营思想出了问题。在日航没有经营所必须的数据；经营干部都不知谁在为利润负责；用预算制度进行经营，各个部门的工作就是执行经费预算；没有人认为日航会破产。日航的高级管理人员、干部都认为，"比起利润，安全优先"，"作为一个公共交通机关，即便是赤字航线，也应该坚持飞行"。为此，稻盛和夫给他们指出，"想要保持安全飞行，是需要资金的"。使他们明确利润的重要性。

稻盛和夫和他的助手还发现，日航集结了大量有能力又有热情的员工，为什么会破产倒闭呢？原因是他们的思维方式出了问题。日航有今天，是因为每个人都认为，只要自己做好自己的工作就行了，都是以自我为中心，各自为战，而没有站在整个公司的角度来思考，来行动。为此，稻盛和夫认为，要使他们形成考虑整个公司经营的心理习惯，就需要帮助他们学习如何做人的经营哲学。虽然很多人从小就从父母和老师那里学过做人最基本的道德观和伦理观，但"知道和实践其实存在着天壤之别"。

为了使新的经营思想和经营哲学能够深入人心，稻盛和夫对日航的高级管理人员、一般干部和员工进行了十多次演讲。只要有时间，他就亲自奔赴东京的羽田机场和成田机场，到现场与员工们直接对话。为了凝聚人心，他还把经营哲学学习会和聚餐会结合起来。针对经营干部的经营哲学学习会，按照1个月17天、1天3小时的强度举行。学习会上，先听稻盛和夫演讲，之后就是聚餐会。每个人每次交1000日元的参加费用，一边喝着罐装啤酒，一边与稻盛先生讨论。实行这种聚餐会，目的就是把日航干部和员工的内心凝聚在一起。每个人都敞开心扉，真诚地交换意见和想法，激烈地进行讨论。通过这样的促膝交谈，经营哲学得以慢慢渗透。有一天，那个对经营哲学的学习一直持坚决否定、刀枪不入态度的日航干部过来坐到稻盛和夫身边，说："迄今为止是我错了。小时候从父母和老师那里学的这些做人最基本的东西，实际上完全没有做到。"

在这个基础上，日航的干部提出重新制定日航的经营理念和经营哲学。于是，以当时的大西贤社会长（现任日航会长）为中心，选出了部分干部员工，开始了重新制定日航经营理念和日航哲学的工作。现在，日航的企业理念是："日本航空集团，在追求全体员工物质和精神这两方面幸福的同时，为顾客提供最优质的服务。提高企业价值，为社会的进步和发展做出贡献。"日航哲学包括两部分：第一部分，"为了度过美好的人生"。分为下列四章：成功方程式；拥有正确的思维方式；带着热情，持续日常的努力；能力必定会提高。第二部分，"为了建成伟大的日航"。分为下列五章：每个人都是JAL，提高结算意识，同心协力，形成燃烧的集团，不断创新。

四、某汽车配件公司的文化变革

为了支撑阿米巴经营的运行，某汽车配件公司将原有的核心价值观和阿米巴经营哲学相结合，编写了《哲学手册》。公司要求全体人员，特别是管理人员，必须坚信公司理念，做到知行合一。哲学手册的内容分为两部分：一是原有的核心价值观：坚持、尊重、追求、创新。二是阿米巴经营哲学：做人准则、做事准则、经营准则。其中的经营准则共有12条。

第一条，判断基准是"做人何谓正确"。作为一个经营者，要对所有情况做出判断。如果按照与我们通常所拥有的伦理观和道德观背道而驰的标准，是不可能长期维持下去的。因此要以"做人何谓正确"这一基准作为公司经营的原理，以此为依据对所有事情做出判断。它表现为公平、公正、正义、勇气、诚实、忍耐、努力、善意、关心、谦虚、博爱等，这是全球通用的价值观。

第二条，销售最大化，费用最小化。企业经营其实非常简单。只需致力于如何扩大销售额，如何缩小费用。利润就是销售额和费用的差额，利润不过是结果。因此，我们只要不断思考如何"销售最大化，费用最小化"这一点就行了。

第三条，贯彻客户至上主义。生产零部件的厂家不是从属于他人的外包加工企业，而是一家独立自主的公司。所谓独立自主，就是要不断创造出客户期待的有价值的产品，因此，在相关领域，必须拥有比其他厂家更为先进的技术，在交货期、质量、价格、新产品开发等所有环节上，全方位地满足客户的需求。取悦客户是从商之本，做不到这一点，就不可能持续获取利润。

第四条，制造完美无瑕的产品。我们所制造的产品，必须是"完美无瑕的产品"。产品能够反映出制造者的心地。心地粗糙的人制造出来的东西是粗糙的，心地细腻的人制造出的东西是细腻的。制造大量的产品，再从中选出合格品，抱着这种想法，就不可能制造出令客户满意的产品。产品的生产工艺完美无缺，全员集中精神认真操作，不允许出现一个不良品。目标必须是每一个产品都完美无瑕。

第五条，重视独创性。重视独创性，不模仿他人，凭借独特的技术与对手一决胜负。其他公司不敢接手的订单，我们欣然接受。全体员工拼命努力，创造出这种产品，随之也就确立并积蓄了一项项独创性的技术。抱着无论如何也要成功的强烈的使命感，每天钻研创新，一步一步地积累，必将孕育出卓越的发明创造。

第六条，贯彻现场主义。产品制造的原点在生产现场，销售的原点是同客户接触。出现问题时，首先需要回到现场。脱离现场，在办公桌旁煞费苦心，空谈理论，绝对解决不了问题。"现场是座宝山"，现场蕴含着第一手信息，这是解决问题的关键。经常去现场，不仅可以找到解决问题的线索，而且可以获得意外的启示，借此提高生产效率，提高产品质量，或者得到新的客户订单。现场主义不仅适合于生产和销售部门，而且适用于一切部门。

第七条，贯彻实力主义。运营一个组织最重要的是，这个组织各部门负责人是否由真正有实力的人来担任。真正有实力的人，不仅拥有胜任职务的能力，同时具备高尚的人格，值得信任，值得尊敬，愿意为众人的利益发挥自己的能力。要给这样的人提供组织负责人的机会，并让他们充分施展才能，一定要形成这样的组织氛围，进而达到为全体员工谋福利的目的。

第八条，全员参与经营。每个阿米巴都独立自主地开展经营。同时，每个人都可以发表自己的意见，为经营出谋献策，并参与制订经营计划。这里的关键在于：不是少数人参与经营，而是全体员工共同参与经营。当每个人都通过参与经营得以实现自我，全体员工齐心协力朝着同一个目标努力的时候，团队的目标就能实现。

第九条，全员知晓目标并贯彻目标。为了达成这个目标，一定要让全体员工都知晓这个目标，并彻底贯彻。也就是说，这个目标要为全员所共有，大家都把这个目标当作自己的目标。不论是销售部门，还是生产部门，当月的"销售额""生产总值""附加值""单位时间附加值"等这类数字，一定要装进全体员工的头脑里，在车间里、职场里，不论问谁，都能脱口而出。由于全员知晓目标并贯彻目标，这样就提高了每一个人的参与意识，从而形成齐心协力实现目标的巨大能量。

第十条，提高核算意识。阿米巴单位实行"单位时间核算制度"。这样，谁都可以清楚地了解部门的工作成果，每一个员工都必须具备经营者意识，都必须认真思考如何提高自己所属的阿米巴的"单位时间效益"，并付诸实践。爱惜物品，就是上述核算意识的体现。即使是一支铅笔、一枚别针也不能忽略，散落在地上的原料、堆积在车间角落里的不良品都是金钱。我们必须把核算意识提高到这样的水平。

第十一条，以节俭为本。公司业绩比较好的时候，我们往往容易放松对经费的控制，觉得"花一点小钱无所谓"或"不必那么小气"。这样一来，各部门的浪费累积起来，就会极大地影响整个公司的利益。在任何情况下，我们都必须注意节俭。把经费压缩到最小限度，可以说这是我们参与经营最贴近的方式。

第十二条，要把事情简单化。我们往往有一种倾向，就是把事情考虑得过于复杂。但是，为了把握事物的本质，有必要把复杂现象简单化。把事情看得越简单，就越接近事物的本来面目。看起来很复杂的经营，说到底，只不过是彻底追求"销售最大化和经费最小化"这样一个简单的原则而已，京瓷的"单位时间核算制度"，其基础就是"把事情简单化"这种思维方式。

某汽车配件公司制订的这套经营原则，不管是对于导入阿米巴经营的企业，还是对于没有导入阿米巴经营的企业都有一定的指导意义，关键在于知行合一，不停留在嘴巴上。

第九章
战略管理

彭剑峰在《中国人力资源管理十大问题》一文中提出，品质发展时代，中国企业要从机会导向转向战略导向，企业的内在驱动力要从低劳动力成本与粗放式资源投入转向创新与高素质人才驱动。这就要求提升企业人力资源战略准备度与战略管理能力，提高人才对企业战略成长与业务增长的价值贡献度。但目前大多数企业的人力资源管理还停留在专业职能层面，没有上升到战略层面，人力资源难以支撑并驱动企业的战略转型与变革。为此，在品质发展时代，人才要成为经济与企业转型升级的核心动能要素，中国企业的人力资源管理必须要优先转型升级。要真正将人才作为企业战略成长和业务发展的第一要素。要确立人才供应链战略思维，打造高效和优质的人才供应链以满足组织战略和业务发展的需要。高品质产品与服务的背后是高素质与高效能的人才供给，要以战略需求为核心打造战略性顶尖人才供应链（精准选人，全球搜寻最聪明、最能干、最有意愿干的人才），以业务发展为核心构建能力发展链，以人才需求为核心打造人力资源产品服务链。

第一节 人才战略：人才管理的目标与目标实现方式

一、人才战略的依据与核心内容

人才战略制定的依据是经营发展规划。人才战略的制定，是为企业经营发展计划的实施提供支撑的。不论是远景规划的实施，还是阶段性规划的实施，都要靠人。以什么去吸引人才？到哪里去寻找人才？人才来了如何激活？如何充分发挥每个人的优势和作用？这些就是人才战略要回答的问题。

一般来说，比较成熟的企业会在各个发展阶段制定经营上的发展规划。

发展规划的主要内容包括战略定位、战略目标、战略措施等。战略定位明确企业发展的方向，战略目标明确特定阶段的财务目标和经营目标，战略措施明确实现目标的方式（策略、手段）。企业在经营上要实施发展战略，必须靠人，因而需要制定相应的人才战略和人力资源规划。人才战略、人力资源规划与经营发展规划的关系是服务与被服务的关系。

陈春花提出，企业的发展一般划分为四个阶段，它们分别是创业期、成长期、发展期和持续发展期。在这四个不同的阶段中，企业所面临的问题各不相同，但无论处在哪个阶段，企业战略都是决定企业成败的关键。从理论上而言，企业战略决定了企业生死。

陈春花还指出，在不同阶段对企业战略的要求也不尽相同。在创业阶段，核心战略就是把自己的产品或服务做到最好，因为只有这样，我们才能够进入市场。因此，进入市场的"入场券"是产品或服务，而不是资金。创业阶段的企业要树立产品战略，在创业的过程中，最重要的一点是把各种好的想法转化为实实在在的产品，顾客能够甄别的只有产品。在产品做出来后，企业从创业阶段便开始走向成长阶段，此时最重要的战略是营销战略，把所有的资源朝向营销的方向，与顾客在一起，与一线员工在一起，这是最根本的营销衡量要素。从创业期到成长期，企业能否存活，取决于企业家是否有能力把营销做出来。在后续的企业成长过程中，需要用规模来衡量企业的发展阶段和战略定位。这就需要衡量企业的规模，不同的行业有不同的基本生存规模。到了顾客愿意指定购买的阶段，就到了品牌战略阶段。在最后的持续发展阶段，企业战略需要讲企业文化。企业文化有面对内部员工的一面，为的是凝聚人心。企业文化也有面对客户的一面，为的是吸引和留住客户，如八马茶业的"茶文化"，万科地产业的"建筑美好人生"，同仁堂的"救人济世"，等等。

人才战略的核心内容是人才管理的目标与目标实现方式。目标支撑经营发展规划的实施，目标实现方式包括：以什么去吸引这些人才，到哪里寻找这些人才，如何激活这些人才，等等。

二、华为的人才战略

华为把人力资源作为第一资源。任正非对此曾指出:"华为没有可以依存的自然资源,唯有在人的头脑中挖掘出大油田、大森林、大煤矿……"华为是一家主要依靠知识劳动者和企业家创造价值的公司。从华为的人员结构上来看,真正在生产线上完成作业功能的人员占比很低;从财富创造要素的角度来看,华为公司的全部价值主要是知识员工和企业家创造的。

华为对人力资本的投入处于优先的、超前的地位。他们认为,先有人力资本的投入,后有财务资本的增长和高投资回报。从当期的损益来看,人力资本的超前投入会增加短期的成本,大量招人会增加工资支出和期间费用支出,有可能减少公司的当期效益;但从长期来看,会抓住机会、创造机会,增加企业的长期效益和价值。

华为制定人才战略的目标是支撑公司未来的使命、愿景与竞争优势。

华为公司在2017年6月举行的战略务虚会(Summit Seminar)上提出了一个重要的观点:一家公司取得成功有两个关键,"方向要大致正确,组织要充满活力"。其最新发布的愿景和使命是,"华为立志:把数字世界带入每个人、每个家庭、每个组织,构建万物互联的智能世界"。

为了支撑上述使命愿景,华为采取了一系列的人才战略措施:

一是吸引人才的措施。华为付给人才具有市场竞争力的薪酬、待遇并提供最先进的研究条件和优雅的工作环境,以吸引世界范围与华为同方向的优秀人才加入华为。不担心由此增加的成本支出,不会因追求短期利益而牺牲企业的长期利益。从吸引人才的角度看,华为注重放眼全球,广纳人才。华为已经是一家全球化公司,其人才的来源已经不仅限于国内,而是来自全世界。以华为财经体系为例,现在华为财经体系来自牛津、剑桥、哈佛、耶鲁等著名大学的优秀学生有数百名。2016年度,财经体系招聘了340名留学生,占财经体系当年校园招聘指标的38%。这些来自西方名校的新员工,共同的品质是"能吃苦""懂得珍惜""时间管理能力强""团队融入快"。他们身上表现出的艰苦奋斗精神与华为的核心价值观高度契合，他们的加入使华为的员工队伍更加多元化，融合了多元文化的员工队伍更具有包容性和创造性。

二是寻找人才的措施。华为制定和实施了把战略能力中心建到战略资源聚集地区的措施。华为认为不能仅依靠中国的人力资源领导世界，而是要利用世界的人力资源和能力来领导世界，因此近年来，华为已经在莫斯科、巴黎、伦敦、纽约、杜塞尔多夫、米兰、班加罗尔、西雅图、东京等城市建立了几十个能力中心，利用当地的科学家开展ICT领域的前沿技术和基础理论研究，利用当地的专家监控华为全球业务的财务风险、经营风险和宏观风险。可以说，人才在哪里，华为就在哪里。

三是牵引人才成长的措施。华为建立并不断完善公正、公平的价值评价与分配制度，努力创造一个公正、公平的人才成长环境。在华为，"茶壶里的饺子，倒不出来是不被承认的"。华为在价值评价中坚持责任结果导向，因为绩效和结果是实实在在的，是客观的。华为在价值分配中坚持按贡献拉开分配差距，向奋斗者、突出贡献者倾斜。同时，在价值评价和价值分配中，华为特别注意那些为公司的战略目标和长远利益主动承担责任和做出贡献的员工和干部，不能让他们吃亏，奉献者定当得到合理回报。

四是选拔干部的措施。华为坚持从成功实践中选拔干部。华为在高级干部选拔中遵循"猛将必发于卒伍，宰相必取于州郡"的原则。干部选拔实行"三优先原则"：一是优先从成功团队中选拔干部；二是优先从主攻战场、一线和艰苦地区选拔干部；三是优先从影响公司长远发展的关键事件中考察和选拔干部。

五是人才流动的措施。华为从战略角度对人力资源流动进行制度化管理。华为人力资源流动管理的基本方针是，使优秀员工在最佳的年龄，在最适合的岗位上，做出最佳的贡献，得到合理的回报。近两年，华为加大了对业绩优秀的中基层员工破格提拔的力度。同时，华为对业绩表现长期落后的干部和员工实行末位淘汰制度。

六是人才激励的措施。华为以物质文明巩固精神文明，以精神文明促进物质文明。近年来，华为的员工薪酬水平逐步接近高技术产业顶尖公司的水平，但光靠物质激励是不够的，必须要用好精神激励和物质激励两个驱动力。华为坚持"以客户为中心，以奋斗者为本，长期艰苦奋斗"的核心价值观，注重传承"胜则举杯相庆，败则拼死相救"的公司文化，创造集体奋斗的文化氛围，使得"蓬生麻中，不扶自直"。同时，针对"90后"员工的价值诉求，进行差异化管理。强调给机会，及时认可取得的业绩，对业绩表现优秀者快速提拔。

三、阿里巴巴在创新时代的人才战略

作为国内领军的互联网企业，阿里的人才战略，反映了创新发展新时代背景下对于创新人才的重视。其人才战略显示出了全球化、尖端化、多元化、可持续化等新特征。

全球化和尖端化主要表现在顶尖人才和国际人才数量上。目前，阿里巴巴共有9名国家千人计划科学家、数十位海外知名大学终身教授。在最前沿的人工智能、量子计算、云计算、大数据技术、芯片等领域，阿里巴巴均有全球知名的科学家作为带头人，比如量子计算领域顶级科学家施尧耘和马里奥·塞格德，机器学习和计算机视觉领域的世界级专家王刚，等等。员工来源则涵盖了美国、印度、俄罗斯等68个国家和地区。

多元化则表现在阿里巴巴的不问出身、唯才是举。在阿里巴巴的员工中，既有顶尖学历人才，硕士以上工程师占46%，博士及博士后占4%，也有没上过大学的"江湖高手"。比如支付宝工程师许寄，带领近千人的技术团队，帮助9个国家和地区打造了"当地版支付宝"，2018年6月入选《麻省理工科技评论》(《MIT Technology Review》)的TR35榜单。他就是一个没上过大学、修过自行车、杀过鱼、学过理发的典型的"社会人"。

可持续化则是指阿里巴巴不仅注重吸引人才，同时注重对年轻人才的培养。2017年，阿里宣布成立达摩院，对量子计算、机器学习、基础算法、

网络安全等多个产业领域开展前沿研究。借助达摩院以及阿里巴巴内部体系，不仅取得了大批技术创新成果，同时也培养出了大批年轻科技人才。目前，阿里巴巴员工平均年龄仅为31.5岁，其36位合伙人，平均年龄也只有45.06岁，有两位是"80后"。

为了实施创新时代的人才战略，阿里巴巴在加大对未来业务布局投资的同时，加大了对人才的投资。据阿里巴巴集团公布的2018财年第一季度财报，阿里巴巴当季收入达809.20亿元人民币，同比增幅高达61%，连续6个季度增速超过55%。其中，核心电商业务收入达691.88亿元，同比增长同样高达61%。在持续强劲增长表现下，阿里巴巴也进一步加大了对未来布局的投资力度。一季度财报中，阿里巴巴公布了多笔重大投资，包括对于"饿了么"95亿美元的全资收购、对中通快递的13.8亿美元投资、对香港国际机场建设数字物流中心的15亿美元投资等，显示出了阿里巴巴在新零售、全球化、技术等领域加速布局的态势。其中尤为值得注意的是，在加强业务布局的同时，阿里巴巴进一步强化了对人才的投资布局。财报显示，一季度阿里巴巴授予员工股权奖励非现金开支达到111.8亿元，股权奖励总开支高达164亿元。

其实，这并不是阿里巴巴首次加码人才投资。作为一家互联网生态公司，阿里巴巴始终把人才作为最重要的战略资源，坚持"客户第一，员工第二，股东第三"，以投资人才作为投资未来的核心。据统计，自上市以来，阿里巴巴用于员工股权奖励的累计价值超过800亿元，如此高的额度在中国互联网公司中可以说是绝无仅有的。

四、某能源材料企业的人才战略

某能源材料企业在2016年提出2017—2020年的经营发展规划之后，就对人力资源中心提出了制定相应的人才战略的要求。公司的经营目标是在2020年营销收入实现超百亿元，达成负极材料和正极材料"双第一"。

为了实现上述目标，该公司人力资源中心在人才战略的制定上着重考虑了如下几个问题：其一是人才需求的类别。在正极材料的销售量与排头兵相比暂时落后的情况下，要实现弯道超车，亟须获得一流的正极材料研发人才。其二是需求的人才从哪里获得。可采用内部培养和外部引进相结合的方式。内部已拥有部分国内院校毕业的博士，应加快培养。另因这一类的尖端人才多在日本和韩国，因而应从日本和韩国引进。其三是如何获得这些人才。可通过政府组织的国外人才招聘，委托猎头公司猎聘，或通过行业内的熟人介绍。上述问题考虑清楚后，就初步形成了一套与经营发展规划相配套的人才战略。

第二节　人力资源规划：人才需求的总量与结构

一、人力资源规划与经营发展规划的关系

人力资源规划与经营发展规划的关系，是部分与整体的关系，是服务与被服务的关系。一般而言，一个企业在制定3~5年的经营发展规划（战略发展规划）时，要明确企业的战略定位、战略目标和战略措施。战略措施的制定，包括了三个层面：一是公司层面的战略措施，二是各业务模块的战略措施，三是各职能部门的战略措施。各职能部门的战略措施则包括了营销战略、研发战略、人力资源战略、筹融资战略等，而每一个职能部门的职能战略都包括了目标、措施和行动计划三部分。其中，人力资源部门负责制定人力资源战略。除此之外，人力资源部门还要根据实施业务发展规划的要求制定人力资源规划，解决特定阶段人员需求的总量与结构。

二、人力资源规划与人才战略的关系

人力资源规划与人才战略的关系，是相互配套的关系。人力资源规划和人才战略都服务于经营发展规划，而两者之间则是一种相互配套的关系，

即是说，为了给经营发展规划提供人才支撑，既需要制定人才战略（人才管理的目标与目标实现方式），也需要制定人力资源规划（人才需求的总量与结构）。为了制定人力资源规划，必须对现有的人员进行盘点，对未来的人才需求进行预测，对未来的人才供给进行预测，找到人才需求与人才供给的缺口；而为了弥补人才缺口，就得采取行动。正因为如此，人力资源规划的一般步骤为：人才盘点、需求预测、供给预测、行动计划。

由于对人力资源规划有不同的理解，人力资源规划的制定也有不同的方式，如阿里巴巴的人力资源规划就不注重人才需求的总量与结构，而是注重人才战略与体系建设（职能管理的政策制度）。对此，后面将专门加以介绍。

三、人力资源规划的制定

案例一：某汽车配件公司人力资源规划

某汽车配件公司制定规划的目的：为公司实施战略规划提供人力资源方面的支持，满足公司2015—2017年对人员总量及各类别人员的需求。

制定规划的方法：借鉴人力资源规划的相关理论、方法、经验，结合公司的实际情况进行制定。具体操作按下列步骤进行：一是人才现状盘点，二是需求预测，三是供给预测，四是行动计划。

第一步，对现有的人力资源状况进行盘点，包括对人员总量和各类别人员的性别结构、年龄结构、学历结构、职称结构以及业绩、胜任力考核结果进行统计，形成2015年某上市公司人力资源状况统计表，如表9-1所示。

表 9-1　2015年某上市公司人力资源状况统计表（不含遵义公司）

类别	总人数	性别 男	性别 女	年龄 <30岁	年龄 31~40岁	年龄 41~50岁	年龄 >50岁	学历 其他	学历 大专	学历 本科	学历 研究生	学历 博士	职称 无	职称 初级	职称 中级	职称 高级	业绩 A	业绩 B	业绩 C	胜任力 A	胜任力 B	胜任力 C
总体	572	507	65	366	165	35	6	376	108	76	12	0	0	503	54	15						
公司管理层	6	5	1	0	4	1	1	0	0	3	3	0	0	0	0	6						
部门经理（总监）	23	20	3	6	10	6	1	1	8	14	0	0	0	0	15	8						
研发（技术）序列	65	58	7	47	16	2	0	7	16	33	9	0	0	56	9	0						
采购（仓储）序列	14	10	4	8	5	1	0	7	6	1	0	0	0	13	1	0						
制造序列	267	249	18	166	78	20	3	245	19	3	0	0	0	240	26	1						
营销序列	50	43	7	39	10	1	0	15	26	9	0	0	0	50	0	0						
人事行政序列	13	6	7	7	5	1	0	4	2	7	0	0	0	12	0	1						
财务序列	4	3	1	3	1	0	0	1	1	2	0	0	0	4	0	0						
设备序列	10	10	0	4	4	1	1	5	4	1	0	0	0	10	0	0						
品质序列	120	103	17	86	32	2	0	91	26	3	0	0	0	118	2	0						

注：2015年业绩考核和胜任力考核尚未进行，故这两栏A、B、C等级的人数未能填上。

第二步，人员需求预测。采用人员配置模型和经验测算等方式，对公司2017年需求的人员总量和各类别人员的数量及比例进行测算。形成公司人员总量需求测算表和各类别人才的数量及比例测算表，如表9-2、表9-3所示。

表9-2 2017年某上市公司人员总量需求测算表

序	变量	营业收入（a）	净利润（b）	产量（c）	设备数（d）	研发项目数（e）	备注
1	当前变量值	30000（万元）	6000（万元）	20000（套）	124（台）	4（项）	2015年值
2	当前人才数	\multicolumn{5}{c}{575}		
3	配置标准	0.02	0.10	0.03	4.64	143.75	③=②/①
4	权重	0.2	0.15	0.3	0.15	0.2	
5	模型系数	0.0038	0.0144	0.0095	0.6956	28.7500	⑤=③×④
6	配置模型	\multicolumn{5}{c}{y=0.0038a+0.0144b+0.0095c+0.6956d+28.75e}		
7	预测期变量值	70000（万元）	13500（万元）	50000（套）	460（台）	10（项）	2017年值
		\multicolumn{5}{c}{将2017年各项变量值套入配置模型后得出}		
8	预测期总人数	1545					2017年值
9	调整后人数	1096					2017年值

注：① 2015年的营业收入、净利润、产量是预测值，是根据相关领导和相关部门提供的数据填写的；设备数和研发项目数是实际值。

② 2017年的营业收入、净利润、产量也是预测值；设备数是依据现有数量和未来两年的设备采购计划测算；研发项目数是研究院的预估值。

表9-3 2017年某上市公司各类人才数量及比例测算表

类别	现状 数量	现状 比例(%)	2017年 测算结果 数量	测算结果 比例(%)	调整后结果 数量	调整后结果 比例(%)	与现状对比 数量	与现状对比 比例(%)	备注
总体	572	100.00	1545	100.00	1096	100.00	524	0.00	
公司管理层	6	1.05	16	1.03	13	1.19	7	0.14	
部门经理（含总监）	23	4.02	62	4.01	41	3.74	18	-0.28	
研发序列	65	11.36	176	11.39	130	11.86	65	0.50	
采购（含仓储）序列	14	2.45	38	2.45	24	2.19	10	-0.26	
制造序列	267	46.68	721	46.67	500	45.62	233	-1.06	
营销序列	50	8.74	135	8.54	78	7.11	28	-1.63	
人事行政序列	13	2.27	35	2.26	33	3.01	20	0.74	
财务序列	4	0.70	11	0.71	15	1.37	11	0.67	

续表

类别	现状		2017年						备注
			测算结果		调整后结果		与现状对比		
	数量	比例(%)	数量	比例(%)	数量	比例(%)	数量	比例(%)	
设备序列	10	1.75	27	1.75	19	1.73	9	−0.02	
品质序列	120	20.98	324	20.97	243	22.17	123	1.19	

注：调整结果的测算按下列方法：

①公司管理层调整结果为13人，增加7人，其中本部增加2人（制造副总、营销副总），遵义5人（总经理、生产副总、供应链副总、财务副总、人事行政副总）。

②部门经理（含总监）调整结果为41人，其中本部31人（总监8人，经理23人），遵义10人（总监3人，经理7人）。

③研发序列调整结果为130人，按同比例增加，再减去25%。

第三步，人员供给预测。借助现有在岗人员统计表、各类关键人才储备图、各类人员流失率统计表等工具对企业内部所能提供的人力资源进行预测，内部供给人员＝现岗人员＋储备人员－流失人员。对比人才需求和内部供给的情况，形成某上市公司2015—2017年人才缺口预测表，如表9-4所示。

表9-4　2015—2017年某上市公司人才供给缺口预测表

类别	2015年现有数（职务/职称/资格）				2017年需求数（职务/职称/资格）				供需缺口人数（职务/职称/资格）				备注
	总数	高	中	初	总数	高	中	初	总数	高	中	初	
总体	572	15	54	503	1096	56	160	873	524	41	106	370	
公司管理层	6	6	0	0	13	13	0	0	7	7	0	0	
部门经理（含总监）	23	8	15	0	41	11	30	0	18	3	15	0	
研发序列	65	0	9	56	130	26	52	52	65	26	43	−4	
采购（含仓储）序列	14	0	1	13	24	2	3	19	10	2	2	6	
制造序列	267	1	26	240	500	50	100	350	233	49	74	110	

续表

类别	2015年现有数（职务/职称/资格）				2017年需求数（职务/职称/资格）				供需缺口人数（职务/职称/资格）				备注
	总数	高	中	初	总数	高	中	初	总数	高	中	初	
营销序列	50	0	0	50	78	16	31	31	28	16	31	−19	
人事行政序列	13	0	1	12	33	3	9	18	20	3	8	6	
财务序列	4	0	0	4	15	2	5	8	11	2	5	4	
设备序列	10	0	0	10	19	2	7	14	9	2	7	4	
品质序列	120	0	2	118	243	24	72	147	123	24	70	29	

注：2017年各类人员的高、中、初人员测算按不同情况采用不同的测算办法。其中，公司管理层、部门经理层按实际需求测算，研发序列的高、中、初按2∶4∶4的比例测算，采购（含仓储）序列的高、中、初按1∶1∶8的比例测算，制造序列的高、中、初按1∶2∶7的比例测算，营销序列高、中、初按2∶4∶4的比例测算，人事行政序列、财务序列的高、中、初按1∶3∶6的比例测算，设备序列的高、中、初按1∶4∶5的比例测算，品质序列的高、中、初按1∶3∶6的比例测算。

第四步，根据对供需情况及缺口的预测，制定2015—2017年某公司人力资源规划。规划的主要内容包括：人才引进计划、员工培养计划、职务晋升计划和职称评审计划。

根据2015—2017年某上市公司人才供给缺口的预测，公司现有人力资源总量为575人，2017年人力资源需求总量的预测是1096人，缺口为521人。其中，公司管理层人员的缺口为7人，部门经理（含总监）的缺口为18人，研发序列的缺口是65人，采购（含仓储）序列的缺口为10人，制造序列的缺口为233人，营销序列的缺口为28人，人事行政序列的缺口为17人，财务序列的缺口为11人，设备序列的缺口为9人，品质序列的缺口为123人。

为达到供求平衡，满足战略实施对人力资源的要求，公司拟采取外部引进、内部培养、职务晋升、职称评定等措施解决人才供给缺口问题，并分别制订外部引进计划、内部培养计划、职务晋升计划和职称评定计划。

（一）外部引进计划

根据分析，人才缺口中需通过外部引进解决的，主要是高端的专业技术人员、一线的技术工人。

1. 高端专业技术人员的引进

根据缺口分析，2017年前共需引进高端专业技术人员26名，主要是硬件、软件、机械、结构、工艺、测试等方面的高级工程师，这些人员的引进，主要途径是通过猎头公司或熟人介绍。

（1）猎头计划。选择合适的猎头公司，签订猎头协议，确定通过猎头寻找的岗位，跟进猎头的过程。对猎头公司介绍的人选由公司组织进一步的测试，经领导审批后引进。对高端人才可采用特岗特薪或给予一定的股权来吸引人才。

（2）熟人介绍。可通过行业协会、高等院校、共同研发机构等单位的熟人介绍高端专业技术人才。经公司组织测试后报领导审批引进。

2. 一线技术工人的引进

根据缺口分析，2017年前，共需引进233名，其中高级工49人，中级工74人，初级工110人，主要是装配工、嵌线工、车工、测试员、检测员等工种。引进的主要途径有：

（1）人才市场。预定展位，发布招聘广告，印发宣传材料，现场招聘面试，经用人部门复试后报批录取。

（2）技工学校。选择联系相关学校，开展校园宣传，现场面试，经用人部门复试后报批录取。

（二）内部培养计划

根据分析，人才缺口中需通过内部培养解决的，主要是高中层的管理人员和高中级的技能人员。

1. 高中层管理人员的培养

根据缺口分析，2017年前约需培养高中层管理人员54人，其中公司管理层13人，总监级11人，经理级30人。主要培训途径包括举办高中层管理人员培训班、试行教练制、轮岗挂职、参加外部的学历教育、培训班、专题讲座等。

（1）每年举办一次高中层管理人员培训班，着重就领导能力、规划能力、监控能力、创造能力、人才培养能力等进行系统化培训。

（2）试行教练制。根据管理类关键岗位储备图，为储备人员指定教练，并制订实施教练计划，对实施效果进行评估奖惩。

（3）试行轮岗或挂职锻炼。本部人员可到下属企业挂职，下属企业人员也可到本部挂职，加强本部和下属企业的人员交流。

（4）根据需要选派中高层管理人员参加学历教育或培训班、专题讲座等。

2. 高中级技能人员的培养

根据缺口分析，2017年前需培养技能人员约123人，其中高级工49人，中级工47人。主要培养途径为师徒制和技能级别的评定。

（1）师徒制按照公司制定的师徒制试行办法执行，通过师徒配对，制订辅导计划、实施计划、评估奖惩等环节实施。公司现有1名资深级技工和6名高级技工，按一带一或一带多，可带约30名徒弟。

（2）技能级别的评定按公司《胜任力管理手册》中的"职称评定办法"执行，每年组织一次技能等级的评定，评定结果和薪酬挂钩。

内部培养的费用预算为_____，其中办培训班费用_____，学历教育费用_____，教练补贴_____，师傅补贴_____，其他费用_____。

（三）职务晋升计划

根据缺口分析，现有管理人员中，高、中层管理岗位空缺的有28个（本部缺18个，3个总监岗位，15个经理岗位；遵义缺10个，3个总监岗位，7个经理岗位），在岗人员中，属年龄偏大、任期偏长、能力偏弱、业绩偏差，应考虑人员更新的岗位有1个，上述岗位的补充和更新，主要途径靠内部的资格认证和职务晋升计划。

管理人员的职务晋升，一般是先参与任职资格认证，获取相应资格，才具有相应的晋升机会。

管理人员职务晋升采用的方式主要是竞聘制和选任制，以竞聘制为主。按集团和公司的规定，竞聘制的程序为：确定竞聘岗位、组织报名、资格审查、笔试面试、民意测评、综合评审、确定人选、发文聘任。选任制的程序为：领导、部门推荐或个人自荐，人力部门组织考察和民意测评，班子会议审议，领导审批发文。

公司每年组织一次管理人员的任职资格认证。认证方式按公司《胜任力管理手册》中的"任职资格认证办法"执行。另外，根据工作需要和人员储备情况，公司每年组织1~2次岗位竞聘，如报名参加竞聘的人数不够，可采用选任制或考任制的方式选拔干部。

（四）职称评定计划

现有的专业技术人员中，获得国家或企业评定职称的人员偏少，根据缺口分析，高级专业技术人员的缺口有75个（包括研发、采购、营销、人事行政、财务、设备、品质等专业），中级专业技术人员的缺口有105个（包括的专业如前所述）；现有的技能人员中，获得国家或企业评定的技能等级的人员也偏少，根据缺口分析，高级技能人员缺口是49个（制造序列），中级是74个（制造序列）。

公司鼓励专业技术人员和技能人员积极参加国家权威部门组织的职称评定和技能等级的评定，凡经考评获得职称或技能等级的，都可享受相应级别的薪酬待遇及其他相关待遇，并有优先晋升职务的机会。

根据《胜任力管理手册》中的"职称评定办法"，公司每年组织一次内部职称和内部职能等级的评定工作，评定程序按相关规定执行，包括组织报名、笔试、面试、综合评审、审批发文等环节。获得企业内部的职称和技能等级的，同样享受相应的薪酬待遇及其他相关待遇。

某公司的人力资源规划，从制订本身而言其操作方法是规范的、科学的，但从执行层面来讲，却遇到了很大的问题。其原因在于，由于国家政策的变化（打击骗补，逐渐减少对新能源车的补贴），市场和客户发生了很大变化，而该公司原先对这种不确定性并没有做好预测和预案，因而整个业务发展规划被打乱了；而当公司的业务发展规划未能及时做出调整时，公司的人力资源规划也无从调整和执行。

案例二：阿里巴巴的人力资源规划

阿里巴巴的人力资源规划称为《人力资源战略规划（与）体系建设可行性方案》，这个方案的主要内容包括两大部分：第一部分为人力资源战略，第二部分为人力资源管理体系建设。

第一部分：阿里巴巴公司人力资源战略

其总体的表述是：由于中国电子行业还处在快速发展时期，阿里巴巴作为其中的领头企业，目前公司采取的是发展型战略，在维持原有市场的同时，不断开发新市场。与之相对应的人力资源采用协助者战略，即通过聘用自我动机强的员工，鼓励和支持能力、技能和知识的自我开发，同时在人员配备与弹性结构之间进行协调等措施给予人才新知识、新技能的支撑。阿里巴巴人力资源各模块战略如下：

1. 人才招聘战略

（1）招聘方式。阿里巴巴的招聘具有多种形式，除了专场招聘会、网络、报纸、猎头这些传统的招聘形式，阿里巴巴还采用外资招聘、外部推荐等一些创新的渠道。在众多渠道中，阿里巴巴有40%~50%的新员工都是来自网络招聘。阿里巴巴还可以内部招聘，在阿里巴巴有很多业务可以供人发展，只要在阿里巴巴当前岗位上工作满一年，考评合格者就可以参加内部招聘。

（2）选人原则。一是诚信为先。对于阿里巴巴来说，选人的首要要求就是诚信，马云认为这是最重要、最基本的品质。2006年，把"诚信建设和知识产权保护"作为公司新一年的`三大主题之一。同时强调对客户的诚信，永远不给客户回扣，给回扣者一经查出立即开除。二是重视职业道德。阿里巴巴很看重员工的职业操守，这也是阿里巴巴不愿意高薪挖人的一个很重要的原因，因为阿里巴巴不愿意要不忠不义的员工。

（3）任用策略。不拘一格任用人才。集团总裁是原百安居中国区总裁，支付宝总裁原是一名中国刑警，集团战略总参谋长原是一名长江商学院的教授；需要英雄更需要团队，阿里巴巴是靠团队打天下的，绝不是靠个人英雄主义。

2. 员工培训战略

（1）开发员工潜力。作为企业的领导者，最重要的职能就是开发员工的潜能。阿里巴巴认为，不只有企业应该发现员工的潜能，员工个人也应该注重自身的成长，自己的成长不要等到公司培养，首先要自己培养自己。

（2）培训新员工。为了创建一个伟大的公司，马云强调对员工价值观的培训。"百年阿里""百年大计""百年诚信"是新员工培训的三大体系。

（3）把钱存在员工身上。马云认为一个企业最大的财富就是员工，他非常重视让员工作为企业资产的一部分实践"保值""增值"的过程。因此，阿里巴巴会给员工各种培训，让员工有轮岗的机会，使他们能够在短时间内接触不用的业务。在阿里巴巴，老销售要帮助新销售，在资源、信息、经验等方面都要无偿共享，不许欺负新销售或者霸占资源。

3. 员工激励战略

（1）理想激励。作为一个管理者不要让你的员工只是为了你而工作，要为共同的理想而工作。阿里巴巴是有理想、事业、使命、价值观的，但这个理想绝不是马云一个人的理想，而是阿里巴巴整个团队的理想。

（2）薪酬激励。马云认为发不出工资是领导的耻辱，"这个时代需要雷锋，但绝对不能让雷锋穿有补丁的衣服上街"。

（3）股权激励。马云主张"盛宴共享"，只要有机会马云就不会放弃为员工争取股份的机会。

4.员工管理战略

（1）人性化管理。"抓住人性的本真"是阿里巴巴自创立以来自上而下践行的HR管理的精神内核。对于员工，马云曾有过这样的表述："我们对进来的员工都给予他们三样东西：一是良好的工作环境（人际关系），二是钱（今天是工资，明天是奖金，后天是每个人手中的股票），三是个人成长。第三点是非常重要的，公司要成长首先要让员工成长，人力资源不是人力总监一个人的事，从CEO到每个员工都要认真对待。"阿里巴巴除了通过统一的价值观，还通过实实在在的激励措施来保障员工的归属感，让员工心甘情愿地留在阿里巴巴，为实现百年老店的梦想而共同努力。

（2）尊重员工，关心员工。马云认为，你越谦虚，越尊重别人，你的同事就越能感受到你的欣赏目光。关心员工是阿里巴巴形成凝聚力的法宝，马云把员工当朋友，经常找员工谈心，帮助他们解决困难，解决问题。在基层员工上下了许多功夫，并且还把对员工的这种关心延伸到员工的家属身上。

（3）末位淘汰制。阿里巴巴有着严格的绩效考核，所有的员工每年每季都要参加业绩、价值观双重考核。针对管理人员增多的情况，阿里巴巴做出一个重大调整，增加价值观考核指标，被考核人员上至副总裁。

第二部分：人力资源管理体系建设

（一）阿里巴巴培训体系

阿里巴巴非常重视对员工的培养。多样化、系统化的培训体系，不断提升的文化氛围，保证了每一位员工可以源源不断地获取工作中所需要的知识和技能，在公司的每个角落经常可以看到上司与下属如朋友聚会般围坐在一起，谈管理学技术，交换想法，年轻的心在碰撞中交流，创新的火花在互动中绽放。

阿里巴巴的培训体系分为三种类型：新员工的入职培训、在职员工的岗位技能培训和管理人员的管理技能培训。

新员工培训分为销售和非销售员工培训。新员工在入职一个月以内参加脱产带薪培训，课程项目有公司发展、价值观、产品和组织结构介绍等。给新员工提供了深入了解阿里巴巴并适应阿里巴巴的机会。

在职员工的岗位技能培训分为专业技能培训和通用技能培训。除了开设职业生涯规划、外贸知识讲座、社交礼仪、目标设定等与日常工作相关的课程，也开设了一些以员工兴趣爱好或者生活常识为主的小课程，比如摄影、音乐鉴赏、旅游、理财、网络购物等项目的讲座。这些形式多样、内容丰富的学习活动，真正把公司营造成一个随时可以学习，任何人都有机会发展的大学校。

管理人员培训分三个计划：阿里巴巴管理技能计划（Alibaba management skill program）、阿里巴巴管理发展计划(Alibaba management development program)和阿里巴巴领导力发展计划(Alibaba leadership development program)。公司内部简称为3A课程。每个计划由3~4门核心课程组成，针对不同层级的管理人员进行系统培训。每个项目都结合工作实际，都有课前的沟通调研和课后的行动计划，由业务主管、人力资源部和培训部共同打造管理人员的综合能力。

上课的形式分为课堂、夜校、夜谈。采用课堂形式的是知识体系相对完整、培训时间需要集中的课程，一般要求授课时间在7个小时以上；采用夜校形式的是针对管理人员的课程，讲师一般都是公司的高层管理人员；采用夜谈形式的是知识体系分散、以员工的兴趣爱好或者生活常识为主开设的课程。

公司为员工提供了广阔的价值提升空间和良好的职业发展通路，也为员工提供了极具竞争力的薪资福利待遇，体现了员工在阿里巴巴工作的总体价值。

（二）阿里巴巴绩效管理体系

阿里巴巴把绩效管理和价值观贯彻进行有效和深度的结合，形成了独具特色的绩效考核体系，这是阿里巴巴持续取得高绩效的关键因素。阿里巴巴绩效管理形成了自己的特点：一是制定高目标，二是把价值观纳入考核,三是建立了政委体系做"人"的工作,四是借鉴了通用"活力曲线"的法则及淘汰和激励制度。

(1)考核的目的。客观评价员工的工作状态,为公平的竞争机制提供依据;保持企业经营高效率,促进组织目标的达成;开发人力资源,挖掘个体潜能,促使公司人力资本增值。

(2)考核的原则。一是参与性。绩效考核是双向交流、共同参与的管理过程,是全体员工及各部门工作的一部分。二是客观性。绩效考核必须以日常工作表现的事实为依据,进行准确而客观的评价,不得凭主观印象判断。三是一致性。绩效考核所依据的事实必须与被考核人/部门负责的工作有关。四是公正性。绩效考核严格按照制度、原则和程序进行,公正地评价被考核者,尽量排除个人好恶、同情心等人为因素的干扰,减少人为的考核偏差。五是指导性。绩效考核不能仅为利益分配而考核,而是通过考核指导帮助员工/部门不断提高工作绩效。

(3)绩效评估内容。阿里巴巴绩效评估分为两部分:价值观考核和业绩考核(KPI)。业绩和价值观考核各占50%,价值观考核不及格则绩效考核不及格。

第一,价值观考核的"六脉神剑"。

客户第一——客户是衣食父母:

1分:尊重他人,随时随地维护阿里巴巴形象。

2分:微笑面对投诉和受到的委屈,在工作中积极主动地为客户解决问题。

3分:与客户交流过程中,即使不是自己的责任,也不推诿。

4分:站在客户的立场思考问题,在坚持原则的基础上,最终达到客户和公司都满意。

5分:具有超前的服务意识,防患于未然。

团队合作——共享共担,平凡人做非凡事:

1分:积极融入团队,乐于接受同事的帮助,配合团队完成工作。

2分：决策前积极发表建设性意见，充分参与团队讨论；决策后，无论个人是否有异议，必须从言行上完全予以支持。

3分：积极主动分享业务知识和经验，主动给予同事必要的帮助，善于利用团队的力量解决问题和困难。

4分：善于和不同类型的同事合作，不将个人喜好带入工作，充分体现"对事不对人"的原则。

5分：有主人翁意识，积极正面地影响团队，改善团队士气和氛围。

拥抱变化——迎接变化，勇于创新：

1分：适应公司的变化，不抱怨。

2分：面对变化，理性对待，充分沟通，诚意配合。

3分：对变化产生的困难和挫折，能自我调整，并影响和带动同事。

4分：在工作中有前瞻意识，建立新方法、新思路。

5分：创造变化，并带来绩效突破性的提高。

诚信——诚实正直，言行坦荡：

1分：诚实正直，表里如一。

2分：通过正确的渠道和流程，表达自己的观点；表达批评意见的同时能提出相应的建议，直言有讳。

3分：不传播未经证实的消息，不背后不负责任地议论事和人，并能正面引导，对于任何意见和反馈"有则改之，无则加勉"。

4分：勇于承认错误，敢于承担责任，并及时改正。

5分：对损害公司利益的不诚信行为有效地制止。

激情——乐观向上，永不放弃：

1分：喜欢自己的工作，认同阿里巴巴企业文化。

2分：热爱阿里巴巴，顾全大局，不计较个人得失。

3分：以积极乐观的心态面对日常工作，碰到困难和挫折的时候不放弃，不断自我激励，努力提升业绩。

4分：始终以乐观主义精神和必胜的信念，影响并带动同事和团队。

5分：不断设定更高的目标，今天的最好表现是明天的最低要求。

敬业——专业执着，精益求精：

1分：今天的事不推到明天，上班时间只做与工作有关的事情。

2分：遵循必要的工作流程，没有因工作失职而造成的重复错误。

3分：持续学习，自我完善，做事情充分体现以结果为导向。

4分：能根据轻重缓急来正确安排工作优先级，做正确的事。

5分：不拘泥于工作流程，化繁为简，用较小的投入获得较大的工作成果。

价值观考核实行通关制，即大家应该首先做到较低分数的条款，然后进阶至较高级的条款，依此原则，若较低分数未能做到，则没有机会进阶。打分规则：每一条若只做到部分，可以评0.5分；如要扣分，需以事例对员工当面说明。

价值观评分标准：24（含）分以上，为一贯持续超出期望（4.5）；20（含）~24分，超出期望（4）；18（含）~20分，部分超出期望（3.75）；15（含）~18分，满足期望（3.5）；12（含）~15分，需要提高（3.25）；8.5（含）~12分，需要改进（3）；8.5分以下，不可接受（2.5），书面警告，限期改进；如某一项为0分，书面警告，限期改进。

第二，业绩考核（KPI）。

举例，业绩考核（KPI），如表9-5所示。

表9-5 业绩考核（KPI）

序号	目标	衡量指标	评分标准	权重（%）
1	质量	品控评分	品控质量评分（普座排名）	30
		客户满意度	满意度三项（普座排名）平均，重点参考满意率数据	10
2	效率	日均完结量	中心普座排名	15
		日均呼入量	中心普座排名	15
3	业务能力考核	每月考试，专题考试	中心排名	10

续表

序号	目标	衡量指标	评分标准	权重（%）
4	综合表现	日常工作表现	服务规范执行情况（含记录规范、转交规范、回访规范等）	20
			对网站、产品、流程的改进、优化建议的提交情况	
			综合表现，如过程指标无明显异常，投诉、表扬情况等	

（三）阿里巴巴薪酬体系

1. 确定薪酬体系的原则

按照价值分配的原则，不让奉献者吃亏。根据个人实际能力及所在岗位的风险、责任、贡献，结合公司整体效益和个人工作绩效，确定员工的工资。依据考核结果确定个人工资的晋升与年度（或季度）奖金的分配。中高层管理职位和公司认定的关键职位，部分奖金采用现金、年薪制、股权或期权结合的方式。

公司每年都参加同行业的薪酬福利市场调研，以确保公司员工的薪酬在同行业内具备良好的竞争力；同时根据业绩导向，为不同的职能人员制订了完善的绩效奖金计划或业务提成计划。

2. 阿里巴巴薪酬构成

企业在设计薪酬时，必须考虑价值因素，进而通过评估价值因素确定薪酬支付标准。阿里巴巴在设计薪酬时充分考虑了市场因素、岗位因素和能力因素。

市场因素，表明企业在设计薪酬时离不开对人才薪酬市场的分析和判断。市场人才需求大于市场供给时，在设计薪酬时必须给付企业所需的人才较高的薪酬水平；市场人才供给大于市场需求时，在设计薪酬时可以给付企业所需的人才较低的薪酬水平。

岗位因素，即薪酬设计时，对员工所在岗位的责任大小和相对重要性等因素进行价值判断，通过岗位评价制定相应的岗位薪酬标准，从而实现公司内岗位价值的相对公平。

能力因素，是对薪酬支付对象身上所拥有的企业发展所需要的知识、能力和经验的多少和相对重要性进行价值判断，并通过能力评估来制定相应的能力薪酬标准。考虑到公司的历史和员工的可接受程度，通过设立年功工资体现员工在企业工作时间和经验的价值，通过学历职称工资体现个人知识、能力水平的价值。

薪酬结构：员工薪酬收入 = 固定工资 + 福利 + 加班工资 + 绩效工资 + 年终双薪。

固定工资 = 基本工资 + 各项津贴；津贴包括交通、餐补、通信、工龄、学历和生活补助、保密津贴等。

福利：员工转正后公司会为其购买五险一金。公司除了为员工办理国家和地方规定的养老保险、医疗保险、工伤保险、失业保险、生育保险和住房公积金外，还为员工提供综合商业保险项目，包括人身保险、意外伤害保险、补充医疗保险；同时还为员工子女提供附加医疗保险，确保员工享有完善的综合保障。除国家规定的公休假日及婚假、产假等法定休假外，公司员工还享有带薪年假，所有员工入职之日起即享有 7 天起的带薪年假。公司还为员工提供免费的工作餐，同时还为怀孕女员工免费提供防辐射服。公司内部还设立了小超市、小邮局，处处方便员工的工作和生活。

加班工资：按照加班工作时长来发加班工资。

绩效工资：采用 360 考核机制。一个季度发放一次。绩效工资与员工每月的工作努力程度、工作结果相关，反映了员工在当前的岗位与技能水平上的绩效产出。月度绩效工资 = 岗位工资 × 月度考核系数 × 部门考核系数。

月度个人得分与个人考核系数对照，如表 9-6 所示。

表 9-6　月度个人得分与个人考核系数对照表

评价得分	90~100 分	80~90 分	70~79 分	60~69 分	<60 分
考核结果	优	良	中	基本合格	不合格
考核系数	1.2	1	0.8	0.6	0

月度部门得分与部门考核系数对照，如表9-7所示。

表9-7 月度部门得分与部门考核系数对照表

评价得分	90~100分	80~90分	70~79分	60~69分	<60分
考核结果	优	良	中	基本合格	不合格
考核系数	1.1	1	0.9	0.8	0.5

年终双薪：年终双薪即为第13个月工资。由基本工资和津贴组成，即固定工资部分。

（四）阿里巴巴的股权结构及激励政策

1. 股权结构

阿里巴巴集团股权结构变动分布，如图9-1所示。

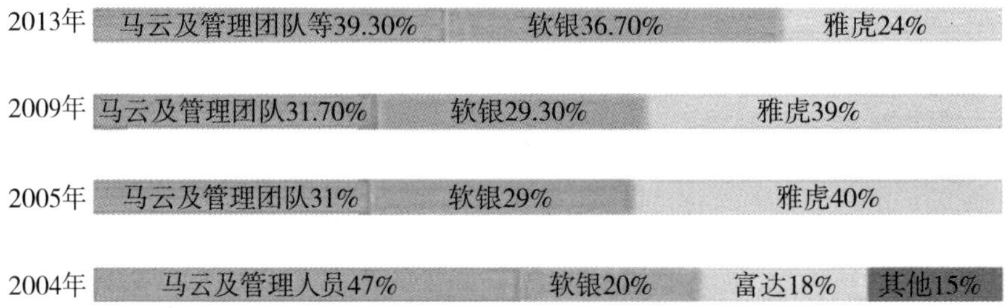

2013年 马云及管理团队等39.30%　软银36.70%　雅虎24%

2009年 马云及管理团队31.70%　软银29.30%　雅虎39%

2005年 马云及管理团队31%　软银29%　雅虎40%

2004年 马云及管理人员47%　软银20%　富达18%　其他15%

图9-1 阿里巴巴集团股权结构变动分布图

注：2013年"马云及管理团队等"股权占比涵盖马云及管理团队、私募基金及其他投资者。

在阿里巴巴集团的股权结构中，管理层、雇员及其他投资者持股合计占比近40%。根据阿里巴巴网络的招股资料，授予员工及管理层的股权包括了受限制股份单位计划、回购股权计划和股份奖励计划三种。

2. 股权激励政策

阿里巴巴集团成立以来，曾采用四项股权奖励计划授出股权报酬，包括阿里巴巴集团1999年回购股权计划，2004年回购股权计划；2005年回购股权计划以及2007年股份奖励计划。实际上，2007年，阿里巴巴集团旗下B2B业务阿里巴巴网络在香港上市后，购股权奖励就越来越少，受限制股份单位计划逐渐成为一个主要的股权激励措施。

2010年12月10日，阿里巴巴召开股东特别大会，压倒性投票通过修订回购股权计划和受限制股份单位计划（RSU），并且将两项计划的可发行股份数目上限更新至1.560亿股。这些措施的直接获利者是即将加入阿里巴巴和已经加入阿里巴巴的员工。

回购股权计划的目的是通过向有技能和经验的人员提供获取公司股权的机会，吸引他们加入阿里巴巴并继续服务团队，体现公司以人为本的企业文化，同时激励他们为公司未来发展而努力。

受限制股份单位计划的目的是留住人才。公司认为你将来能为企业做出更大贡献才授予你的。员工一般都有受限制股份单位，在每年发奖金时同时发放。阿里巴巴的员工每年都可以得到至少一份受限制股份单位奖励，每一份奖励的具体数量则可能因职位、贡献的不同而存在差异。

受限制股份单位计划本质上是(股票)期权。员工获得受限制股份单位后，入职满一年方可行权。每一份受限制股份单位分4年行权，每年可行权25%。由于每年都会伴随奖金发放新的受限制股份单位奖励，员工手中所持受限制股份单位的数量会滚动增加。这种滚动增加的方式，使得阿里巴巴集团的员工手上总会有一部分尚未行权的期权，进而有助于公司留住员工。

受限制股份单位奖励和现金奖励不同。前者反映了公司认为你未来是否还有价值。如果当年的业绩不好可能现金奖励不多。但如果认为你未来价值很大，可能会有较多的受限制股份单位奖励。阿里巴巴集团在2005—2010年高速成长阶段，企业股权规则全部保护那些绩效优秀者，谁有绩效资源，股权向谁倾斜。

按照阿里巴巴两种股权计划获得的股权，不同之处在于，受限制股份单位在行权时认购的价格更低，仅0.01港元。以退市前的阿里巴巴网络为例，按回购股权计划获得股权的员工可能会因市价低于认购价而亏损，而对于持有受限制股份单位的员工而言，除非股价跌至0.01港元之下才会"亏损"。

阿里巴巴集团内部有一个专门负责受限制股份单位授予、行权、转让交易的部门——期权(option)小组，受限制股份单位可以在内部转让，也可以转让给外部第三方，均须向期权小组申请。一般而言，期权小组对向外部转让的申请审核时间更长一些，需要耗时3~6个月。对于员工而言，持股本身并不会带来分红收入，而是在行权时带来一次性收益。假设一名员工2009年加入阿里巴巴集团，获得2万股认购权，每股认购价格3美元，到2012年行权时公允价格13美元/股，那么行权将带来20万美元收入。

除了留住员工，受限制股份单位还有另一个重要用途是留住并购企业的创始人和原始股东。阿里巴巴集团在并购交易中，一般现金支付部分不会超过50%，剩余部分则以阿里巴巴集团的受限制股份单位作为支付手段。这部分用来支付的受限制股份单位是从期权池中拿出来的，每一轮增资扩股时，从中划出部分股权放入期权池，用于未来的员工激励、并购等。

通常来说，如若阿里巴巴并购一家公司的协议价是2000万元人民币，阿里巴巴只会拿出现金600万元，而1400万元则以阿里4年受限制股份单位的股权来授予。这一部分股权激励，主要是给被并购公司的创始人或是原始股东。据说，这也是马云并购公司的先决条件之一，这是所谓的"金手铐"，也是阿里巴巴飞速发展的保障机制之一。

股权激励的利弊与风险：一般股权激励是与战略周期一致的长期激励，能够引导管理层对企业整体业绩和长期发展的关注，而且是增值和利润基础上的分享，企业不需要直接支付现金。但是，按照新的会计准则，股权激励的费用成本高昂；在委托代理机制不成熟的大背景下，存在内部人操纵造假而获利的风险；有些高级管理人员为了规避对在职高级管理人员行权期的约束，为巨额套现而放弃企业；此外，以股票市价为参照的激励措施，股价受不可控外部因素影响，很可能反映不了真实的企业业绩。

下篇

自我人格修炼：在心上用功

人事总监、人事经理和期待发展职业能力的人事工作者要成为公司领导和各部门负责人"可信赖的行动者",成为"员工的支持者",除了确立人力资源转型理念,突破原有思维框架,还必须下功夫进行自我人格修炼。在这一方面,学习王阳明心学是一个不错的选择。

心学是什么?王阳明曾指出:"圣人之学,心学也。学以求尽其心而已。尧、舜、禹之相授受曰:人心惟危,道心为微,惟精惟一,允执厥中。此心学之源也。"(《象山文集序》)

简单地说,心学是一套人格修炼的学问和功夫。王阳明认为,修身、齐家、治国、平天下的根在于"心",在于"心之良知"的发见、存养和实用。心学的精髓是教人"在心上用功","在良知上实用为善去恶的功夫"。

在与黄修易的谈话中,王阳明指出:"人之根在心之良知。""良知即是天植灵根,自生生不息。但着了私累,把此根戕贼蔽塞,不得发生耳。"(《王阳明集》卷四《黄修易录》)日本的冈田武彦(《王阳明大传》的作者)把王阳明的心学称为"培根之学"。

心学作为一门学问,有它的渊源,有一个学术思想的发展过程,还形成了一个学术思想的体系。从渊源看,它继承了儒家修身、齐家、治国、平天下和正心、诚意、致知、格物的思想;从王阳明个人学术思想的发展看,大体可分为"心即理""知行合一""致良知"三个阶段;从学术体系看,集中体现在"致良知"的"四句教"。

王阳明的学说,强调修身的根本是"在心上用功",为此,他也为学者提供了一套修炼的功夫(方法、做法),这套功夫也集中体现在他提出的"四句教"中。按王阳明的话说,四句话是"话头"(学问要点),也是彻上彻下的"功夫"(修炼方法)。因此,在领会"无善无恶是心之体"的学问时,要修炼"静坐"的功夫;在领会"有

下篇 自我人格修炼：在心上用功

善有恶是意之动"的学问时，要修炼"省察克治"的功夫；在领会"知善知恶是良知"的学问时，要修炼"慎独"的功夫；在领会"为善去恶是格物"的学问时，要修炼"诚意"的功夫。

王阳明心学的发展大致可分为三个阶段。心即理、知行合一、致良知分别代表了他这三个阶段的学术思想。

心即理

心即理是在龙场悟道后提出来的。他发出了这样的感慨："圣人之道，吾性自足，向之求理于事物者误也。"当时的主流思想是朱熹的即物求理，王阳明悟道后，认为那是一种错误。理应求之于内心，而不是求之于外物。

此后，对于"心即理"，王阳明在不同的场合，针对学生提出的不同问题，做过多次的解释。

王阳明在和徐爱的谈话中提到，"心即理也。此心无私欲之蔽，即是天理"。（《王阳明集》卷一《徐爱录》）在答顾东桥书中，王阳明又提出，"吾心之良知，即所谓天理也"。（《王阳明集》卷二《答顾东桥书》）

王阳明解释"心即理"最为透彻的是与黄以方交谈的一段话。他说："此心在物则为理。如此心在事父则为孝，在事君则为忠之类。"如此看来，心物合一才是理。既然这样，他为什么要强调心即理呢？他是针对世人的病痛，为了引导世人来心上做功夫。他说："我如今说个心即理，'只为世人分心与理为二，故便有许多病痛'。比如说，五伯攘夷狄，尊周室，都是出于私心，有人却说他做得当理。因此我说个心即理，'要使知心理是一个，便来心上做功夫，不去袭义于外，便是王道之真。此我立言宗旨'。"（《王阳明集》卷四《黄以方录》）

综合以上论述，"心即理"与"此心在物即为理"在说法上不一样，但其内在的思想是一致的。王阳明认为，天理的根是人心之良知。只要去除私欲之蔽，使良知复明，致良知于事事物物皆为天理。正如他在和陆澄的谈话中所说的，"圣人之心如明镜，只是一个明，则随感而应，无物不照"。"人只要在性上用功，看得一性字分明，即万理灿然"。（《王阳明集》卷一《陆澄录》）

知行合一

在龙场悟道的第二年，王阳明提出了"知行合一"论。

从教人"一念为善"的目标出发，王阳明提出知行合一的立言宗旨，是教人一旦知道意念有不善，就要将这不善的意念克倒。他说："我今说个知行合一，正要人晓得一念发动处，便是行了。发动处有不善，就将这不善的念头克倒了，须要彻根彻底不使那一念不善潜伏在胸中，此是我立言宗旨。"（《王阳明集》卷四《黄直录》）

从认识论上看，王阳明提出知行合一，是针对世人把知和行分为两段导致的蔽端。他在和徐爱的交谈中提到，"待知得真了，方去做行的功夫。故遂终身不行，亦遂终身不知。此不是小病痛，其来已非一日矣。某今说个知行合一，正是对病的药。"（《王阳明集》卷一《徐爱录》）

王阳明认为，知行是不可分离的。他说："未有知而不行者。知而不行，只是未知。""如好好色，如恶恶臭，见好色属知，好好色属行。只见那好色时已自好，不是见了后又立个心去好。"（王阳明集）卷一《徐爱录》）

王阳明在答顾东桥书中还提到："知之真切笃实处是行，行之明觉精察处是知。知行功夫，本不可离。"（《王阳明集》卷二《答顾东桥书》）强调真知离不开行，实践出真知；而真行也离不开知，在行中明觉精察可获得新知。任正非说，为什么自己的水平比下属高，就是因为在做每件事时，能比别人多体悟一点点，做的事多了，自然水平就提高了。

知行合一，知行不可分离，而两者在做事中所起的作用又有所不同。王阳明说："知是行的主意，行是知的功夫。知是行之始，行是知之成。若会得时，只说一个知，已自有行在；只说一个行，已自有知在。"（《王阳明集》卷一《徐爱录》）。即是说，就做成一件事而言，"知是行的主意"，有某种想法才会有某种相应的行动；"行是知的功夫"，而某种行动则是实现某种想法的具体做法。"知是行之始"，做一件事总是开始于有某种想法；"行是知之成"，而要做成一件事，则必须靠相应的行动。王阳明举例说，讲求孝，须有这孝心，然后有相应行动表现出来。至善在心，而不在礼节。若只是礼节得当，便说是至善，如今戏子扮得许多奉养父母的礼节，也可以说是至善了。（《王阳明集》卷一《徐爱录》）只要领悟到做一件事的过程中某种想法与某种行动的相应关系，只说有某种想法，已自有某种行动在，而只说有某种行动，已自有某种想法在。

致良知

梁启超在《传习录集评》的导论中提到，根据钱德洪、王畿所撰的阳明年谱，王阳明从三十八岁开始，以"知行合一"教导他的学生，而从五十岁开始，则以"致良知"教导他的学生。他晚年真是"开口三句，不离本行"，千言万语都是发挥"致良知"三字。因此，他认为，可以拿"致良知"这句话代表阳明学术的全部。

"致良知"这句话，是把《孟子》里"人之所不学而知者其良知也"和《大学》里"致知在格物"这两句话连缀而成。

致良知基本内容集中体现在王阳明自己编成的"四句教"。其内容是一个逻辑非常严密的整体，涉及身、心、意、知、物。

王阳明在和徐爱、钱德洪的谈话中提出："无善无恶是心之体，有善有恶是意之动，知善知恶是良知，为善去恶是格物。只依我这话头随人指点，自没病痛，此原是彻上彻下功夫。"依我理解，这里所说的"话头"，指的是其学问的要点，而"功夫"则是指修炼的方法。王阳明的学术思想，既重视理念，也重视修炼方法。王阳明还指出，以这话头随人指点的目的是教人"在意念上实落为善去恶"，"在良知上实用为善去恶功夫"。(《王阳明集》卷四《钱德洪录》)这两句话的意思有所不同，又有内在联系。第一句"在意念上实落为善去恶"，指的是人有习心，本体受蔽，因而随感而发的意念有善有恶。因此，为善去恶必须在意念上落实，是善念，可为之，是恶念，不可为。第二句"在良知上实用为善去恶功夫"，指的是要在意念上实落为善去恶，必须靠良知的实用，即是致良知，只有致其良知于某件事所引发的意念，才能区分这个意念是善念还是恶念，从而格正自己的行为。"四句教"是王阳明心学的要点，其中隐含了一整套修炼方法。

王阳明曾对陆澄说过："圣贤笔之书，如写真传神，不过示人以形状大略，使其因此而求其真耳。其精神意气，言笑动止，固有所不能传也。后世著述，是又将圣人所画摹仿誊写，而妄自分析加增以逞其技，其失真愈远矣。"(《王阳明集》)卷一《陆澄录》)我们对"四句教"的学习领会，要讨求其真，而不要失真愈远。

心学的意义：从个人修养的角度看，它教我们无事时保持"清净心"（静坐心），不为杂念所累；教我们有事时致其良知，诚其意念，当行则行，当止则止，拥有一颗"强大的心"；教我们实实落落依良知做事，其结果必然"稳当快乐"；教我们在风浪中舵柄在手，"可免没溺之患"。从组织管理的角度看，它教管理者通过教育"克其私，去其蔽"，用人上"举德而任""视才之称"，处事上所言所行"致其良知"，从而构建和谐环境。

以下从人事总监、人事经理和期待发展职业能力的人事工作者"自我人格修炼"的角度，阐述心学的修炼方法。要点是：立志真切，在心上用功，知学。

第十章
立志真切

习近平2016年5月3日在十八届中央纪委六次全会上讲话中提到："要引导人向善向上,发挥理想信念和道德情操引领作用。'身之主宰便是心';'不能胜寸心,安能胜苍穹'。'本'在人心,内心净化、志向高远便力量无穷。"其中的"身之主宰便是心"引用了王阳明的话。

人事总监、人事经理和期待发展职业能力的人事工作者要进行"自我人格修炼",首要条件是立志,要立"一念向善"之志,而且,立志必须真切,立志不真切,可能半途而废。

第一节 立志为善：积善之家,必有余庆

王阳明从小立志做圣贤。据明代冯梦龙的《皇明大儒王阳明先生出身靖乱录》(以下简称《靖乱录》)记述,王阳明十二岁时在京师读私塾,塾师问他,"据孺子之见,以何事为第一",阳明说,"惟为圣贤方为第一"。王阳明在历史上被称为"立德立功立言三不朽"的名儒能臣。

"立德"。王阳明在"龙场悟道",悟出了"圣人之道,吾性自足"的道理。明正德元年,王阳明任兵部主事因得罪大太监刘瑾,被廷杖四十大板之后,发配到贵州龙场。王阳明惨遭此祸,心境苦闷,后转为潜心参悟天地万物及人心天理,心境日益明朗。昼夜苦思的王阳明,终于在一个夜梦中得孟子亲自授道,顿时豁然开朗。他从睡梦中跳起来,欢呼雀跃："我知道了,我知道了！"(知"圣人之道")。经过破山中贼、靖宁藩乱、忠泰之变后,他拈出"良知"二字,并形成"致良知"的学说。王阳明心学的宗旨是教人"一念为善"。正德十二年丁丑(1512),王阳明《谕俗四条》,以劝善为首："为善之人,非独其宗族亲戚爱之,朋友乡党敬之,虽鬼神也阴相之。为恶之人,非独其宗族亲戚恶之,朋友乡党怨之,虽鬼神也阴殛之。故积善之家,必有余庆,积不善之家,必有余殃。"(《靖

乱录》）

"立功"。他任庐陵知县为民办事，治世有方，平山贼匪患，靖宁藩叛乱等，都是立功表现。钱德洪评价王阳明用兵屡建其功是基于"学问纯笃，养得此心不动"。（钱德洪《征宸濠反间遗事》《王阳明全集》卷三十九）王阳明是涵育内在道德之本与外在事功协同并进，成就一代大儒。张昭炜在《王阳明图传》中特别提到，在儒家看来，求忠臣于孝子之门，孝亲很容易转化为爱国，这种爱是一种充满深情的、积极的责任担当。当王阳明在平漳南匪寇后，主动求得令旗牌，以方便行事，由此进一步袭破山贼，平定宁藩叛乱。晚年平思、田叛乱后，看到八寨、断藤峡等处的山贼据险作乱，又借湖广归师之便，密授方略而平之。

"立言"。王阳明既修身，也讲学。浙中王门的学使王宗沐在为邹守益的图谱所作的序言中提到，"阳明王先生天挺间出"，"功业，理学盖宇宙百世师矣。当时及门之士，不啻三千之徒。"张昭炜在《王阳明图传》中依据前人的评价对朱熹和王阳明做了比较，认为朱熹被看作儒学的讲师，讲师可能善于辞令，口若悬河，但由于他们的内心经验的品质仍然离儒学的典范教师的理想有差距，而王阳明则是依照地藏洞老道的指点，以周敦颐为典范，以全部身心来讲学。

王阳明一生历经磨难，阴影重重，但因他深得良知之道，心中总是充满光明。王阳明在正德辛巳年（公元1521年）曾写过一首题为《中秋》的诗，全诗内容为："去年中秋阴复晴，今年中秋阴复阴。百年好景不多遇，况乃白发相侵寻。吾心自有光明月，千古团圆永无缺。山河大地拥情辉，赏心何必中秋节。"这首诗正是"纵皆阴影，吾心光明"的一种写照。"今年中秋阴复阴"描述的就是"纵皆阴影"，而"吾心自有光明月"表达的就是"吾心光明"。

据王阳明的学生钱德洪在《刻文录叙说》中揭示，"良知之说发于正德辛巳年"，正是他写《中秋》这首诗的那一年。"先生尝曰：吾'良知'二字，自龙场已后，便已不出此意，只是点此二字不出，于学者言，费却多少辞说。今幸见此意，一语之下，洞见全体，真是痛快，不觉手舞足蹈。学者闻之，亦省却多少寻讨功夫"。在王阳明看来，"良知"就是他心中的光明月，所以，他才会在《中秋》一诗中发出了"吾心自有光明月""赏心何必中秋节"这样的感慨。

王阳明临终说出"此心光明，亦复何言？"表达的意思是：心有"良知"，"自然灵昭明觉"，还要再说什么呢？

对于光明和阴影，俄国伟大思想家托尔斯泰曾在一百多年前发出了这样的感慨："人生的一切变化，一切美，都是由光明和阴影构成的。"由此提出了一个问题，在人生变化中，在重重的"阴影"底下，到哪里去寻找"光明"？王阳明的答案是"吾心自有光明月"。

第二节 立志真切：见善则迁，有过则改

人事总监、人事经理和期待发展职业能力的人事工作者要进行自我人格修炼，首要条件是立志要真切。只有立志真切，才能深入领会王阳明的学术思想，才能精准把握王阳明的修炼功夫，才能坚持到底而不半途而废，不至于"忘"了、"累"了就放弃。

王阳明提出："大抵吾人为学，紧要大头脑，只是立志。"（《王阳明集》卷《启问道通书》）王阳明要求学者立什么志呢？立"为善之志"。他指出："学者一念为善之志，如树之种，但忽助勿忘，只管培植将去，自然日夜滋长，生气日完，枝叶日茂。"（《王阳明集》卷二《薛侃录》）这个"为善之志"的"善"，也就是我们今天所说的"真善美"的"善"，"崇德向善"的"善"。

王阳明认为，立志真切才能做到见善则迁，有过则改。薛侃担心认不清私意，认不清善恶，提出"正恐这些私意认不清"。对此，阳明指出，问题不在于私意认不清，而在于立志未真切。他说，"总是志未切。志切，

目视,耳听皆在,安有认不清的道理?"他认为,"是非之心,人皆有之",只要用你自己的良知去断判,自然认得清。(《王阳明集》卷三《薛侃录》)

还有人提出,立志用功会因为科举考试拖累而坚持不下去。阳明认为,坚持不下去的根本原因还是在于立志未真切,而不是为其他事情所累。假如说,是父母的原因准备参加科举考试结果拖累了为善之学,则种田以养其父母的,不也是拖累了为善之学吗?因此他得出结论:"惟患夺志,但恐为学之志不真切耳。"(《王阳明集》卷二《薛侃录》)为了说明这一点,他还进一步指出:"所谓困,忘之病,亦只是志欠真切。"他举例说,好色之人,不会因为困了累了就忘记这件事,那也只是他在这一方面"真切"而已。(《王阳明集》卷二《启问道通书》)

对于立志不真切的人,虽再三请教,阳明也不愿赐教。萧惠喜欢道家和佛家的学说,阳明以自己也曾笃信道家佛家学说,认识到儒家学说的简易博大和治世之用后一心为圣的经历启示他。萧惠听后表示感谢,并向阳明请教为圣之学。阳明对他说,你今天只是为了询问道学佛学之事,"待汝办个真要求为圣人之心,来与汝说"。萧惠虽再三恳请,阳明还是说,已经一句话说尽了,你怎么还不明白。(《王阳明集》卷二《薛侃录》)可见,对于立志真切这一条,王阳明是看得很重的。在他看来,你不是真心为善,就不要来求圣人之学,等你真心为善时,我才和你谈论这件事。

第十一章
在心上用功

人事总监、人事经理和期待发展职业能力的人事工作者在"自我人格修炼"方面，仅是立志还不够，还要学会修炼的功夫，认真进行自我修炼。

第一节 "静坐"：息思虑，悬空静守

一、"无善无恶是心之体"的学问

"四句教"中的第一句："无善无恶是心之体"。对这句话的解释，阳明的学生钱德洪说："心体是'天命之性'，原是无善无恶的。"阳明听后又补充说："人心本体原是明莹无滞的，原是个未发之中。"从他们两人的解释中我们可以发现，阳明所说的"心之体"就是佛家所说的心的"本来面目。"禅学有言："于不思善、不思恶时认本来面目，此即无心之心也。"说得更直白一点，"无心之心"即是"无物之心"。因此时心中空无一物，故善恶之心无从产生。若是心凝滞于一物一事，心中有物，善恶之心自然产生。

"心之体"指的是心与物对接之前的那种空灵状态。心与物对接之前，寂然不动，息思虑，不思善，不思恶，此时的状态是无善无恶，佛家所说的不思善、不思恶时为"心的本来面目"，说的正是此时的状态。

王阳明在与陆澄的谈话中提到："心之本体，原自不动。""人平旦起坐，未与物接，此心清明景象，便如在伏羲时游一般。"（《王阳明集》卷一《陆澄录》）其中说的"原自不动""此心清明"即是心与物对接前的空灵状态。

王阳明在与黄省曾谈话中还提到："夜来天地混沌，形色俱泯，人亦耳目无所睹闻，众窍俱翕，此时良知收敛凝一时。天地既开，庶物露生，人亦耳目有所睹闻，众窍俱辟，此即良知妙用发生时。"（《王阳明集》

卷四《黄省曾录》)其中说的"良知收敛凝一时",也是心与物对接前的空灵状态。

王阳明在答陆原静书中又讲:"不思善不思恶时认本来面目,此佛氏为未识本来面目者设此方便,本来面目即吾圣门所谓良知。"(《王阳明集》卷三《答陆原静书其二》)其中说的"本来面目"就是心与物对接的空灵状态。

二、"静坐"的功夫

如何使心保持空灵状态？王阳明教学生"静坐"的修炼功夫。他认为,"教之静坐,息思虑",能使心之体"悬空静守"。他对陆澄说:"汝若于货、色、名利等心,一切皆如不做劫盗之心一般,都消失,光光只是心之本体,看有甚闲思虑？此便是寂然不动,便是未发之中,便是廓然大公。自然感而遂通,自然发而中节,自然物来顺应。"(《王阳明集》卷一《陆澄录》)

王阳明和陈九川交谈时还指出:"这听讲说时专敬,即是那静坐时心。"(《王阳明集》卷三《陈九川录》)即是说,这个时候能够做到"专敬",专注于当下的活动及感受,一心一意地听讲,是因为此时平息了各种思虑,排除了各种杂念,是以一颗空灵的心来听讲,因此说,此时的心是静坐时心。

王阳明很肯定程明道先生(程颢)的"专敬"。据年谱提到,明道先生"写字时甚敬,非是要字好,只此是学"。(见《二程遗书》卷三《二程集》)即是说,明道先生此刻只专敬于学字,至于写得好不好,并不起念。优秀的乒乓球队员也说过类似的话,比赛时只专注于打好每一个球,对于是否打赢并不起念。其结果,反而能使自己发挥到极致,打赢每场球。

王阳明认为,如果没有静坐时心,心里有动念,即使"终日呆坐",也是"徒乱心曲"。《靖乱录》中有一个小故事。有一天,王阳明到虎跑泉游玩,听说有位禅僧坐关三年,终日闭目静坐,不发一语,不视一物。王阳明在访问的过程中,以禅机喝之,"这和尚终日口巴巴说什么？终日眼睁睁看什么？"禅僧说:"家有老母,不能不起念也。"阳明说:"汝既不能不起念,虽终日不言,心中已自说着;终日不视,心中已自看着了。

虽终日呆坐，徒乱心曲。"禅僧被阳明打动，第二天便归家省母。

我们可以体悟一下，无论是去欣赏一场音乐会，观看一场足球赛，还是去旅游观赏各色各样的美景，假如我们能达到专敬的状态，能平息各种思虑，排除各种杂念，专注于当下的活动及感受，就能获得充分的艺术享受或体育观赏的享受。假如我们不能做到专敬，不能排除杂念，专注于当下的活动及感受，我们购买门票的钱便是白花了。我们日常说的保持平常心，就是要保持静坐时的清静心，保持一种静观的心态，这样才不会活得太累。

懂得了上述道理后，我们应该得到一个启示：如若我们的"心之体"不凝滞于物，我们就能保存本心的"空灵"，而你的心界愈空灵，你就愈能在物界的喧嘈中安你的心。朱光潜在《慢慢走啊，去过美的人生》一书中就提到，他生平最爱陶渊明在自祭文中所说的两句话："勤靡余劳，心有常闲。"动中有静，常保存自我主宰。他认为，这是修养的极境。他还指出："现代人的毛病是勤有余劳，心无偶闲。这毛病不仅使生活索然寡味，身心俱惫，于事劳而无功，而且使人心地驳杂，缺乏冲和弘毅的气象，日日困于名缰利锁，叫整个世界日趋于干枯黑暗。""我们在这个世界里大半是'盲人骑瞎马'，横冲直撞，怎能不闯祸事！所以说来说去，人生最要紧的事是'明'，是'觉'，是佛家所说的'大圆镜智'。"

第二节　"省察克治"：防于未萌之先，克于方萌之际

一、"有善有恶是意之动"的学问

"四句教"的第二句为"有善有恶是意之动"。

什么是"意之动"？"意之动"指的是心与物对接时随感而发的意念，

或者说是动念。如"好好色，恶恶臭"即是一种意念。王阳明说："人之本体，常常是寂然不动的，常常是感而遂通的。人之心神只在有睹有闻上驰骛，不在不睹不闻上着实用功。"（《王阳明集》卷四《黄以芳录》）这里提到的"感而遂通"，即是意之动。为何有感，是因为有睹有闻，心与物对接了。为何感而遂通，是因为人有良知，所以见父而知爱，见兄而知弟，见孺子入井而生恻隐之心。

为什么意之动"有善有恶"？王阳明自己的解释是"有习心在，本体受蔽。"意思是说，人在接触外界事物之后，原本"明莹无滞"的心之体会受到污染，受到遮蔽，因而这个时候产生的意念会有善有恶。同样是心与物的对接，有人随感而发的是善念，有人随感而发的却是恶念，以良知与物对接引发的是善念，而以私欲与物对接引发的却是恶念。因此，王阳明才说"有善有恶是意之动"。王阳明在《启问道通书》中还指出："事物之来，但尽吾心之良知以应之。""凡处得有善有未善，及有困顿失次之患者，皆是牵于毁誉得丧，不能实致其良知耳。若能实致其良知，然后见得平日所谓善者未必是善，所谓未善者，却恐正是牵于毁誉得丧，自贼其良知者也。"（《王阳明集》卷三《启问道通书》）

从佛教的角度而言，心的"本来面目"是清净心，是无物之心，而接触外界各种诱惑之后，会受到污染，产生贪、嗔、痴的毛病。贪指的是各种贪欲；嗔指的是各种抱怨、怨恨；痴指的是各种妄念，即我们平常所说的痴心妄想。正是这三种毒根给人带来了无穷无尽的烦恼和痛苦。贪、嗔、痴就是恶。

从现代神经科学的角度看，人有"意识机制"，人凭着各种感官感知了外部世界之后，会把信息传递到大脑的相关部位进行加工处理。《神秘的大脑》一书谈到，人对外界的感受，如夜晚天空的红光、铃声、篝火的温暖等，会引发人的意识体验。当这些感受到的信息传递到大脑后，大脑有一个"整体工作空间"，对大脑中的信息进行整合，形成一种意识经验。在这个过程中神经递质通过在突触间隙之间传递化学信号使得神经元之间得以交流，而前额叶和顶叶大脑皮层的神经网络参与了感觉整合、注意和高级认知功能。由于人的先天遗传和成长经历不同，人的潜意识层面储存的印象、记忆、经验、感觉、情感、情绪、价值观、信念、观念等也是不同的。因此，对待同一个事物，他们看到的是不同的侧面，即使看到的是同一个侧面，他们的判断和解释也是不同的。他们必然会产生不同的意念，比如说，有的会拥护这一事物，而有的则会反对这一事物。所以，面对同样的事物，人产生的意念是有善有恶的。

二、"省察克治"的功夫

如何使"意之动"引发的是"善念"而不是"恶念"？王阳明提出的修炼方法是"去人欲，存天理"。他对陆澄说："只要去人欲，存天理，方是功夫。静时念念去人欲，存天理，动时念念去人欲，存天理，不管宁静不宁静。以循理为主，何尝不宁静？以宁静为主，未必能循理。"（《王阳明集》卷一《陆澄录》）。

什么是人欲？王阳明认为，"好色、好货、好名等"即是人欲。怎样算"好"？好就是被迷住，就是着迷。王阳明说："如人好色，即是色鬼迷；好货，即是货鬼迷。"他还指出："故有迷之者，非鬼迷也，心自迷耳。"换言之，迷于色，迷于货，迷于名，即是人欲，即应去掉。（《王阳明集》卷一《陆澄录》）

王阳明还认为，人的七情，不是顺其自然流行，而是留滞心上，沉浸其中，这也是人欲，也是良知之蔽。他在与黄省曾交谈时指出："喜、怒、哀、惧、爱、恶、欲，谓之七情，七者皆是人心合理有的。七情顺其自然之流行，皆是良知之用，不可分别善恶。但不可有所着。七情有着，俱谓之欲，俱为良知之蔽。"（《王阳明集》卷四《黄省曾录》）王阳明在这里说的"七情有着"的"着"字，是"留滞"的意思，与"流行"相对应。

王阳明认为，愤怒过当，不能"得其本体之正"，也是人欲，也应克治。他说，凡愤怒、恐惧等事，应该有天地般的广阔胸怀（廓然大公），物来顺应，而不应反应过当。他举例说:"且如出外见人相斗,其不是的,我心亦怒。然虽怒,却此心廓然,不曾动些子气。如今怒人也得如此,方才是正。"(《王阳明集》卷四《黄直录》)

王阳明对于孟源的好名之病多次责备。他对孟源说:"此是汝一生大病根。譬如方丈地内,种此一大树,雨露之滋,土脉之力,只滋养得这个大根。四傍纵要种些嘉谷,上面被此树枝叶遮盖,下面被此树根盘结,如何长得成?须用伐去此树,纤根勿留,方可种植嘉种。不然,任汝耕耘培壅,只是滋养得此根。"(《王阳明集》卷一《陆澄录》)

什么是"天理"?按王阳明的理念,去了"私欲",即是"良知",良知感物即是"天理",在天理的发见处存养天理,不断积累,可使自己的心纯乎天理,达到"至善"的境界。

如何"去人欲,存天理"?王阳明提出的修炼方法,一是"省察克治",二是"在理的发见处用功",三是"在事上磨炼"。

一是"省察克治"。王阳明认为,省察克治的功夫"无时而可间",无事时,要"将好色、好货、好名等私逐一追究搜寻出来,定要拔去病根,永不复起,方始为快"。有事时,"才有一念萌动,即与克去,斩钉截铁,不可姑容与他方便,不可窝藏,不可放他出路,方是真功夫,方能扫除廓清"。(《王阳明集》卷一《陆澄录》)王阳明特别指出:"防于未萌之先而克于方萌之际,此正《中庸》戒慎恐惧,《大学》致知格物之功。舍此之外,无别功矣。"(《王阳明集》卷三《答陆原静书其二》)

二是"在理的发见处用功"。王阳明认为,少一分人欲就多一分天理,要达到此心纯是天理的境界,就必须"在理的发见处用功"。"如发见于事亲时,就在事亲上学存此天理;发见于事君时,就在事君上学存此天理;发见于处富贵、贫贱时,就在处富贵、贫贱上学存此天理;发见于处患难、夷狄时,就在处患难、夷狄上学存此天理。总之,无处不然,随他发见处,即在那上面学个存天理。"(《王阳明集》卷一《徐爱录》)

三是"在事上磨炼"。王阳明说:"人须在事上磨炼,做功夫乃有益。

若只好静，于是便乱，终无长进。"为什么要在事上磨练呢？这是因为人在遇事时，内心往往会出现两个声音，一个是出自良知的声音，一个是出自私欲的声音，两种声音会形成我们平时所说的思想斗争。这个时候你会觉得心理很乱。例如，有人为了获得某种利益，给你送了100万元人民币，这时候你心里可能也有两种声音：一种出自良知，觉得不该拿；另一种出自私欲，觉得别人也在拿，自己为什么不拿呢？这时候，你如果能像稻盛和夫那样，自问"做人何谓正确？"唤醒自己的良知，你可能会做出正确的选择。你如果任由私欲驱动，丧失良知，可能就做出错误的选择；而做了错误的选择之后，尽管你获得了这100万元人民币，你的心灵是得不到安宁的。因为你的良知还在，还会冒出来告诉你，你做了不该做的事。你还担心，不知何时会东窗事发，锒铛入狱。

第三节　"慎独"：独知之地用力，端木澄源

一、"知善知恶是良知"的学问

王阳明在答顾东桥书中指出："良知良能，愚夫愚妇与圣人同。但惟圣人能致其良知而愚夫愚妇不能致，此圣愚之所由分也。"（《王阳明集》卷二《答顾东桥书》）他想说明的是，良知良能虽人所共有，不同的是，圣人处事时，其良知不被私欲遮蔽，能依良知处理当下之事，因而所做的事合乎天理；而愚夫愚妇处事时，因良知被私欲遮蔽，不能依良知处理当下之事，所以所做的事不合天理。这就是圣愚之分。

何谓"良知"？王阳明说："良知者，孟子所谓是非之心，人皆有之者也。是非之心不待虑而知，不待学而能，是故谓之良知，是乃天命之性，吾心之体，自然灵昭明觉者也。"（《王阳明全集》第26卷）"见父自然知孝，见兄自然知弟，见孺子入井，自然知恻隐，此便是良知。"（《传

习录》上卷）王阳明特意指出，即使在受"私欲之蔽"或"妄念之发"时，人的良知仍然存在。《传习录》中卷有这么两句话："良知是人心本体，虽有私欲之蔽，常无不在。""良知者心之本体，无起无不起，妄念之发，而良知未尝不在。"

良知为什么"知善知恶"？为什么"自然灵昭明觉"？对此，美国的里克·汉森博士和理查德·蒙迪思博士在他们所著的《冥想五分钟等于熟睡一小时》的书中，有一段论述对于我们理解这个问题很有启示。他们认为，在人性中出现的利他、慷慨、公平、宽恕等行为以及道德和宗教，是来源于人类的一种基因，而这种基因是人类通过艰苦卓绝的自然选择进化而来的。在距今一万年左右，我们的祖先才掌握了农业种植技术，在此之前，他们一直靠着捕猎为生。通常情况下，捕猎的团队规模不会超过150人，团队成员完全靠捕猎所获为生。他们一样搜寻食物，躲避掠食性动物，和其他团队争夺不多的生存资源。在这荒蛮的自然环境里，能够和其他成员协作的个体往往活得更长，而且繁育更多的后代。随着时间的推移，一代又一代的优势积累下来，经过无数代的繁衍后，"维护社会关系和倾向于相互协作的基因就会被固化在人类总体的基因池里"。不妨说，作为"天命之性"的良知之所以"自然灵昭明觉"，"见父自然知孝，见兄自然知弟，见孺子入井自然知恻隐"，正是源于这样一种人类基因。

良知之所以知善知恶，一方面是源于人类自然选择进化而来的基因，另一方面，也源于小时候所得到的传统文化的教育与熏陶。稻盛和夫在《京瓷哲学》的自序中就提出："刚刚创立后，京瓷就遇到了诸多问题，而每当遇到问题时，员工总会接二连三地要求我做出裁决。当时的我，只要判断稍有失误，就可能使襁褓中的公司陷入危机，使员工流落街头。于是，对于公司经营既无经验又无知识的我，开始绞尽脑汁地思索：怎样才能做出正确的判断？怎样才能让公司持续发展？"稻盛和夫经过苦苦思索，得出了一个结论：首先要问自己"作为人，何谓正确？"一旦认定是正确的，就毫不动摇地贯彻到底。小时候，学校老师和自己的父母肯定教过那些平常的、原始的伦理观，比如"莫贪心""莫欺骗""莫说谎""要诚实"等。要把这些最为平常的伦理观作为判断一切事物的准绳。这样的判断标准似乎过于单纯，但它正是看清事物本质、做出正确判断的方法，而且其适用范围不仅局限于日常的工作和经营，而且适用于人生中的万事万物，可谓放之四海而皆准的原理原则。很显然，稻盛和夫首先要问"作为人，何谓正确"，正是为了唤醒自己心中的良知，并用自己的良知去判断是非善恶，而这种良知正是来源于传统的伦理道德。

良知的强化还在于成长过程中选择吸收崇德向善的信息。美国两位博士著的《冥想五分钟等于熟睡一小时》引用了一位美洲印第安长老的话："在我心中有两匹狼，一匹是爱之狼，另一匹是恨之狼。决定一切的是我每天喂哪匹狼。"从个人层面讲，一个想成就大事业的人一定会注重自身的道德修养，注重喂心中的"爱之狼"。正如稻盛和夫在宣讲他的"成功方程式"所说的："关键在于你想把自己、把你的企业带到何处。你想把自己、把企业带到高处，你就得拥有正确的思维方式、正确的人生观，必须'思想深远如哲人，高尚正直比武士，加之以小吏之才干，百姓之体魄，方能成实习界之俊杰'。你只想马马虎虎过一生，只想办一个平庸的企业，则另当别论。"稻盛和夫把目标的设定比为爬山。他说："如果你只想爬周边的一座小山，你不用做什么准备，如果你想在冬天去爬八甲田山，从防寒用具到宿营装备等都必须预备好。如果想攀珠穆朗玛峰，连垂直攀岩的技术都得准备。"

如何强化自己的良知？对于成年人而言，基因无可选择，小时候的教育已成过去，能做的就是在成长过程中选择吸收"崇德向善"的信息。中央电视台法制频道播放的《于某忏悔录》就说明了这一点。按四川省邛崃监狱长的说法，由于社会上的各种诱惑，加上道德教育的缺失，一些青年人为了谋求江湖上的地位，谋求权力和财富，因而走上了犯罪道路。在对这些犯人进行改造的过程中，为了补上道德教育这一课，监狱中特意增加了国学的内容，要求改造对象背诵《弟子规》。实践证明，这对他们的改造还真的起了作用。于某经教育后，真诚忏悔，在狱中创作表演了《爷爷变老了》的节目，决心出狱后做一个让"老者安，友者信"的新人，并积极参加公益活动，用自己的亲身经历教育世人。

二、"慎独"的功夫

仅仅懂得什么是良知是不够的，关键是要学会"致良知"。王阳明提出："致良知便是必有事的功夫。"（《王阳明集》卷四《黄以方录》）"随时就事上致良知，便是格物。"《王阳明集》卷三《答聂文蔚书》）"事物之来，但尽吾心之良知以应之。"（《王阳明集》卷三《启问道通书》）总的来说，人生必有事，随时就事致良知。面临某一事物时，以自己的良知与之对接，依照自己的感应，当行则行，当止则止。然而，这是圣人才能做到的，圣人的良知不受遮蔽，因而可以直接尽吾心之良知以应之。做为世俗之人，良知与私欲并存，且良知常被私欲所遮蔽，因而面临某一事物时，可能以良知应之而引发善念，也可能以私欲应之而引发恶念。这就产生了一个问题：如何以良知对随感而发的意念进行判断，并依判断的结果，为善去恶，是善的就去做，不善的就不去做？

王阳明认为，解决上述问题的功夫在于"慎独"和"戒惧"。

关于"慎独"，王阳明在和薛侃的交谈中提出："人若不知于此独知之地用力，只在人所共知处用力，便是作伪。""此处独知便是诚的萌芽。此处不论善念恶念，更无虚假。""正是王霸、义利、诚伪、善恶界头。""于此一立立定，便是端木澄源，便是立诚。"（《王阳明集》卷二《薛侃录》）这里说的"慎独"有几个要素：其一是要在独知之地用功。其二是要意识到此时对面临之物随感而发的意念可能是善念，也可能是恶念，也可能两种意念、两种声音同时存在，这是善与恶的一个分界点。其三是此时要"端木澄源"，认清哪个意念是出于良知，是善念，哪个意念是出于私欲，是恶念，并立定善念，依善念去做。

关于"戒惧"，王阳明在和薛侃的交谈中也提到。他说："戒惧之念，无时可息。若戒惧之心稍有不存,不是昏聩,便已流入恶念。"(《王阳明集》卷二《薛侃录》)他认为,人有习心,随感而发的可能是恶念,而不是善念,因而要保持戒惧之心,要保持警惕,否则,就可能流入恶念。

第四节 "诚意":致其良知,诚其意念

一、"为善去恶是格物"的学问

儒家学说认为,齐家、治国、平天下的前提条件是修身,而修身的前提条件是正心、诚意、致知、格物。王阳明指出,在这几个因素中,最需要下功夫、最能见成效的是"格物"。他说:"格物者,大学之实下手处,彻首彻尾,自始学至圣人,只此工夫而已。""夫正心、诚意、致知、格物,皆所以修身。而格物者,其所用力,日可见之地。"(王阳明集)卷三《答罗整庵少宰书》)王阳明认为,人格修炼最需要用力的地方是格物,最能见成效的地方也是格物。

"格物"的含义是什么?王阳明在回答陆澄的提问时明确地指出:"格者,正也,正其不正以归于正也。"(《王阳明集》卷一《陆澄录》)

什么是行为"不正"?未认清善念恶念,依着恶念去做的是行为不正;已认清善念恶念,未能依善念去做的也是行为不正。这两种"不正"都必须加以纠正,使自己的行为回到"正"的轨道上。

王阳明认为,只有"格物",才能将"为善去恶"落到实处。他在和徐爱、钱德洪讨论"四句教"时还说:"人有习心,不教他在良知上实用为善去恶的工夫,只去悬空想个本体,一切事为俱不着实,不过养成一个虚寂;此个病痛不是小小,不可不早说破。"

二、"诚意"的功夫

要纠正一个人的行为，特别是改变一个人的习惯（如好色、好货、好名等）是很难的。在这一点上，相信每个人都深有体会。正因为如此，王阳明提出："工夫难处，全在格物致知上。此即是诚意之事。意既诚，大段心亦自正，身亦自修。"（《王阳明集》卷一《陆澄录》）王阳明认为，能不能纠正自己的行为，能不能改变自己的习惯，关键在"诚意"二字。能致其良知，诚其意念，就能做到"心亦自正，身亦自修"，就能实实落落依着良知去做，当行则行，当止则止，当生则生，当死则死。

综合起来，"四句教"的"学问"涉及身、心、意、知、物。"心之体"明莹无滞，是无善无恶；"意之动"是"心"对外部事物的感应后形成的，则是有善有恶的；"良知"聪明睿智，知善知恶；"格物"是格正不善的行为，致良知于事事物物，认定为善的坚决去做，认定为恶的坚决不做。"四句教"的"功夫"则涉及"静坐"的功夫、"省察克治"的功夫、"慎独"的功夫、"诚意"的功夫等。

第十二章
知　学

第一节 "知学"："只是知得专在学循良知"

要学好心学，必须懂得怎么学。王阳明提出，所谓"知学"，"只是知得专在学循良知"。要"循良知"，就要"无物欲牵蔽，但循着良知发用流行将去"，就要"信得良知，只在良知上用工"，而不要"只是知解上转"；还要结合实际，学以致用，并且要自我检查，自我修正。

一、无物欲牵蔽，但循着良知发用流行将去

王阳明指出，所谓"知学"（懂得怎么学习心学），"只是知得专在学循良知"。"良知即是道，良知之在人心，不但圣贤，虽常人亦无不如此。若无物欲牵蔽，但循着良知发用流行将去，即无不是道。但在常人多为物欲牵蔽，不能循着良知。"（《王阳明集》卷三《答陆原静书其二》）上述可以看出，循着良知有两个要点：一是要去除物欲的牵蔽，使良知复明；二是要循着良知的发用流行将去，按照良知的指引实实落落去做，当行则行，当止则止。

王阳明还特别指出，要学好心学，关键不是对学术要点的认知理解，而是要相信良知，在良知上用工。他在《答陆原静书》中提到："原静所问只是知解上转，不得已与逐节分疏。若信得良知，只在良知上用工，虽千经万典无不吻合，异端曲学一勘尽破矣，何必如此节节分解？"（《王阳明集》卷三《答陆原静书其二》）

所谓"信得良知"，即是要相信良知的本体，也相信良知的妙用。原静在书信中提到："尝试于心，喜、怒、忧、惧之感发也，虽动气之极，而吾心良知一觉，即罔然消阻，或遏于初，或制于中，或悔于后。"王阳明指出："知此，则知未发之中，寂然不动之体，而有发而中节之和，感而遂通之妙矣。"（《王阳明集》卷三《答陆原静书其二》）王阳明以原

静的切身体验证明，良知的本体是"未发之中，寂然不动"，而良知的妙用则是"中节之和，感而遂通"。

所谓"只在良知上用工"，即是上述提到的"循着良知"的两个要点：一是要去除物欲的牵蔽，使良知复明；二是要循着良知的发用流行将去，按照良知的指引实实落落去做，当行则行，当止则止。

二、知行合一，学以致用

知学，还必须知行合一，学以致用。王阳明在《答陆原静书》中还特别提到："所谓生知安行，知行二字亦是就用功上说。若是知行本体，即是良知良能。虽在困勉之人，亦皆可谓之生知安行矣。知行二字更宜精察。"（《王阳明集》卷三《答陆原静书其二》）在这里，王阳明特别提出，"知行二字更宜精察"，要区分"知行"二字是就"本体"而言，还是就"用功"而言。他还明确指出，"生知安行"中的"知行"二字是就用功上说的。也就是说，他更注重的是知行合一，学以致用。他要求心学的学者学了就要用，就要做，在实践的过程中去体验，这样才能获得心学的精髓，才能获得真知。

有一位属官，听了王阳明的心学后说："此学虽好，只是簿书讼狱繁难，不得为学。"阳明听后提示他："我何尝教尔离了簿书讼狱悬空去讲学？尔既有官司之事，便从官司的事上为学，才是真格物。如问一词讼，不可因其应对无状，起个怒心；不可因其言语圆转，生个喜心；不可恶其嘱托，加意治之；不可因其请求，屈意从之；不可因自己事务烦冗，随意苟且断之；不可因旁人谮毁罗织，随人意思处之。这许多意思皆私，只尔不知，须精细省察克治，惟恐此心有一毫偏倚，枉人是非，这便是格物致知。簿书讼狱之间，无非实学。若离了事物为学，却是着空。"（《王阳明集》卷三《陈九川录》）

王阳明的弟子陆澄接到家信，告知其儿子病危。陆澄的心非常忧闷，过度悲伤。阳明对他说："此时正宜用功，若此时放过，闲时讲学何用？

人正要在此时磨炼。父之爱子，自是至情，然天理亦自有个中和处，过即是私意。人于此处多认做天理当忧，则一向忧苦，不知已是有所忧患，不得其正。大抵七情所感，多只是过，少不及者。才过，便非心之本体，必须调停适中始得。"（《王阳明集》卷一《陆澄录》）

三、自我检查，自我修正

王阳明提出："自家痛痒，自家须会知得，自家须会搔摩得。既自知得痛痒，自家须能搔摩得。佛家谓之方便法门，须是自家调停斟酌，他人总难与力，亦更无别法可设也。"（《王阳明集》卷三《启问道通书》）说通俗一点，自家有病自家知，也须靠自己去克治。无论是好色、好货，还是好名，都只能靠你自己审察克治，别人是无法帮你的。

总的来说，王阳明的"心学"，对于今天人事总监、人事经理和期待发展职业能力的人事工作者进行自我人格修炼，仍然有着积极的意义。作为一门学问，值得我们深入领会；作为一套功夫，值得我们不断修炼。

第二节 破心中之贼：克其私，去其蔽

王阳明心学是宋明儒学的一个先派，其目标指向是破心中之贼，修圣贤之果。王阳明认为，当时的国人人人心中有贼，"破山中贼易，破心中贼难"。

今天，对于古代圣贤倡导的一些道德伦理，很多人已经不关注，不学习，也不相信了，以至于还要在电视上公开一个问题：假如老人倒在地上该不该扶？社会的现实状况是，心为物役似乎已是常态，外界的物左右了内在的心，以至于人们普遍感觉是，物与幸福的增长不成比例。正如心学爱好者白立新所言："华夏又逢盛世，满心却是迷茫。"在这种背景下，人事总监、人事经理和期待发展职业能力的人事工作者既要帮助员工进行人格修炼，

也要进行自我的人格修炼，要破心中之贼。在这方面，王阳明给了我们有益的启示，其要点是通过教育"克其私，去其蔽"；在用人上"举德而任""视才之称"；在处事上所言所行"致其良知"，从而构建和谐的环境。

一、通过教育"克其私，去其蔽"

王阳明认为，天下之人心，原本与圣人无异，因"间于有我之私，隔于物欲之蔽"，导致人各有心，甚至视其父、子、兄、弟如仇雠者。为此，圣人"推其天地万物一体之仁教天下，使之皆有以克其私，去其蔽，以复其心体之同然"，因而使得天下之人"心学纯明"，有"万物一体之仁"，而无"人己之分，物我之间"。（《王阳明集》卷二《答顾东桥书》）

人事总监、人事经理和期待发展职业能力的人事工作者虽不是圣人，但有责任帮助员工"克其私，去其蔽"，使良知复明，而帮助员工的前提是通过自我的人格修炼，能够以身作则。

管理者要去除"好色、好货、好名等"病根，求得内心的安宁。现实中很多例子说明，一些管理者之所以会倒台，就倒在好色、好货、好名上。新华社关于海外通缉犯郭文贵的报道中提到："如果你爱财，他就给你送钱；如果你好色，他就给你安排美女；如果你想出国，他就许诺帮你移民；如果你想升官，他就拍胸脯说帮你找关系。他极其善于抓住人的心理，在极短的时间内突破你心底的防线。"回想起与郭的结识，宋军对郭的拉拢腐蚀之术心有余悸。"郭就是一个魔鬼，一种病毒，谁沾上谁倒霉，不是丧命就是进监狱。"《人民的名义》中的祁同伟本是一个苦孩子出身的英雄，而在其掌握了权力以后，好色、好货、好名。好色，和高小琴一直保持情色关系；好货，和赵家公子赵瑞龙一直保持金钱交易，不合法持股；好名好权，一直削尖脑袋想当副省长。最后不得不饮弹自尽。

也许我们不能完全做到王阳明提出的"去人欲，存天理"，但至少要"节制"自己的欲望，对物质不能过于贪婪。即使想致富，也得生财有道，该得的可以得，不该得的坚决不要。否则，手一伸，必被捉。有些管理者利用职权，贪污受贿有之。这些人富是富了，但心里安宁吗？从被抓回国内坐牢的通缉犯的忏悔中，我们可以看到，有的人在国外，连一天安宁的日子都没有，到处躲，到处藏，有钱也不敢花，因而不得不回来投案自首。

管理者不仅要唤醒自己的良知，还要担负起唤醒别人良知的责任。国家领导人之所以要在两会上，在中纪委的全会上肯定王阳明的心学，引用王阳明心学中的名句，就是为了唤醒与会者的良知，引导人心向善向上，逐步地净化人心，净化社会的风气。例如，在扶跌倒老人这件事上，就应该唤醒员工的良知。见到一个老人跌倒了，你的心会产生两种意念，一种是扶，一种是不扶。这个时候，你需要去除习心，唤醒良知来判断。认为老人跌倒了都是为了诈人家的钱，这是习心，被污染的心。只要去除了这种习心，用你的良知来判断，你就会认为该扶，而且会真心诚意地去做这件事；而做这件事的结果，你会得到善报。跌倒的老人大多数是善良的，他们会感谢你，而你帮助了老人，内心也会得到最大的快乐。

二、用人上要"举德而任""视才之称"

王阳明在《答顾东桥书》中指出，三代之时，天下之人所以能够和谐相处，如一家之亲，是因为在用人上做到"举德而任""视才之称"。用人者"惟知同心一德，以共安天下之民，视才之称否，而不以崇卑为轻重，劳勉为美恶"；而被用者"亦惟知同心一德，以共安天下之民，苟当其能，则终身处于烦剧而不以为劳，安于卑琐而不以为贱"。由于国家的用人者能"举德而任""视才之称"，当时的农、工、商、贾，各勤其业，各效其能，相生相养。（《王阳明集》卷二《答顾东桥书》）

同样的道理，人事总监、人事经理和期待发展职业能力的人事工作者作为企业的用人者，在各级管理干部的任免上，也要做到"举德而任""视才之称"。现在，不少企业在用人上重才轻德，其结果是，短期而言可能为企业带来了一些收益，而长期而言可能给企业带来极大的风险。

假如，你是公司的人事总监，你要物色一个副手或下手，这时，你心中也许会出现两个人：一个张三，一个李四。你的心里也会出现两个声音：一个声音是选张三，因为张三的能力和品德更符合岗位的要求；一个声音是选李四，因为李四更听你的话，更能维护你的位置和利益。这个时候就看你能否以良知战胜私欲了。

三、处事上要"致其良知而言""致其良知而行"

王阳明在答聂文蔚书中写道："世之君子惟务致其良知，则自能公是非，同好恶，视人犹己，视国犹家。""尧、舜，三王之圣，言而民莫不信者，致其良知而言也。行而民莫不说（悦）者，致其良知而行之也。"为此，王阳明发出感叹："圣人之治天下，何其简且易哉！"（《王阳明集》卷三《答聂文蔚书其一》）即是说，国家的管理者在处理政务的过程中，如果能克治自己的私意和物欲，说话做事都能够致其良知，依着良知实实落落去做，该行则行，该止则止；当说则说，不当说的不说。整个国家的治理将简单得多，容易得多。今天的国家之所以难以治理，重要原因之一，在于某些管理者所言所行不是出于良知，而是出于个人私欲，导致老百姓不信任，不满意。

王阳明还指出，后世，良知的学问未能得到推广，天下之人各用自己的私心巧智彼此倾轧。阴险诡诈的手段不计其数。一部分人以仁义为招牌，在暗处干着自私自利的事。他们用狡辩来迎合世俗，用虚伪来沽名钓誉；掠他人之美来作为自己的长处，攻击别人的隐私来显示自己的正派；因为怨恨而压倒别人，还要说成是追求正义；阴谋陷害，还要说成是嫉恶如仇；妒忌贤能，还自认为是主持公道；恣纵情欲，还自认为是爱憎分明。人与人之间彼此蹂躏，互相迫害，即使是骨肉之亲，互相也有争强好胜的心思，彼此间隔膜丛生。更何况对于广大的天下，众多的百姓，纷繁的事物，又怎么能把它们看作一体呢？如此，难怪天下动荡不安，战乱频繁而没有止境。（《王阳明集》卷三《聂文蔚书其一》）这段话说的虽是500年以前的事，对照今天的社会，仍有它的现实意义。

人事总监、人事经理和期待发展职业能力的人事工作者作为企业的管理者，在处理政务的过程中，也必须克治自己的私意和物欲，说话做事都要致其良知，依着良知实实落落去做，该行则行，该止则止；当说则说，不当说的不说。这样才能协助公司的领导者，共同管理好企业。

不知道任正非是否学过王阳明的心学，但从他的一段经历中可以看出，他的心和王阳明的心是相通的。

张军智写了一篇文章，题目是《任正非最困难时期是怎么熬过来的》，其中提到，2001—2002年那段时间，华为差点崩盘，而任正非曾经是一个"在深夜里痛哭的男人"。他当时面临的是重重阴影，爱将背叛，母亲逝世，国内市场被港湾抢食，国外市场遭思科诉讼，核心骨干流失，公司管理失序，IT泡沫破灭，致命危机接踵而至，任正非每天工作十几个小时，却依旧深感到无力控制公司滑向崩溃的边缘。这个从小在农村吃苦长大，又在部队锻炼多年，外人眼里坚强如铁的男人，在半年时间里，梦醒时常常痛哭。不久之后，任正非患上抑郁症，身体得了多种疾病，还因癌症动了两次手术。任正非在危机面前，尽管曾是一个在深夜里痛哭的男人，但他夜里哭完，第二天白天依旧充满斗志。从内忧外患，身患重病，到奋起反击，愈挫愈强，任正非只用了短短两年时间。期间，展现了超乎常人想象的精神力量。

华商韬略在梳理任正非的历次讲话文件时，看到一段话："克劳塞维茨《战争论》中有一句很著名的话：'要在茫茫的黑暗中，发出生命的微光，带领着队伍走向胜利。'战争打到一塌糊涂的时候，高级将领的作用是什么？就是要在看不清的茫茫黑暗中，让自己发出微光，带着你的队伍前进。就像希腊神话中的丹科一样把心拿出来燃烧，照亮后人前进的道路。"华商韬略把这段话的主旨概括为"身在黑暗，心怀光明，梦想不灭，努力前行"。这段话正是对任正非精神的最好诠释。从这段话可以看到，任正非的心与王阳明的心是相通的。也可看到人心的强大力量。

后 记

笔者在前言中提到，本书是为人事总监、人事经理和期待发展职业能力的人事工作者写的。因此，在后记中与读者分享个人职业发展的历程及体会，也许有一定的价值。

德鲁克在阐述管理的本质时提出："管理是一种实践，其本质不在于知，而在于行；其验证不在于逻辑，而在于成果；其唯一的权威性就是成就。"

王阳明在论述"知行合一"的观念时谈到："知之真切笃实处是行，行之明觉精察处是知。"

上述两位大师都是强调知行结合，重点在行。回顾个人的职业发展历程，有一个明显的特点，就是"干中学，学中干；边干边学，边学边干"。说得更明确一点是"干什么就学什么，学什么就用什么，用了什么就总结什么"。

1983—1989年在深圳大学人事处工作期间，因刚进入人事工作领域，全然不懂，当时国内看不到人事管理的书，只能向处里的几个老前辈学习经验。后来刚好有个机会到香港考察，因而购买了一批港台出版的人事管理书。回来后边干边学，边学边干，干后总结，于1986年和几个同事合作，主编出版了《人事管理学》，另外还结合当时深大教师职称评定的实际，写出了《我国高校教师聘任制初探》《试论现行职务聘任制的利弊——兼谈深圳大学实行的双轨制》等论文，发表于深大学报上。

1989—1994年在深圳市委组织部调研处工作期间，主要从事的是组织管理、干部管理及人才管理方面的工作，与深大的工作相比，管理的层面和管理的对象都发生了变化。这就迫使自己去学习相关的管理学和人才学，如《现代管理学》《人才学通论》等书，同时也向前辈学习。这阶段也是边干边学，边学边干，干后总结，分别在深圳特区报、中组部《组工通讯》、《求是内部文稿》等刊物发表了《开发外向型人才，推动外向型经济》《为特区经济腾飞提供组织保证》《谈企业经理外逃事件的原因与对策》《关于企业与行政级别脱钩》等文章。

1994—2011年在中国宝安集团工作期间，做了两年办公室工作后，转到集团的人力资源部，专注于人力资源领域的实际工作和理论研究。虽说在组织部工作期间也涉及企业和干部管理，但管理的对象和内容不一样，所处的环境也不一样，因而有一个重新学习和适应的过程。进入集团当年，有幸参加了深圳市人事局国际培训中心组织的一个到美国考察学习的培训班，接触了西方企业管理的一些理论和经验，回来后结合集团开展文化管理、绩效管理、标杆管理的需要，分别学习了一些企业文化管理的论文及经验总结，学习了姜汝祥博士撰写的《差距》《榜样》，学习了李卓一编著的《如何进行标杆管理》，等等。在此基础上协助集团领导梳理了集团的"价值观体系""三力系统操作指南""标杆管理实施办法"等，而且在实施后加以总结，上升到一定的理论层面，撰写了《价值观建设的关键点》《创立三力系统，推动企业发展》等论文。前者在2003年于澳门召开的"第三十届亚洲培训总会管理及人力资源发展国际会议"上作专题演讲，后因此文获"首届（2004年度）蒙代尔世界经理人CHO成就奖"。后者在2008年于北京召开的"第三届中国人力资源管理大奖颁奖典礼暨峰会"上作专题发言，清华大学张德教授现场点评，给予充分肯定。该项目获"成果金奖"。笔者被选为《中国人力资源开发》杂志封面人物。2010年，国家工信部和陕西省政府在西安联合举办"非公有制经济发展高峰论坛"，笔者又代表集团在大会上做了"三力系统"的经验介绍，第二天，新浪财经全文发表了该发言的录音整理。笔者还于2002年撰写出版了《国有企

后 记

业人力资源管理变革之路》一书。

2011年至今，笔者虽已办理退休手续，但并未停止对人力资源管理的实践探索与理论探讨。近几年先后在贝特瑞和大地和两家公司担任人力资源顾问，协助他们开展胜任力管理和阿米巴经营等项工作。在贝特瑞，针对公司提高员工岗位胜任力的需求，在收集大量相关资料的基础上编写了《胜任力管理手册》，在导入一段时间之后，又协助他们总结了实施经验，撰写了《构建以胜任力为基础的人力资源管理新体系》一文，该项目被广东省人才开发与管理研究会评为"华南地区最佳人才管理创新获奖案例"，安排为案例汇编的第一篇文章。尔后，笔者出版《"人事合一"与"胜任力管理"》一书，获广东人力资源研究会学术成果二等奖，笔者被聘为该研究会副会长。本书是在大地和工作期间，有感而发，对笔者以往的经验和理论探讨进行一次全面的自我总结，自我批判，并学习吸收学界业界的新理论、新经验，融会贯通而形成的一个成果。

一路走来，笔者的体会是：知行合一，日积月累，锲而不舍，可成正果。

张育新

2018年12月